여자의
자존감

 여자는 어떻게 행복해지는가?

조연심 · 김한규 지음

여자의 자존감

중앙books

프롤로그

일할 수 있고
사랑할 수 있는 여자가
행복하다

당신은 정상인가?

프로이트는 "일할 수 있고 사랑할 수 있으면 정상이다"라고 정의했다. 이 말대로라면 우리 중 정상은 과연 얼마나 될까? 우리 주변에는 일하는 데는 선수지만 사랑에는 서툴고, 사랑에는 선수지만 일하는 데는 서툰 사람들이 많다. 그래서 우리가 행복하지 않은 것일까?

우리가 사는 이유는 행복해지기 위해서다. 하지만 그 행복해짐을 담보로 우리는 많은 것을 방치하고 산다. 성공해야 행복해질 수 있다면서 사랑은 등한시하다가 모두가 인정하는 성공을 거두지만 대신 극도의 외로움에 몸부림을 친다. 그러고는 외로움을 잊기 위해 더욱더 일에 집착한다. 반쪽짜리 인생을 살고 있는 것이다.

사랑만 하면 행복하다면서 그 사랑에 목숨 걸지만 끝내는 그 사랑 때문에 죽을 만큼 힘들어진다. 너 없으면 죽겠는 상황이 너 때문에 죽겠는 상황으로 변하는 것이다. 연인을 위해, 가족을 위해, 자식을 위해, 남편을 위해 내 모든 것을 버리고 사랑을 붙잡고 살았는데 시간이 지날수록 허전해진다. 행복해지기 위해 사랑을 선택했는데 행복하지 않은 삶을 마주한 것이다. 이 역시 반쪽짜리 인생이다.

온전한 인생을 살아야 행복해진다. 그것이 정상이다. 뒤집으면 정상으로 살아야 행복할 수 있다는 말이다.

당신은 행복한가?

2012년 후반기와 2013년 상반기에 걸쳐 방영된, 50퍼센트에 가까운 시청률을 찍으며 폭발적인 인기를 얻은 KBS 주말극 〈내 딸 서영이〉를 보자. 해피엔딩으로 끝나긴 했지만 드라마 속 인물들의 삶을 통해 자존감이 없이 살면 불행해진다는 것을 경험할 수 있었다.

주인공인 서영이는 일적으로는 나무랄 데 없지만 가정생활은 늘 불안하다. 서영이는 무능한 아버지 때문에 힘든 시간을 겪다가 마침내 아버지의 존재 자체를 부정한 채 부잣집 아들과 결혼을 해버린다. 이렇게 거짓을 말하고 난 후의 서영이는 자존감이 없는 상태로 살아간다. 자신의 과거에 대해, 가족에 대해 잠시라도 언급할라치면 불같이 화를 내고 입을 다물면서 자신을 점점 옭죈다. 능력 있는 검사로 평가도 받고, 대형 로펌에서 모셔가는 변호사도 되고, 자신만을 바라보며 아껴주는 남편도 있고, 시댁 어른들한테도 똑똑하다고 인정받는 며느리지만 스스로는 자신을 언제든 떠나야 할 사람, 언제든 버림받을 수 있는 사람으로 인식한다.

겉으로 보기에는 성공의 조건을 모두 갖춘 서영이. 아니, 성공한 모델 그 자체로 보이기도 했던 서영이는 실제로 행복하지 않았다. 그 이유는 자기 자신을 부정했기 때문이다. 자기의 근원적 존재인 가족, 특히 아버지를 미워하고 부정함으로써 자기 자신도 떳떳하지 못했기 때문이다. 그래서 스스로를 '사랑받을 자격이 없는 사람'으로 결론 내리고 자신조차 사랑을 주지 않는다. 그러다가 우여곡절 끝에 아버지에게 용서를 빌고, 아버지와 화해하고 사랑하게 되면서 진짜 행복한 자신을 찾게 된다. 남에게 상처를 준 자신을 용서하면서 주변 사람들에게 사랑받고 있었던 자신을 받아들이고, 이제 그 사랑을 다시 남에게 전해줄 수 있게 된 것이다. 결국 행복한 삶이란 좋아하는 일을 하고, 나도 주위 사람들도 사랑할 수 있어야 가능함을 보여준 것이다.

서영이의 시어머니인 차지선 여사의 경우는 그 반대다. 정치인의 딸로 재벌가의 안방마님이 된 차지선 여사는 부^{富}와 사회적 지위를 모두 갖춘, 그야말로 세상 부러울 것 하나 없는 공주님이다. 그럼에도 차지선 여사는 행복하지 않다. 가족들과의 관계에서 자신의 존재감을 확인하려고 하는 차지선 여사는, 자신을 봐주지 않는 남편 때문에 허전해하고 일 때문에 바쁜 자식들의 뒷모습을 보며 서운해한다. 자신의 존재감을 확인할 수 있는 유일한 시간은 쇼핑을 하거나 친구를 만나 수다를 떨 때뿐이다.

평생 돈 걱정 하지 않아도 되고, 의사·변호사·CEO 등 사회적으로 성공한 가족을 두고 있고, 손발 멀쩡히 건강하게 살고 있음에도 차지선 여사는 행복하지 않다. 그 이유는 바로 진짜 일을 하지 않아서다. 흔한 말로 손에 물 한 방울 묻히지 않아도 되는 '팔자 좋은' 차지선 여사는 역설적이게도 자기가 좋아하고 잘할 수 있는 일이 없었다. 자기의 행복은 가족들이 채워주는 거라고 생각했기 때문이다. 그런 의미에서 차지선 여사도 자존감이 낮았다고 볼 수 있다. 스스로를 사랑하고 스스로 해야 할 일을 찾기는커녕 그저 남편의 사랑, 자식의 사랑, 며느리 복에 기대려고 했기 때문이다. 자신의 행복을 안에서 찾기보다는 외부 요인에서 찾으려고 집중한 것이다. 그렇기에 차지선 여사가 서영이의 권유로 드럼을 배우기 시작한 것은 의미 있는 행보였다고 여겨진다. 그것이 인생의 '업^業'은 될 수 없겠지만, 그 일을 계기로 차지선 여사는 새로운 즐거움을 만나게 되었으니까 말이다. 즉 행복한 삶에는 사랑뿐 아니라 내가 즐겁게 몰두할 수 있는 나만의 것도 필요한 법이다.

"정말 자존심 상해서 못살겠어요."

직장생활도 열심히 하고, 가정생활도 열심히 하는 여자가 내뱉은 말이었다. 우리 주변에서 흔히 볼 수 있는 일하는 여성들의 자화상 아닐까? 숨 막힐 정도로 열심히 살고, 눈코 뜰 새 없이 바쁘게 살아가는 그녀들에게 대체 무슨 일이 벌어진 것일까?

문제는 바로 '인정받지 못하고 있는 현실'이다. 열심히 하는데 왜 안 알아줄까, 성과를 냈는데 왜 몰라줄까, 남들과 다른 특별한 능력이 있는데 왜 써먹어주지 않는 걸까? 집안일도 마찬가지다. 해도 해도 표 나지 않는 집안일일수록 누군가가 '잘했다'고 칭찬해주면 더 보람 있고 뿌듯하다. 고생했음을 인정받고 치하받아야 더 기운이 난다. 그래도 간과하지 말아야 할 것이 있다. 심리학자 제롬 브루너Jerome Seymour Bruner는 "기분이 행동을 일으키는 것이 아니라 행동이 기분을 일으키는 것이다"라고 조언했다. 기분에 따라 일을 할지말지 결정할 것이 아니라 행동을 먼저 한 후에 인정을 받을 수 있을지 여부에 관심을 가져야 한다.

사람은 인정받아야 자존감이 올라간다. 나 자신에게 인정받거나 다른 사람에게 인정받아야 제대로 행복감을 느낄 수 있다. 가장 중요한 것은 타인의 평가와 상관없이 나 자신을 인정할 수 있느냐 하는 것이다. 자존감은 바로 거기서부터 비롯된다. 그런데 다른 사람들한테 인정받지 못하고 있는 상태에서 스스로를 인정할 수 있는 강심장을 지닌 여자들이 얼마나 될까?

많은 여자가 이해받고 위로받으려고 한다. 조금만 힘들어도 그 일을 하지 않을 다른 이유를 찾고, 어딘가 기댈 언덕을 찾아 끊임없이 방황한다. 그러다 나의 짐을 덜어줄 누군가를 만나면 지금껏 노력한 모든 것들을 훌훌 내던지고 그 사람의 그림자가 되는 것이 내 인생 최고의 행복인 양 숨어버린다. 그러고는 끊임없이 외부 환경에 비추어 자신을 정당화하려고 한다. 나는 희생하는 진짜 아내, 희생하는 진짜 엄마, 희생하는 진짜 며느리 등. 그러면서 "나의 인생은 어디에 있는 거지?"라고 불평한다.

행복한 여자가 되기 위한 자존감 공식을 완성하라

지금까지 자존감에 대한 문제는 주로 심리적인 면을 강조해왔다. 물론 심리적인 측면은 중요하다. 저명한 심리학자인 앨버트 밴두

러Albert Bandura는 1977년 발표한 논문을 통해 자존감이 성공의 원인이라며, 어떤 상황에서도 적절한 행동과 기대를 할 수 있다는 자기 자신에 대한 신념인 '자기 효능감self-efficacy'은 개인의 행동과 환경에 지배적인 영향을 미칠 뿐 아니라 최후의 성공을 기대하게 함으로써 더 노력하도록 만든다고 했다.

하지만 내면의 문제만 해결한다고 해서 자존감이 올라가는 것은 아니다. 그것을 일상생활에서 어떻게 적용하고 발현하는가도 중요한 문제다. 긍정심리학자 마틴 셀리그먼Martin Seligman은 자존감이 성공의 원인이 아니라 결과라고 말했다. 낮은 자존감은 인생살이의 부수 현상으로 세상을 살아가는 데 문제가 생겼음을 보여주는 반증일 뿐 자존감 자체에는 아무런 힘이 없고 세상과의 교섭 능력을 개발해야 한다고 했다. 즉 사회적 성취를 통해 자존감이 올라간다는 뜻이다.

그래서 심리적인 면에 외부적인 면을 더하고자 한다. 여자의 자존감을 올리기 위해서는 외적으로도 내적으로도 힘을 키워야 한다. 사회적 가치를 올리기 위해서는 브랜드 공식이 필요하고, 내면의 힘을 키우기 위해서는 심리학 공식이 필요하다. 우리는 그 두 가지 면을 모두 충족시키기 위해 이 책을 집필했다. 개인 브랜드 전문가이자 여성 브랜드 향상을 위해 힘써온 조연심은 호모 헌드

레드(인간 수명 100세) 시대에 평생 자신이 좋아하는 일을 할 수 있는 방법을 브랜드 공식으로 묶었고, 정신건강의학과 전문의이자 심리 슈퍼바이저로 활동하고 있는 김한규는 내면의 힘을 키울 수 있는 방법을 심리학 공식으로 묶었다. 우리는 이 책을 통해 자신의 이름으로 살면서도 행복해지는 여성이 되는 해법을 알려주고자 한다.

당신의 자존감이 어떠한 모습이든 걱정할 필요가 없다. 이 책은 내면의 힘과 능력을 바탕으로 한 외적 성장을 동시에 다루고 있기 때문이다.

당신은 스스로 생각하는 모습대로 될 것이다.
―플로렌스 나이팅게일

일하고 싶은가? 사랑하고 싶은가?
정상으로 살면서 행복해지고 싶은 세상의 여성, 바로 당신에게 이 책을 바친다.

2013년 8월
조연심과 김한규

contents

프롤로그 _ 일할 수 있고 사랑할 수 있는 여자가 행복하다   4

1부 사회적 가치를 올리는 브랜드 공식

1 성취 _ 이루는 여자가 자존감이 높다
- 결과 있는 여자가 주목받는다   19
- 사소한 것을 지키는 여자가 성공한다   25
- 쟁취하는 여자가 성과를 올린다   30
- 실력 있는 여자는 상처받지 않는다   35
- 엄마라는 이름은 도피처가 아니다   42

2 성장 _ 나아가는 여자가 자존감이 높다
- 자기 기준이 높은 여자가 발전한다   48
- 변화는 달려드는 여자에게서 온다   55
- 포기하지 않는 여자가 나날이 자란다   62
- 두드러진 여자는 빛을 잃지 않는다   69
- 피하지 않는 여자가 문제를 해결한다   73

3 인정 _ 존중받는 여자가 자존감이 높다
- 관계 설정을 잘하는 여자가 매력 있다   78
- 도움은 스스로를 믿는 여자에게 찾아온다   86
- 똑똑한 여자는 하모니를 이룬다   90
- 다양성을 인정하는 여자는 당당하다   95
- 이기적인 여자가 행복하다   99

4 욕망_ 원하는 여자가 자존감이 높다
- 원하는 것을 아는 여자가 아름답다   104
- 표현하는 여자는 두려움이 없다   111
- 솔직한 여자는 내면에 귀를 기울인다   116
- 소명을 따르는 여자는 자기완성을 추구한다   120
- 욕망하는 여자가 꿈을 꾼다   126

2부 내면의 힘을 높이는 심리학 공식

1 스트레스 조절력_
스트레스에 강한 여자가 자존감도 높다
- 내면의 상처가 스트레스로 나타난다   135
- 스트레스에 강한 여자, 스트레스에 약한 여자   139
- 스트레스 조절력을 높이는 힐링 파워   147
- 힐링 파워를 강화하는 이완 요법과 이미지 요법   151
- 그 밖의 여성 정신건강 문제들을 치유하라   154

2 욕구 조절력_
긍정적 욕구를 가진 여자가 자존감도 높다
- 애착이 필요하지 않은 여자는 없다   163
- 화병은 여자의 자존감에 상처를 입힌다   168
- 자기애적 욕구가 건강한 여자는 자신 있다   173
- 웰빙을 추구하는 여자는 긍정적이다   178

contents

3 성공 사고_ 자기 확신이 있는 여자가 자존감도 높다
- 생각의 형태에 따라 자존감이 달라진다 　　189
- 여자가 실패 사고에 빠지는 이유 　　194
- 실패 사고를 성공 사고로 바꾸는 3단계 　　202
- 자존감을 높이는 사고를 강화하라 　　205
- 과도한 완벽주의에서 벗어나는 법 　　211

4 자기실현_ 자기다움을 추구하는 여자가 자존감도 높다
- 잠재력과 강점이 없는 여자는 없다 　　219
- 강점 지능을 찾아 발휘하라 　　223
- 성격적 강점과 덕성을 발견하라 　　231
- 강점 발휘로 행복한 자기실현을 이루라 　　251

5 자기수용_ 자신을 받아들이는 여자가 자존감도 높다
- 있는 그대로의 자신을 받아들이는 법 　　256
- 나를 아는 여자가 현재의 삶을 바꾼다 　　262
- 지금 나의 모습을 인정하고 사랑하라 　　264
- 나를 사랑하는 여자가 타인도 사랑한다 　　266

3부 여자의 자존감을 완성하는 실전 공식

case 1 _	스스로 결정을 못하고 미루는 여자	271
case 2 _	부럽지만 그렇게 살고 싶지 않다는 여자	276
case 3 _	아이 교육 때문에 불안하고 짜증나는 여자	281
case 4 _	늘 죄송하다고 말하는 여자	287
case 5 _	소심하다며 무슨 일이든 주저하는 여자	293
case 6 _	남들의 기대대로 살아왔던 여자	299
case 7 _	인정받지 못하면 불같이 화내는 여자	304
case 8 _	항상 부정적인 말만 하는 여자	310
case 9 _	결혼이 해결책이라고 믿는 여자	317
case 10 _	자신의 실수에는 관대한 여자	324
case 11 _	일은 내가 다 한다고 생각하는 여자	330
case 12 _	자신의 재능을 몰라주는 게 답답한 여자	339

에필로그 _ 행복한 여자를 위하여 346

1부
사회적 가치를 올리는 브랜드 공식

윌리엄 제임스는 "만일 어떤 사람이 자신이 이루고자 하는 꿈을 정했다면,
그것을 이루느냐 못 이루느냐에 따라 그 사람의 자존감이 결정된다"라고 말했다.
중요한 것은 결정을 내리는 사람은 다른 누구도 아닌 자신이라는 사실,
그리고 그에 대한 책임을 지는 것도 본인이라는 사실이다.
— 조연심

Amor Me

여자의 자존감 브랜드 공식
= 성취(Success) + 성장(Growth) + 인정(Acceptance) + 욕망(Desire)

1. 성취 자신이 현재 하고 있는 일이나 앞으로 하고자 하는 일에서 크고 작은 성공을 통해 여자의 자존감이 올라간다. 그 보상이 어떤 것이든 자신이 이룬 것에서 자부심과 자신에 대한 존경이 생긴다. 성취를 통해서는 돈과 명예, 지위 등을 얻게 된다.

2. 성장 성장과 자존감은 일심동체와 같다. 성장할수록 자존감이 올라간다. 자신이 생각한 대로 말하고, 말한 대로 행동할 때 자존감은 올라간다. 스스로 성장하는 모습에서 자부심이 생기고 자존감이 올라간다. 끊임없이 공부하고 다른 가능성을 만들어가는 내적인 성장이 그 어떤 외부 충격에도 견딜 수 있는 힘을 길러준다. 끊임없이 성장해야 존경받을 수 있고 스스로도 존중할 수 있다.

3. 인정 외적인 성공과 내적인 성장과 더불어 주위 사람들로부터 인정을 받아야 여자는 행복하다. 가장 중요한 것은 바로 나 자신에게서 인정받는 것이다. 그러한 인정은 스스로 정한 기준을 달성했을 때 생긴다. 나의 인정을 시작으로 가족의 일원으로, 마음에 맞는 친구로, 능력 있는 상사로, 전도유망한 부하로, 함께할 수 있는 파트너로, 아내로, 엄마로 인정받을 때 자존감이 상승하며 행복할 수 있다.

4. 욕망 아무리 많은 성취를 이뤄내고, 개인적으로 성장하고, 외부로부터 인정을 받더라도 자신이 원하는 바를 정확하게 알지 못하고 다른 사람과 비교하게 되면 자존감은 낮아질 수밖에 없다. "나는 이 정도 수준을 원해!"라는 확실한 기준이 없으면 남들과 비교하고 저울질하면서 중심을 잃고 열등감에 빠질 수 있다. 원하는 것은 욕심을 낼 필요가 있다. 무엇을 얻고 싶은지, 어떤 때 행복한지, 어느 순간에 내 자존감이 올라가는지 확실히 알아야 한다.

1 성취

이루는 여자가 자존감이 높다

결과 있는 여자가 주목받는다

●

구슬이 서 말이라도 꿰어야 보배다

심리학자이자 철학자인 윌리엄 제임스Willam James는 자신의 저서 『심리학의 원리』에서 "만일 어떤 사람이 자신이 이루고자 하는 꿈을 정했다면, 그것을 이루느냐 못 이루느냐에 따라 그 사람의 자존감이 결정된다"라고 말했다. 자신이 중요하게 여겨 선택한 일을 얼마나 잘 완수했느냐, 되고 싶은 사람에 얼마나 성공적으로 접근했느냐가 중요하다는 말이다.

사회생활을 하면서 여자들이 하는 큰 착각 중의 하나가 바로 '과정이 중요하다'라는 말을 믿는 것이다. 물론 과정은 중요하다. 하지만 아무리 일을 열심히 한다고 해도, 그 과정에서 겪은 경험들이 소중하다고 해도 결과가 늘 나쁘다면 성공했다고 볼 수 없다.

"네가 생각하는 100퍼센트로는 안 돼. 150퍼센트로 해야지."

〈나는 가수다〉에 출연한 김범수가 바비킴에게 한 말이다. 요즘 세상에 스토리가 스펙을 이긴다고는 하지만 스펙 없는 스토리는 그저 자신을 운에 맡기는 것과 같다. 하나하나 쌓아 올리는 스펙 속에 나만의 스토리가 만들어지는 것이다.

북TV365의 〈조연심의 브랜드 쇼〉에 대한민국 최초로 개인 브랜드를 만들어 사용했던 아이디어 닥터 이장우 박사가 출연한 적이 있다. 외국계 기업 3M의 한국 지사장을 거쳐 이메이션코리아 사장으로 27년간 근무한 적이 있는 이장우 박사도 3M 입사 초기에는 수세미를 팔았다고 한다. 수세미를 팔기 위해 한 사람을 여섯 번 이상 찾아간 적도 있다면서, 결국에는 가까운 친구나 친척들까지도 자신의 열정을 인정할 수밖에 없었다고 말했다. 그는 거절당했을 때의 좌절감, 무너지는 자존심을 회복하는 방법은 무조건 수

세미를 파는 것이라고 여겼다고 한다. 그런 마음으로 수세미를 팔다 보니 3M에서 신화적인 사람이 되었던 것이다. 그 후에는 포스트잇을 열심히 팔았고, 결국 탁월한 영업력을 인정받아 3M의 한국 지사장을 거쳐 자회사의 사장까지 지냈다.

"수위실에서 수위 업무를 잘하는 사람과 잘 못하는 사람 중 누가 평생 그 일을 하게 될까요?"

방송 중 이장우 박사는 이런 질문은 던졌다. 과연 누굴까? 답은 잘 못하는 사람이다. 어째서일까? 그건 그 일을 잘하는 사람은 다른 일로 스카우트되기 때문이란다. 그 말을 듣고 보니 내가 YBM SISA에서 학습지 교사로 일을 시작했을 때가 생각났다.

나는 아이들 가르치는 일을 잘했다. 그냥 잘한 게 아니라 그 회사에서 제일 잘했다. 그러다 보니 더 이상 학생을 가르치는 일은 하지 않아도 되었다. 교사들을 관리하는 지국장으로 승진했다. 나는 지국장 일을 참으로 열심히 했고, 그 일을 가장 잘하게 되었을 때 또다시 승진을 해 다른 일을 하게 되었다. 내가 8년 가까이 한 회사에서 일하면서도 지치지 않고 즐기면서 일할 수 있었던 것은 그 때문이다. 지루할 만하면 다른 일을 할 수 있게 된 것. 그 시간 동안 나는 다양한 업무를 익힐 수 있었다. 지금 내가 교육 관련 일들이나 책과 관련된 일을 할 수 있는 것도 그 당시 일을 완벽하게 잘하기 위해 노력했던 수많은 기회와 경험의 결과라고 말할 수 있다. 하나의 일을 완벽하게 잘하면 다른 일을 할 기회가 열린다는 말은 사실이었다.

나와 같이 일을 시작했던 상당수 학습지 교사들은 지금도 그 일을 하고 있다. 물론 그 일을 진짜 좋아해서 하고 있는 교사도 분명 있다. 하지만 다른 일을 할 수 없어서, 먹고 살기 위해 마지못해 하는 교사들이 더 많다는 것이 문제다. 이렇게 매년 똑같은 일을 하는 사람들도 각자 사정에 의한 스토리를 만들고는 있다. 하지만 자신의 인생을 바꿀 수 있는 스펙은 만들지 못하고 있다.

그렇다면 어떻게 해야 내 삶을 바꿀 수 있는 스펙을 만들 수 있을까? 이장우 박사의 방법을 벤치마킹해보자.

첫째, 관심 가는 분야의 책을 읽는다. 처음 20권은 정독을 하고, 그 다음 100권 정도는 속독을 하는 식으로, 총 1000권 정도 읽는다. 책은 읽기 위해서가 아니라 모으기 위해 구매한다. 10년 후 읽게 되는 책도 있고, 절판될 우려도 있으니 사놓는 것이 좋다. 책을 살 때는 오프라인 서점에서 직접 골라야 한다. 내 눈으로 직접 확인하고 구매해야 한다. 그래야 효과가 있다.

둘째, 관련 학원에 등록하거나 대학원에 간다. 학위나 자격증을 따는 것은 그 분야의 공부할 자격이 있다는 것을 증명하는 것이지 실제 그 분야의 전문가가 되었다는 의미는 아니다. 먼저 공부할 자격을 갖추라. 자격 없이 전문가가 될 수는 없다.

셋째, 그 분야를 경험할 수 있는 곳으로 간다. 본거지를 찾아가는 것만큼 좋은 경험은 없다. 일단 부딪혀보면 내가 무엇을 할 수 있는지, 무엇을 해야 하는지를 알 수 있다.

마지막으로 전문가를 만난다. 준비된 상태로 전문가를 만나면 새로운 기회를 얻게 될 확률이 높아진다. 진짜 전문가는 언제나 바쁘다. 공부하고 준비가 되었을 때 청해야 만날 수 있고, 들을 수 있는 이야기의 질도 달라진다. 질문이 달라야 답도 달라진다.

이장우 박사는 이런 방법으로 브랜드 디자이너, SNS 코치, 비자티스트Bizartist, 브랜드 스타일리스트, 커피스트Coffeeist, 프랜차이즈 큐레이터로 활동했다.

"노력하면 다 잘될 거야"라는 주문을 틀렸다. "제대로 노력하면 잘될 수도 있다"라고 바꾸어야 한다. 과정을 즐길 수 있으려면 내가 원하는 결과를 만들 때까지 포기하지 않는 인내심을 가져야 한다. 끝까지 해낼 각오가 있어야 과정을 즐길 수 있기 때문이다.

평가의 기준은 과정이 아닌 결과다

여자들이 사회적으로 인정받기 어려운 이유 중 하나가 뭔가 다른 구실이 생기면 얼마든지 그만둘 마음을 먹기 때문이다. 얼마 전 〈힐링캠프〉에 나온 장윤정이 결혼하면 살림만 하겠다는 말을 한 적이 있다. 농담일 수도 있고, 진담이더라도 그것은 오롯이 개인의 선택이다. 그렇더라도 한 분야의 정상에 서 있는 사람이 아무렇지도 않게 일을 놓겠다고 말해버리는 모습에서 왠지 모를 위화감을 느꼈다. 아무리 능력이 뛰어나다고 해도 언제든 그만둘지 모르는 사람에게 손을 내밀어주는 조직이 있을까? 실제로 많은 중간 관리자가 "결혼하면 그만둘 거야"라는 여사원들 말에 신뢰를 잃는다고 한다.

능력과 재능과 운의 삼박자가 착착 맞아 한순간 인기를 얻을 수 있다. 그런데 그 한순간의 기회도 많은 시간 동안 능력과 재능을 갈고 닦았기에 가능한 결과다. 계속 끈기를 잃지 않고 기본기를 닦아나간다면 한순간이 아니라 오래 유지될 것이다. 아무리 능력과 재능이 있다고 하더라도 갈고 닦아서 숙련되지 않으면 운이 닿았을 때 그 한순간의 인기는 오지 않을 수 있다. 앞으로 다시 안 올지도 모른다.

열심히 일하는데도 아무도 알아주지 않는다며 투정부리는 여자들이 많다. 그런데 그 열심의 기준이 무엇인가? 내가 열심히 일하는 것은 중요하지 않다. 다른 사람에게 인정받고 신뢰받을 수 있을 만큼 잘하는 것이 중요하다. 그러니 원하는 결과가 나올 때까지 도전한다는 각오를 다지는 게 중요하다. 세상은 내가 한 말이나 나의 과정이 아닌 내가 이뤄낸 성과, 내가 도달한 성취를 보고 판단한다.

"일은 내가 하지만 그것을 평가하는 것은 상대방이다."

이것이 바로 여자의 자아를 확립하고 사회적 가치를 결정하는 브랜드 제1공식이다.

사소한 것을 지키는 여자가 성공한다

●

더 이상 엄마는 없다
"엄마, 나 늦었어! 어떻게 해!"

"걱정 마. 엄마가 전화해줄게."

"엄마, 나 숙제 다 못했어!"
"걱정 마. 엄마가 대신 해줄게."

"엄마, 나 살기 힘들어 죽겠어!"
"걱정 마. 힘든 건 엄마가 다 해줄 테니까."

지금껏 살아오면서 삶의 부족한 부분은 모두 엄마가 채워준 당신. 지금도 어려운 일이 생기면 엄마부터 생각나고, 엄마에게 도움을 청하면 어떤 일이든지 해결해주리란 믿음을 가지고 있는 것은 아닌가? 안타깝게도 이런 여성들이 아직도 많다.

엄마들의 기준으로 볼 때 딸들은 다 소중하고 아름답고 완벽한 존재다. 그러니 조금 늦게 일어나도 괜찮고, 일을 조금 못 해도 상관없고, 어려운 일은 하기 싫다고 회피할 수도 있다고 여기는 것이다. 엄마는 늘 딸의 좋은 면만 본다. 문제는 세상 사람들이 모두 엄마가 아니라는 점이다.

한 인터넷 TV 방송에서 패널로 참여한 여성들에게 어떨 때 가장 자존심이 상하느냐고 물었다. 그중 한 여성이 이렇게 말했다.

"저는 평상시에 일을 잘하는 편이에요. 근데 어쩌다 한 번씩 지각을 해요. 그러면 사람들이 나만 빼놓고 이야기하는 것 같고, 점심시간에도 눈치가 보여서 같이 밥 먹기가 힘들어요. 이럴 때 자존심이 상해요. 회사 나오기도 싫어지고요."

사소한 것을 지켜야 큰일도 할 수 있다

'출근 시간 지키기는 직장생활의 기본'이라는 말이 있다. 실제로 많은 회사에서 근태관리를 통해 직원의 성실성을 판단한다. 평소에 행실이 올바르더라도 무심코 던진 실언 하나 때문에 그동안의 평가가 뒤집어질 수 있는 것처럼 아무리 뛰어난 실적을 낸다고 하더라도 이런 지각 하나 때문에 제대로 된 평가를 받지 못할 수 있다. 앞서 말한 패널 여성을 보자. 스스로 '일을 잘하는 편'이라고 했지만, 일을 잘한다는 자부심보다는 지각한 것에 대해 신경을 쓰며 회사 사람들의 평가가 어떨까 싶어 안절부절못하고 있다. 스스로도 그런 사소한 일의 중요성을 알고 있는 것이다.

일은 잘할 때도 있고 못할 때도 있다. 그러나 그 사람을 평가하는 기준은 한번 기대치가 떨어지면 어지간해서는 올라가지 않는다. 평소 일을 잘할 때는 조용히 넘어가지만 어쩌다 실수라도 한

번 하게 되면 바로 시끄러워진다. 사람들은 좋은 일보다 나쁜 일을 더 잘 기억하고 잘 퍼뜨린다. 지각과 같은 사소하지만, 결코 사소하지 않은 일들이 그 사람의 근본적인 자존감에 상처를 입힐 수 있음을 잊지 말아야 한다. 우리도 다른 사람을 나름의 잣대로 재고 평가하고 있듯이 다른 사람들도 그 나름의 잣대로 날카롭게 나를 재고 평가하고 있음을 염두에 둬야 한다.

여자들은 아무리 일을 잘해도 사소한 것을 지키지 않음으로 해서 다른 것까지 인정받지 못한다는 사실을 간과해버린다. 그러면서 자신에게 싫은 소리를 하는 사람을 멀리 하려고 한다. 자신의 주변에는 늘 자신을 찬양하는 사람으로 가득 채우고 싶은 공주 본능 때문이다. 평소 일을 잘하니까 다른 것쯤은 실수해도 용서해줄 것이라고 여기거나 자신의 사소한 실수쯤은 대수롭지 않다고 여길 수는 있다. 하지만 내가 한 행동에 대한 평가는 내가 아닌 다른 사람이 하는 것이다. 어느 한 부분이 허술한 사람은 결국 그것 때문에 일을 망친다.

30대 중반의 능력 있는 여성 J. 그녀는 화려한 외모와 탄탄한 스펙, 사회생활에 필요한 능력을 고루 갖추고 있어서 많은 사람한테 호감을 샀다. 책을 출간한 저자인 데다가 디자인 능력과 기획력도 있었으며, SNS를 활용하는 등 홍보와 마케팅 일을 매우 잘했다.

그런 J와 프로젝트를 함께 진행하게 되었다. 아니나 다를까, 그녀의 역량과 재치가 빛을 발했다. 그런데 시간이 흐를수록 그녀와 일하는 것이 불편해지기 시작했다.

J는 시간관념이 희박했다. 매주 한 번 있는 조찬 모임에 제시간에 온 적이 한 번도 없었다. 그것도 무려 5개월 동안. 그러다 보니 그날 회의에서 결정된 사항을 따로 알려주지 않으면 안 되었다. 마치 비서가 되어 보고하는 느낌이었다. 회의에서 결정된 이벤트 콘셉트와 달리 자기 마음대로 이벤트를 진행해 물의를 일으킨 적도 있었다. 그러면서도 자신의 잘못이 무엇인지 받아들이려고 하지 않았다. 오히려 자신을 질책하는 것에 대해 문제를 제기하고 함께할 수 없다며 메일로 통보하고 그만두었다. 후에 그녀가 멘토라고 따랐던 사람과도 좋지 못한 일로 헤어졌다는 사실을 알게 되었다. 미루어 짐작건대 능력보다는 기본적인 시간 약속을 중요시 여기지 않는 그녀의 태도가 문제였을 것이다.

더 큰 문제는 그녀 스스로가 그러한 사소한 문제 때문에 자신의 능력이 평가절하되고 있다는 사실을 인정하지 않는다는 데 있다. 물론 사람은 누구나 방어적인 면이 있다. 그깟 사소한 일 때문에 더 큰 업적이 부정 당한다는 사실을 받아들이기가 힘들 것이다. 그렇기에 상처를 받는 것이다.

나의 가치를 제대로 올리고 싶은가? 그렇게 올린 가치를 오래도록 유지하고 싶은가? 그렇다면 절대 꼬리를 밟혀서는 안 된다. 사소한 것의 절대 사소하지 않은 경고를 받아들이라.

쟁취하는 여자가 성과를 올린다

●

사회는 생존법칙이 존재하는 냉혹한 정글이다

늑대 무리의 생존방식을 알고 있는가?

첫째, 대장 늑대의 명령은 무조건 따른다. 대장이 지치면 다음 놈이 앞선다. 팀워크가 우선이다.

둘째, 사냥이 끝나면 빠르고 강한 놈이 먼저 먹는다. 위계가 확실해야 질서가 잡히고 강해진다.

셋째, 싸움이 벌어지면 약한 놈이 먼저 꼬리를 내린다. 어차피 강한 놈이 이긴다.

이것이 약육강식이 지배하는 정글의 법칙이고 남자들의 생존법이다. 지금껏 사회생활에 적용되었던 방식이다. 함께한다고 해도 제일 빠르고 강한 사람에게 모든 특혜와 기회가 주어졌다. 오랜 시간 약육강식을 몸에 익힌 남자들은 이러한 늑대의 방식에 익숙해졌다. 그래서 무리가 지어지면 누가 가장 높은지 금세 알아보고 그 밑에 엎드리는 법을 몸에 익혔다. 그래야 살 수 있다는 것을 터득했기 때문이다. 그러다가 조금이라도 빈틈이 보이거나 자신에게 힘이 생기면 언제든 아무렇지도 않게 그 위계를 뒤집어버린다. 그러면 다시 그 아래에 새로운 위계가 잡히고 평소와 같은 여유를 찾는다.

여자들에게는 이런 방식이 낯설다. 나보다는 다른 사람을 먼저 챙기는 것에 익숙한 모성 본능으로 수백 년을 살아왔다. 사회생활을 시작한 지 얼마 되지도 않았을뿐더러 누군가를 밟고 올라가는 것에도 익숙하지 않다. 주변 동료가 잘되면 그게 좋은 것이라고 여기면서 같이 기뻐하고 만족해한다.

하지만 이제 시대가 변했다. 남자들은 점점 자신들의 자리가 줄어들고 있음에 위협을 느끼고 있다. 여자들은 더 이상 챙겨줘야 할 대상이 아니라 자기 자리를 놓고 경쟁해야 하는 대상이 되었다. 여자라고 해서 무조건 봐주거나 기다려주지 않는 시대가 된 것이다. 이럴 때 열심히 하기만 해서는 결코 좋은 결과를 만들 수 없다. 누군가 알아서 챙겨줄 거란 기대는 엄마를 떠나면서 저 멀리 날려버려야 한다.

이유 없는 냉정함은 없다

다시 내가 직장생활을 할 때의 일이다. 한 회사의 교육기획서를 준비해야 했다. 그 회사에 대한 정보와 필요한 교육 리서치를 마친 후 PPT로 발표자료를 만드는 일이었다. 나보다 서류작업을 잘하는 남자 동료와 한 팀이 되어 일을 진행했다. 몇날 며칠을 매달려 자료 준비를 마치고 완성된 파일을 남자 동료에게 넘겼고, 그가 자신이 상사에게 보고하겠다고 해서 아무런 의심 없이 그러라고 했다. 같이 일한 파트너인데 누가 보고하든지 상관없다고 생각했고, 그저 좋은 결과만 있기를 기대했다.

하지만 그날 이후 나를 대하는 상사의 태도가 변했다. 남자 동료만 불러 그 다음 일을 논의했고 내 얼굴을 보면 차갑게 대했다. 이유를 알 수 없었다. 답답한 마음에 상사에게 가서 물었다.

"저, 죄송한데요, 제가 무슨 실수라도 했나요? 왜 제게 그렇게 차갑게 구세요?"

"몰라서 물어?"

"네. 잘 모르겠는데요. 말씀해주세요."

"내가 분명 저번 프로젝트 중요하다고 함께 준비하라고 했지?

그런데 왜 같이 안 했나? 그 친구가 잘 준비해준 덕분에 무사히 넘어갔지만. 앞으로 어떻게 자네를 믿고 일을 맡기겠어? 지시한 것도 제대로 하지 않으니."

"아니, 무슨 말씀이세요? 그 보고서 저도 같이 만든 건데요. 혼자 했다고 하던가요?"

"별말 없던데. 그러니 난 당연히 그 친구가 혼자서 다한 줄 알았지."

이게 웬 날벼락? 그때 알았다. 열심히 하는 것만으로는 안 된다는 것을 말이다. 과정을 함께한 것만으로도 충분하다고 자위하는 것이 얼마나 멍청한 짓인지도. 내가 능력을 발휘한 일도 제대로 인정받지 못할 수 있다는 것을 혹독한 수업료를 치룬 후에야 알게된 것이다. 그 후론 내가 한 것은 다른 사람들도 알 수 있도록 보고서에 내 이름을 표기하거나 발표를 같이 하는 방식을 취했다. 어떤 경우에도 누락된 사실이 없는지 확인하는 버릇이 생겼다. 덕분에 수많은 프로젝트에서 내 이름이 언급되었고, 그 결과 나는 성과를 챙길 수 있었다.

만약 그때 그러한 사실을 몰랐다면 아마도 '좋은 게 좋은 거지'라고 생각하면서 스스로를 제대로 챙길 생각을 못했을 것이다. 물론 시간이 지나면 진실은 밝혀진다. 하지만 그 사이 나의 무너지는 자존감은 무엇으로 보상받을 것인가? 지금 당장 내가 올린 성과에 대해 제대로 인정받지 못하는 것보다 더 가슴 아픈 것은, 늑대의 생존법에 익숙하지 않다는 이유로 자존감에 커다란 구멍이 뚫릴 수도 있다는 점이다.

세상은 강한 것에 약하다. 내가 가진 능력이 상대에 비해 모자라다고 비하하거나 누군가 알아서 챙겨주겠거니 하는 막연한 기대로 뒤처져서는 안 된다. 대충대충 할 것이 아니라면 처절하게 싸워 자신의 영역을 표시해야 한다. 뭐 그렇게까지 하면서 살아야 하나 싶을 수도 있다. 난 그냥 주는 대로 먹고 마음 편히 살고 싶다는 여성도 있을 것이다. 그러면 그대로 살아도 좋다. 자존감이 떨어지더라도 불평하지 말고 말이다.

내가 인정하고 남이 인정할 만큼 성과를 올리고 그것을 온전히 내 것으로 챙길 수 있는 용기! 그것이 바로 자존감을 올리는 브랜드의 또 다른 법칙이다.

실력 있는 여자는 상처받지 않는다

●

못한다고 질책하는 말에 흔들리지 말라

자신의 실력이 어느 정도인지 객관적 기준이 없는 여자들은 다른 사람들의 칭찬에 유난히 반색한다. 우리나라 사람들은 당사자 앞에서 대놓고 아니라는 말을 잘 못한다. 그저 좋다는 말로 넘어가게 마련이다. 그 평가를 믿고 일에 자신이 없더라도 더 이상 총력을 기울이지 않는다. 현재 수준에 머물면서 달달한 칭찬에 기대어 아슬아슬한 곡예를 하는 것이다.

언젠가 온라인에 디자인 재능기부를 해줄 사람을 구한다는 공고를 올린 적이 있다. 그때 K양을 만났다. 디자인 관련 회사에 다닌다는 K양은 함께 프로젝트를 만들어가자는 제안에 흔쾌히 응해주었다. 아무래도 관련 일을 한다고 하니 은근 실력이 기대되었다. K양이 회사를 다니고 있는지라 스케줄도 K양한테 맞춰주었다. 그녀가 편한 시간에 맞춰 그녀의 회사나 집 근처에서 미팅을 하기도 했다. 맨 처음 디자인 시안을 받았을 때 늘 보던 것과는 달라 신선한 느낌이 들어서 칭찬도 해주었다.

그러다가 신문광고에 나갈 디자인이 필요해 K양에게 시안 작업을 맡겼다. 마감이 촉박했던 터라 시안이 어지간하면 그대로 인쇄를 할 심산이었다. 하지만 막상 시안을 받고 보니 실망스러웠다. 명확하고 단순한 디자인을 원했는데, K양의 시안은 정반대였기 때문이다. 수정을 요청했는데도 별 차이가 없었다. 결국 마감 하루 전에 K양의 시안을 포기하고 새로운 디자이너를 섭외해 새 콘셉트를 주고 다시 디자인을 해 신문사에 넘겼다. 만족스런 디자인으로 인쇄된 신문을 보며 안도의 한숨을 내쉬는 것도 잠시, 문제가 생겼다. 자신의 디자인이 채택되지 않음을 안 K양이 자신의 노동력이 착취당했다며 분노를 터뜨린 것이었다.

  K양에게 몇 차례나 미안하다고 사과하고 사정을 설명했다. 하지만 그녀는 도저히 그 상황이 받아들여지지 않는 듯했다. 결국 우리가 일하는 방식에 대해 신랄하게 비난한 후 K양은 떠나가버렸다. 그리고 얼마 후, 페이스북을 통해 그녀가 다른 모임에서 활발하게 활동하는 모습을 볼 수 있었다. 그 모임의 명함을 디자인해 올리고 디자인 관련 프로젝트를 시작한다고 자랑하듯 알렸다. 그런데 그 모임의 핵심 멤버 중 한 명이 그녀의 평판을 묻는 전화를 걸어왔다. 뭔가 꺼림칙하고 안 좋은 예감이 들어 왜 그녀와 일을 하다 헤어졌는지 알아보기 위해 연락을 했다는 것이었다. 그래서 사실대로 이야기해주었다. 얼마 지나지 않아 K양은 페이스북에

자신의 처참한 감정을 드러내며 다시는 사람들과 관계를 맺지 않을 것처럼 글을 올린 후 페이스북을 끊어버렸다.

왜 재능기부도 하고 무언가 열심히 해보려던 K양은 마음이 상한 것일까? 자신의 실력에 대한 과도한 자신감 때문은 아니었을까? 어떤 유명 건축가도 비슷한 맥락의 말을 한 적이 있는데, 자기 작품이 아닌 다른 사람의 의뢰를 받아 디자인을 하는 경우라면 의뢰인의 의향에 따라 언제든 수정이 가능해야 한다. 그래야 가치를 인정받을 수 있다. 판단의 주체가 내가 아니기 때문이다. 나의 재능보다는 결정권자의 취향을 존중하는 것이 우선이다. 그것이 진짜 실력이다. 따라서 상대방이 한 번에 OK하는 완벽한 실력을 겸비하기까지는 거절당할 수 있음을 깨닫고 나의 실력을 다양한 방식으로 벼려야 한다.

여자들이 약한 부분 중의 하나가 바로 자신의 업무 결과에 대한 평가를 받아들이는 태도다. 그저 일적인 지적과 비판인데도 마치 자기 자신을 비난하고 거부한 양 받아들이곤 한다. 일은 그저 일이다. 언제든 결정권자나 의뢰자로부터 지적을 받고 수정을 요청당할 수 있다. 그러니 자신의 판단을 기준 삼아서는 안 된다. 나의 판단이나 결정이 결정권자나 의뢰자의 그것과 다를 수 있음을 인식하고 받아들여야 한다. 그런 과정을 거쳐야 실력이 단단해진다. 그러다 보면 자신의 판단과 결정이 단번에 받아들여지고, 기준이 되는 때가 온다.

그때까지는 언제든 버려지고 수정되고 난도질당할 수 있음을 받아들이자. 그리고 이를 악 물면서 나중에 나와 같이 일하고 싶어 줄을 서게 만들겠다는 오기와 패기를 부려보자.

●

나를 키울 수 있는 건 오로지 나뿐이다

"나만 믿어. 내가 키워줄게."

누군가 나를 키워준다는 제안을 해주는 것은 고마운 일이다. 하지만 내가 가진 실력이 없다면 키워주는 것에도 한계가 있다. 결국 내가 실력이 있어야 한다. 나를 키워주는 것은 내가 가진 능력이다. 스스로 그 능력을 믿어야 한다.

5년 전, 다른 사람의 권유에 따라 무계획적으로 회사를 서너 번 옮기고 났더니 나는 경력이 단절된 여성이 되어 있었다. 분명 중견기업의 부장으로 꼬박꼬박 월급을 받으며 존경받는 위치에 있던 나였다. 그때까지 내가 했던 업무는 조직관리였다. 하지만 준비 안 된 상태에서 자의반 타의반으로 이루어진 이직은 아무도 없는 사막에 나만 홀로 내팽개쳐진 상태로 만들어버렸다. 나는 관리할 조직도 직원도 없는 상태로 명함에 달랑 이름과 전화번호만 남게 되었다.

'뭐든 할 수 있어. 일단 돈이 될 만한 일을 해보자.'

이런 마음으로 이 사람 저 사람이 함께하자고 손 내미는 일에 두 손 두 발 다 걷어붙이고 뛰어들었다. 그러고는 사람들이 하는 그럴듯한 제안에 쉽게 넘어갔다.

"이번 프로젝트 잘되면 한몫 단단히 챙겨줄게."
"이번 일 잘되면 그대가 다 알아서 해야 돼."
"조직관리 경험이 있으니까 조직을 꾸려서 잘해봐. 내가 팍팍 밀어줄 테니까."

이런저런 권유와 제안에 나는 내가 그 일을 잘할 수 있는지 어떤지는 생각지도 않은 채 마구잡이로 달려들었다. 그러다 보니 내가 추진하는 일은 제대로 성사되지를 않았다. 설사 성사되었다고 하더라도 나는 푼돈만 받거나 초기 단계에서만 필요한 사람이었지, 막상 일이 본격적으로 시작되고 나면 나보다 스펙이 좋은 사람으로 대체되곤 했다.

억울했지만 어쩔 수 없었다. 그렇게 시간이 흐르면서 나는 내게 투자하기 시작했다. 나를 계발하지 않으면 평생 이런 일이 반복되리라는 불안감이 생겼다. 책을 쓰기 위해 독서를 시작했고, 글 쓰는 습관을 들이려고 하루에 무조건 한 꼭지 이상의 글을 쓰며 나를 훈련했다. 그러면서도 외부적으로는 평소와 다름없이 성과를 내기 위해 최선을 다했다. 겉으로 보이는 나의 일상은 늘 같았는지도 모른다. 하지만 나에게는 남들이 모르는 밤과 새벽이 있었다. 그 시간에 나를 더 발전시키려 안간힘을 쓴 것이다.

그렇게 해서 한 해, 한 해 지났다. 표지에 내 이름이 박힌 책이 나오기 시작했다. 1년에 한 권씩 책을 쓰겠다는 나의 계획이 실현되기 시작한 것이다. 더불어 다른 사람들과 함께하는 프로젝트도 서서히 성과가 나기 시작했다. 수많은 시행착오를 거쳐 히스토리가 생기며 그 일을 할 수 있는 전문가로서 포트폴리오가 차차 완성되기 시작했다. 나는 내가 성장해왔던 방식대로 다른 사람들을 성장시키기 위한 방법을 찾았다. 그날 한 일을 내 블로그에 기록해 그 기록의 힘이 얼마나 큰지를 보여주면서, 함께 일하는 사람들에게 돈을 넘어 신뢰를 쌓으며 같이 성장한다는 기쁨을 누리고 있음을 느끼게 해주었다. 우리가 다른 사람에게 줄 수 있는 가장 큰 선물은 아마도 나의 발전과 성장이 아닐까? 내가 성장하면 다른 사람도 성장시킬 수 있기 때문이다.

준비 안 된 상태로 시도했다가 돈도 못 벌고 인정도 못 받으면서 바쁘기만 했던 그때 그 일들로 땅바닥에 내동댕이쳐졌던 나의 자존감은 내 스스로 만든 성과에 의해 다시 조금씩 올라오기 시작했다. 그 이후론 누군가 나를 도와주거나 키워준다고 하면 그저 고맙다 말하고 미소를 짓는다. 물론 마음속으로는 이런 생각을 한다.

'도와주면 좋고, 아니면 말고. 어차피 내 인생은 내가 만들어갈 거니까.'

그러면 얼마나 기분이 좋은지 모른다. 다른 사람의 눈치를 보며 초조해할 필요가 없기 때문이다. 누군가에게 기대어 그 사람의 비위를 맞추며 부족한 실력임에도 요행을 바라던 나의 사회생활 초년 시절에 비하면 얼마나 많이 단단해졌는지 스스로 대견할 때도 있다.

여자들이여, 키워준다는 말에 의지하지 말라. 마지막까지 나를 지켜줄 사람은 그 누구도 아닌 나 자신뿐이다. 어떤 순간에도 밀리지 않을, 나 아니면 안 될 나만의 실력을 갖추라.

엄마라는 이름은 도피처가 아니다

●

돌아갈 곳이란 없다

우리는 살면서 늘 돌아갈 곳을 염두에 둔다. 이거 하다가 안 되면 저거 하고, 이거 포기하고 나면 저거 선택하면 되고, 여기 아니면 저기 가면 되고……. 이런 식으로 살다 보니 치열함이 점점 사라진다.

300프로젝트(300개의 경험으로 경쟁력을 갖추기 위한 자가 발전 오픈 프로젝트) 서포터스 모임에서 만난 한 여성은 스스로를 이렇게 평가했다.

"제가 현재의 모습이 된 데에는 지금껏 제 스스로 엄마라는 굴레를 벗어나지 못하고 살아왔기 때문인 것 같아요. 아직은 아이들이 어리니까 너무 밖으로 나돌면 안 된다고 스스로를 옭아매고 있었던 거죠. 마음이 늘 무겁고 답답하고 안타까웠어요. 그래도 돌아갈 곳이 있다는 사실에 위안이 되었어요. 바로 엄마라는 자리요."

이럴 때 많은 여성이 묻는다.

"그럼 내 욕심 때문에 가정을 파괴하라는 말이에요? 아이들은 집에서 울고 있고, 남편은 밖으로 돌고, 집 안은 엉망이고, 체력은 한계에 달했고……. 이런 상황에서 집으로 돌아가는 게 당연한 것 아닌가요?"

그렇다. 당연하다. 당신이 정한 가치대로 행동한다면 아무 문제 될 것이 없다. 내 삶의 가치 기준에서 가정의 행복이 우선순위에 있다면 가정을 안정적으로 지키는 것에 최선을 다하면 되고, 가정의 행복도 중요하지만 나의 사회적 가치를 올리는 것이 더 중요하다고 판단되면 그에 따라 행동하면 된다. 그런 기준도 없이 이러지도 못하고 저러지도 못하고 남의 눈치만 보며 저울질을 하다 보니 못난 여자인 듯 생각이 들고 위축되는 것이다. 그것이 여자의 자존감을 낮게 만든다. 선택에 당당하고 책임질 수 있다면 방어적인 공격을 할 필요가 없다. 소설가 아놀드 베넷Arnold Bennett은 이렇게 말했다.

"진정한 비극의 주인공은 살면서 일생일대의 분투를 준비하지 않는 사람, 자기 능력을 모두 발현하지 않는 사람, 자신의 한계에 맞서지 않는 사람이다."

모든 것을 내려놓고 선택한 가정이 자신의 성장을 위한 일생일대의 분투가 펼쳐지는 곳이라면 언제든 그렇게 하라. 지지와 응원을 받을 것이다.

● 세상에 공짜는 없다

나는 두 딸의 엄마이자 한 집안의 며느리이고 친정 엄마를 돌봐야 하는 가장이기도 하다. 결혼한 지 20년이 되는 지금까지 그 조건은 달라진 것이 거의 없다. 큰아이 돌 무렵부터 일을 시작하여 본격적인 사회생활을 하는 지금까지 어떤 순간에도 하던 일을 그만두고 집으로 달려가지 않았다. 아니, 어쩌면 집으로 도망가지 않았다는 말이 맞을지도 모른다. 아이들이 아팠을 때는 남편이나 친정 엄마에게 도움을 청했다. 친정 부모가 가까운 곳에 있으니 그런 특혜를 입은 것이 아니냐고 말하는 사람들도 있다. 맞다. 하지만 그런 특혜를 얻기 위해 나는 매달 친정집에 생활비를 대고 있다. 그 돈이 결코 적지 않다. 친정 부모가 편찮으셨을 때는 가사 도우미도 불렀다.

대부분의 여자는 이 대목에서 좌절하고 포기한다.

"내가 벌면 뭐 해? 이렇게 다 나가버리는데. 차라리 내가 애들 보고 조금 아끼면 그게 남는 장사지."

이런 생각으로 집으로 돌아간 직장 여자들이 70~80퍼센트는 되지 않을까? 그런데 정말 그럴까? 정말 돈 때문에 가정으로 돌아간 것일까? 어쩌면 직장생활을 하는 데 있어 매너리즘에 빠져 있거나 사회생활에 어려움을 겪고 있던 터에 핑계가 생긴 것은 아닐까? 아무리 실력 있고 열정 있는 사람이라도 지금 하고 있는 일을 포기하고 싶을 때가 부지기수로 많다. 다른 사람들은 말해 무엇하랴.

아이들이 초등학교에 들어가면 아이와 함께 학교를 다니는 엄마들도 있다. 그녀들의 관심은 온통 아이들의 학업 성적과 교우관계, 교사의 주목도에 쏠려 있다. 아이들의 성적표에 따라 우쭐하기도 하고 침울해하기도 한다. 아이들의 삶에 자신을 투영하며 나는 없고 아이만 있는 상태가 되어버린다. 그러면서 이런 말을 입에 달고 산다.

"내가 누구 때문에 이렇게 사는데!"

아이들은 과연 이런 말을 듣고 무슨 생각을 할까? 엄마의 조바심 때문에 아이들은 아이들대로 힘들고, 점점 엄마와 아이들과의 관계에 금이 가기 시작한다. 그렇게도 소중하게 생각하던 가정의 안정과 평화가 역설적이게도 엄마가 관여하는 깊이에 비례해서 깨지고 있는 것이다.

우리 집 아이들은 지금 고3과 고1이다. 조금 외롭게 사춘기를 넘겼고, 뭐든 스스로 알아서 해야 한다는 것을 말이 아닌 실천을 통해 배웠으며, 하나를 얻기 위해서는 자신도 하나를 내놔야 한다는 삶의 지혜를 배웠다. 엄마에게 문제집이라도 하나 사달라고 하려면 집 안 청소를 해야 한다거나 그에 걸맞은 무언가를 해야 함을 당연하게 생각한다. 주말이면 싫은 내색 하나 없이 피곤한 엄마를 위해 빨래를 하고, 설거지를 하고, 장 본 것을 정리한다. 그렇다고 용돈을 넉넉하게 받는 것도 아니다. 내가 아이들에게 강조하는 것은 단 하나다.

"엄마는 엄마 꿈을 위해 살 테니, 너희는 너희 꿈을 위해 살아."

언젠가 작은 애가 내 책에 사인을 해달라고 해서 그렇게 해줬더니 며칠 후 학교 담임선생님에게 문자가 왔다.

지호 어머님, 책 감사합니다. 지호는 잘하고 있으니까 걱정 마세요.
책 열심히 읽겠습니다.

얼마나 기쁘고 행복하던지! 내가 책을 낸 저자라는 사실이 딸에게도 꽤 자랑스러운 일이었나 보다. 엄마로서 자신감이 솟는 순간은 바로 자식들에게 인정받는 순간이 아닐까? 내가 힘들게 쌓아왔던 노력과 경력들이 가장 사랑하는 자식들로부터 인정받음을 느끼는 순간 자존감 지수가 확 올라간다.

"내가 누구 때문에 이렇게 사는데!"라는 말은 던져버리라. 원하지 않는 희생을 감내하며 알아주지 않는다고 외쳐봤자 더욱 초라해지는 자신을 느낄 뿐이다. 굳이 가정에 있지 않아도 된다. 치열하게 일하면서 사회적으로 인정받는 사람이 되면 그 모습 자체로 아이들은 존경을 보낸다. 그러면 스스로 존중하는 마음을 잃지 않을 수 있다. 더불어 엄마가 자신의 꿈을 위해 치열하게 살고 있듯이 아이들도 치열하게 자신의 꿈을 찾고 그를 위해 치열하게 살도록 독려하고 믿고 기다려줘야 한다. 그런 믿음과 여유가 서로의 존재 가치를 인정해주며 서로의 자존감을 올려주는 것이다. 엄마의 자존감이 아이의 자존감을 키운다.

배수진을 치라. 지금 있는 곳에서 승부수를 던져야 한다는 그 마음이 당신을 사회적으로 인정받게 할 실력을 키워줄 것이다. 나를 여유롭게 하는 것들—내가 돌봐야 할 사람, 내가 지켜야 할 것, 좀 더 편하고 쉬운 일, 언제든 돌아갈 수 있는 곳—과 결별하라. 지금 당장 위안은 될지언정 시간이 지날수록 그 수렁에 빠져 희미해지는 자신의 모습을 보며 후회할 날이 오게 될지도 모른다.

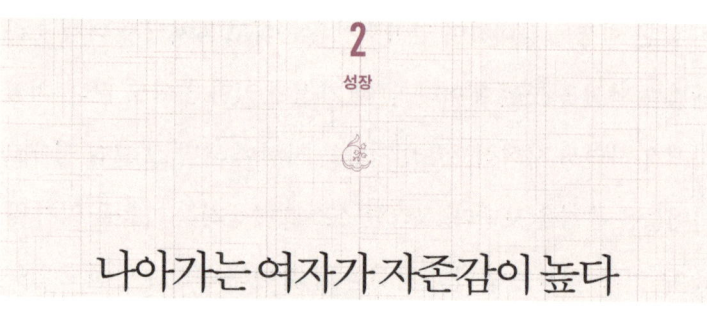

나아가는 여자가 자존감이 높다

자기 기준이 높은 여자가 발전한다

●

더 나은 것은 변화하는 것이다

세상에는 세 가지 부류의 사람이 있다. 첫째, 자신이 하고 싶은 것이 무엇인지 몰라 혼란스러워 하는 사람. 둘째, 무엇을 해야 할지 알고 있지만 핑계를 대고 현실과 타협함으로써 실행하지 않고 좌절하는 사람. 셋째, 정해진 목표에 계획을 세워 하나하나 성취해나가며 실행하는 사람.

더 좋은 것과 더 나은 것의 차이를 명확하게 설명할 수 있는가? 더 좋은 것은 눈으로 확연히 차이를 구별할 수 있는 것이다. 더 좋은 차, 더 좋은 옷, 더 좋은 집, 더 좋은 직위, 더 좋은 물건처럼 말이다. 많은 사람이 성공을 꿈꾸는 이유 중에 하나가 바로 더 좋은 것을 갖기 위함이다. 그런데 이것은 사람의 욕심과 결부되어 있어 채워도 채워도 늘 부족함을 느끼게 한다. 게다가 늘 비교 대상이 존재한다. 동료가 나보다 더 좋은 것을 갖게 되면 배가 아프고 자존심이 상한다. 결국 더 좋은 것을 갈구하는 삶은 평생 그 욕심을 채울 수 없는 혼돈에 빠진다.

성공한 여자들은 어느 정도 성장을 한 후에는 그 단계에 안주하려고 하는 경향이 있다. 그럴 때 기억해야 할 것이 있다. 바로 붉은 여왕의 법칙이다. 루이스 캐럴Lewis Carrol의 소설 『이상한 나라의 엘리스』의 속편 『거울을 통하여』에 보면 다음과 같은 장면이 나온다.

앨리스와 붉은 여왕은 숨을 헐떡이며 달렸다. 앨리스가 말했다.
"우리나라에서는 이렇게 열심히 달리면 어딘가에 도착하게 돼요."
그러자 붉은 여왕이 호통을 쳤다.
"이런 느림보 같으니, 여기서는 이렇게 달려야 겨우 제자리야. 어딘가에 닿으려면 두 배는 더 열심히 달려야 해."

주변 환경이나 경쟁 대상이 더 빠르게 변화함에 따라 상대적으로 뒤처질 수 있는 것이다. 그러니 안주해서는 안 된다. 더 나아져야 한다.

더 나은 것은 한눈에 파악하기 어려운 것으로, 지금을 기준으로 조금 더 향상된 방향으로의 움직임이 수반된 상태를 말한다. 글을 쓰는 사람이라면 쓰면 쓸수록 글솜씨가 는다. 독서가라면 독서량이 많으면 많을수록 더 많은 지식을 얻게 되고, 생각하는 힘과 판단하는 힘 그리고 예측하는 힘이 향상된다. 피아니스트라면 치면 칠수록 더 나은 실력을 갖게 되고, 가수라면 노래하면 할수록 더 좋은 창법을 가질 수 있게 된다.

사람도 비슷하다. 조건이 더 좋은 사람이 있을 수는 있다. 하지만 오늘보다 내일이 더 나은 사람이 더 발전 가능성이 있지 않을까? 경기당 두 골을 넣는 선수가 경기당 한 골을 넣는 선수보다 더 좋은 선수임에는 틀림없다. 하지만 두 골을 넣는 선수가 거기에 만족하고 마는 대신, 한 골을 넣는 선수가 더욱 열심히 정진해 다음 해에는 경기당 두 골을 넣는 더 나은 선수가 되었다면 누구의 앞날을 더 기대하게 될까?

이처럼 더 나은 사람이 된다는 것은 시간을 두고 꾸준하게 훈련하고 연습하여 몸으로 체득할 때만이 가능하다. 결국 끊임없는 자기계발을 통해 성장하는 사람만이 더 나은 사람이 될 수 있다. 그러다 보면 궁극적으로 더 좋은 사람이 되기도 할 것이다.

더 나은 사람이 되도록 노력하는 사람은 스스로 성장하며 자기 기준이 높다. 자신에 대한 믿음 또한 강하다. 따라서 자존감도 높다. 외부에서 어떤 평가를 내리더라도 자존심에 상처 입지 않는다. 일적인 평가는 일적인 평가고, 그것이 자기 자신에 대한 인격적 모독이나 비난이 아니라는 것을 알기 때문이다. 물론 좋지 않은 평가를 받았을 때 기분이 나쁠 수도 있다. 하지만 평가나 평가자에 대한 감정이라기보다는 일처리를 못한 자기반성에서 비롯된 면이 크다. 그래서 곧 그 감정에서 탈출해 자신의 능력이 더욱 인정받을 수 있도록 준비에 더 힘쏟는다. 삶의 기준이 자신 안에 있기 때문에 외부 요인으로 흔들리거나 상처받지 않는다.

●

당신은 지금 무엇을 배우고 있는가

"지난번에 만난 이후로 뭘 배웠는가?"

에머슨Ralph Waldo Emerson과 소로Henry David Thoreau는 만나면 늘 이렇게

질문했다고 한다. 두 사람의 관심사가 성장에 있었음을 알 수 있다. 무언가를 끊임없이 배우고 익히지 않으면 우리는 성장할 수 없다. 무언가를 배우고 익히며 준비하는 것이 얼마나 삶을 든든하게 하는지 경험해본 적이 있는가? 그런 성장은 외부에서 오는 것이 아니라 내부에서 오는 것이다. 스스로의 경험이고 확신이고 자신감이다.

페이스북의 담벼락을 탐험하다 보면 수많은 사람들의 성장 스토리를 엿볼 수 있다. 그런 사람들의 공통점이 뭘까 꼽아봤더니 다음과 같이 정리되었다.

1. **다독을 한다.** 일주일에 최소 두 권 이상 책을 읽으며 그에 관한 리뷰나 짧은 단상을 적고 공유한다.
2. **하루를 길게 쓴다.** 새벽부터 일어나 그날 해야 할 일의 리스트를 적고 감사 일기까지 쓴다. 하루 24시간을 48시간의 효율로 살고 있다.
3. **활력이 넘친다.** 언제나 긍정의 에너지를 전하며 육체적 건강을 위해 운동도 열심히 한다.
4. **리액션이 좋다.** 다른 사람들의 메시지에도 호응을 해주며 진정한 소통을 한다.
5. **꾸준하다.** 누가 시킨 것도 아니고 특별한 보상이 있는 것도 아닌데 한결같이 같은 일을 반복한다. 지루한 반복을 즐기는 모습이다.

지금 내가 성장하고 있는지를 알고 싶다면 위 다섯 가지 항목을 살펴보고 자문자답해보자.

나의 성장은 다른 사람에게도 전파될 수 있다. 내가 성장하면 다른 사람도 성장한다. 내가 성장하지 않으면서 다른 사람에게 성장하라고 할 수 없다. 성장한 사람만이 성장을 위한 조언을 해줄 수 있다. 같이 성장하기 위해 애쓰는 사람도 있을 것이며, 나의 성장을 보고 자신도 할 수 있다는 용기를 얻는 사람도 있을 것이다.

성장하기 위해서는 현재 나의 위치와 앞으로 도달하고 싶은 위치를 정확히 알아야 한다. 지금 글을 쓰고 있다면 몇 년 후에는 2만 부 이상의 판매고를 올리는 베스트셀러 작가가 되겠다고 하는 구체적인 도착점을 설정해야 그에 맞는 성장을 준비할 수 있다. 취미로 시작한 오카리나나 우쿨렐레일지라도 1년 후에는 가족이나 친구들 앞에서 공연을 할 정도로 실력을 키우고 싶다는 구체적인 목표가 있으면 더 열심히 즐겁게 실력을 쌓을 수 있다.

막연한 상태의 훈련이나 도전은 해도 그만 안 해도 그만이다. 구체적인 도착점에 대한 자기 확신과 공약이 필요하다. 비록 공염불에 불과할지라도 일단 도달하고자 하는 곳의 구체적인 이미지를 그림으로 그리고 글로 적어보자. 그리고 데드라인이 있는 그 목적지에 좋아하는 사람들을 초대해보자. 그러면 하루하루 포기하고 싶어지는 마음 속 핑계와 대적할 수 있는 힘이 생긴다.

>> Invitation <<

이번 크리스마스이브, 음악이 흐르는 파티에 당신을 초대합니다.
맛있는 저녁식사와 와인, 그리고 조촐한 음악회를 준비했습니다.
그날 그동안 갈고 닦았던 오카리나 연주 솜씨를 뽐낼 수 있도록 연습하고 있습니다.
당신 덕분에 행복한 한 해를 보낼 수 있었기에 드리는 제 마음의 선물입니다.
부디 귀한 시간 내주셔서 함께해주시기를 청합니다.

일시: 2013년 12월 24일 저녁 7시
장소: 한강이 내려다보이는 창 넓은 어느 카페

상상만 해도 행복해지지 않는가?

지그 지글러Zig Ziglar는 "자신을 부정적으로 보는 사람은 긍정적인 일을 절대 하지 못한다"라고 했다. 자신을 믿고 존중하라. 그리고 배우고 성장하라.

변화는 달려드는 여자에게서 온다

●

방향을 바꾸기 위해서는 바람이 필요하다

《내셔널 지오그래픽》의 조사에 따르면 매일 선택의 순간이 150번씩 오고, 그중 30번 정도가 신중한 선택을 위해 고민하게 되며, 5번 정도만 올바른 선택을 한다고 한다. 150번의 순간 중 올바른 선택은 5번에 그친다면 올바른 선택을 하게 될 확률은 약 3.33퍼센트다. 그만큼 확률이 낮다는 얘기다. 어떻게 해야 그 확률을 높일 수 있을까? 끊임없이 선택하고 행동해서 그것이 올바른 선택인지 아닌지 가려내야 한다. 누군가 대신 올바른 선택을 내려주겠지 하는 것은 감나무 아래에서 감이 저절로 떨어지기를 기다리는 것과 별반 다르지 않다.

강연을 다니다 보면 자기변명에 익숙한 사람들을 자주 보게 된다. 현재 자신의 위치에 대해서는 고민하지만 특별한 행동은 하지 않는 사람들. 그러면서 다른 사람, 다른 사정 때문에 어쩔 수 없다는 말을 빼놓지 않는다. 특히 여성의 경우는 아이 때문에, 시댁 때문에, 친정 때문에, 여자로서 승진에 한계가 있기 때문에 등 탓도 많다. 이렇게 모든 요인을 외부 탓으로 돌려버리면 마음이 편해질까? 그렇지 않다는 것은 아마 본인도 잘 알 것이다. 물론 아직 우리 사회에 유리천장은 존재한다. 그런데 그 유리천장을 자기 유리할 대로 핑계 삼는 것은 아닌지 반성해볼 일이다.

많은 직장인이 "여자와 함께 일하는 것이 피곤하다"라고 말한다. 심지어 같은 여성 직장인도 그런 말을 한다. 일이 많은데도, 꼭 필요한 야근이나 주말 특근인데도 이런 핑계, 저런 핑계를 대고 빠져나가니 곱게 볼 사람이 누가 있을까? 물론 우리 사회가 불필요하게 군대 문화가 많이 퍼져 있기도 하고, 아직 가부장적 잔재가 남아 있는 상태에서 집안 대소사는 여자의 몫이니 그럴 만도 하다. 그런데 어쩌면 그런 점을 교묘히 이용해 피해 가고 있는 것은 아닐까?

지금 이 시간에도 수많은 여성이 말한다.

"결혼하면 살림이나 해야지."

"애 낳으면 직장 그만두어야지."

현모양처가 꿈이라면 당연히 그래야 한다. 살림을 잘하고 육아를 잘하고 내조를 잘하는 것이 목표라면 그에 힘쓰는 것이 맞다. 하지만 대부분은 안전한 곳으로의 도피를 꿈꾼다는 인상을 준다. 그래서 그저 적당히. 적당히 해놓고 나의 노력을 알아주지 않는다며 울상 짓는다. 스스로가 도피할 생각만 하고 있으면서 자존심 타령을 하고 있는 것이다.

그에 반해 지금도 그 유리천장에 부딪힐지언정 노력하는 여성들이 있다. 그녀들에게도 지금의 사회 구조가 불만이겠지만, 불평하기보다는 헤쳐나가려고 노력하고, 여자라서 더 보여주기 위해 애쓰고 있다.

최근 『린인Lean In』이라는 책을 펴낸 페이스북의 2인자 셰릴 샌드버그Sheryl Sandberg는 많은 여성이 결혼도 하기 전에, 아이를 갖기도 전에 도전적인 프로젝트를 포기하고 책임이 무거운 직급을 피한다면서 이것이 여성을 뒤처지게 만든다고 지적했다. 그러면서 그녀는 여성들에게 말한다. "달려들라Lean In"고.

물론 그 달려듦에 고통이 있을 수 있다. 하지만 이 세상에 대가를 치르지 않고서 얻을 수 있는 것은 없다. 고통 없는 성장은 있을 수 없다. 비단 경제에만 해당되는 이야기가 아니다. 스스로가 여자라는 굴레에 갇혀 남이 정해놓은 삶만 따라가서는 결국 남루한 현실만 남게 될 것이다.

'나를 사랑하지 않고서는 남을 사랑할 수 없다'라는 말이 있다. 그런데 여성들은 그동안 나보다는 '남을 사랑하는 법'을 먼저 배워왔다. 이제는 나를 사랑하는 법도 배워야 한다. 거기에 많은 비판이나 비난이 따를지 모른다. 하지만 그 고비를 넘어서면 외려 칭송하는 사람이 넘쳐나게 될지 모른다.

"나는 남자친구에게 명품 백을 요구하지도 않고, 데이트 비용도 같이 부담하고, 결혼하면 집도 반반씩 내서 하고 싶거든요. 결혼해도 육아와 집안일을 남편과 같이 하면서 제 커리어도 지키고 싶고요. 그래서 남자친구가 없나 봐요."

어느 20대 후반의 여성이 한 말이다. 그녀 말고도 이런 말을 하는 미혼여성이 꽤나 있었다. 그렇다고 그녀들이 독립적인 태도를 버린다고 했을까? 아니다. 외려 그런 자신의 가치를 알아줄 남자를 기다리며 오늘 하루도 열심히 살아가고 있다. 그야말로 자존감 있는 여자들이다. 세상은 바로 이런 여성들에 의해 바뀔 것이다. 이런 여성이 점점 더 많아지기를 바란다.

●

불안을 이기는 능력을 키우라

간혹 우리나라 사람들에게 냄비 근성을 강하게 느낄 때가 있다. 빨리빨리 문화에 익숙한 사람들이라서 그런지 조금만 더뎌도 답답해하고 지루해한다. 결과가 나오기도 전에 조금만 방향이 틀어져도 실패했다고 포기해버리고 만다. 그런데 생각해보자. 태아가 사람 꼴을 갖추고 세상에 나오기까지는 엄마 뱃속에서 300일이라는 시간을 견뎌야 한다. 태어난 이후에도 혼자 먹고, 혼자 걷고, 대소변을 가리기까지 최소 500일은 족히 걸린다. 그 만큼의 시간이 걸린 덕분에 지금의 우리가 있는 것이다.

투자의 귀재 워런 버핏Warren Buffett도 주식 부자가 되기까지 꽤 오랜 시간을 필요로 했다. 사람들은 그가 주식부자라는 사실은 부러워하면서도 막상 그가 자신이 선택한 주식을 얼마나 오랜 기간 두고 보며 견디는지에 대해서는 간과한다. 그는 대표적인 장기론자Long Termist로 자신이 선택한 주식은 10년을 보유한다는 마음으로 인내의 시간을 보낸다. 자신의 선택을 믿기 때문이다. 대신 선택을 할 때에는 그만큼 신중을 기한다.

"나 잘하고 있는 거 맞지?"
"내 말이 맞지? 그치?"
"내가 잘못한 거야? 아니지?"

여자들은 주변 사람에게 자주 묻는다. 불안해서 그렇다. 어지간해서는 잘한다는 답변을 들려주게 마련이다. 그러면 안도를 한다. 잘하고 있다는 말에 힘을 얻는다. 문제는 부정적인 답변이 돌아왔을 때다. 그럴 때는 아무렇지 않게 하던 일을 놓아버린다.

"부모님이 그만두래요."

"남편이 반대해서요."

"애들이 안 했으면 좋겠다고 하네요."

"다른 사람들이 이 일은 안 된대요."

어떤 일을 하다가 문제가 생겼을 때 외부 사람의 의견을 자꾸 묻는 것은 자기 확신이 없기 때문이다. 사람인 이상 그럴 수도 있다. 그런데 자신이 원하는 답만 들으려고 하니 문제가 생긴다. 불리한 답을 해주는 사람의 말을 왜곡해서 듣고 기피한다. 과도한 칭찬이나 위로를 해주는 사람의 말을 믿고 아슬아슬한 현재 상태를 이어 나간다.

포기하지 않고 끝까지 해내기 위해서는 무엇보다 자기 확신이 필요하다. 물론 주위 사람들의 의견을 듣고 참고할 필요성은 있다. 하지만 거기에 흔들려서 상처받고 주눅 들고 빨리 포기할 것까지는 없다. 쓴소리도 달게 받아들이려는 마음가짐이 필요하다.

사람들은 누군가 새로운 일을 시작한다고 하면 일단 의심부터 하고 본다.

"잘될 리가 없어. 분명 무슨 문제가 생길 거라고."

그러다가 그 일에 대해 안 좋은 소문이라도 듣게 되면 바로 자기 생각이 맞았다고 해버린다.

"내 그럴 줄 알았다니까."

물론 문제가 생겼음에도 끝까지 열심히 해서 성과를 만들어낸 일에 대해서는 다르게 평가할 줄도 안다.

"그 사람이니까 가능한 거겠지. 고생했네."

나도 주위 사람들이 하는 한마디 한마디 다 반응하다가 중도에 일을 포기한 적이 많다. 하지만 사람들 생각에 깔린 기본 심리를 알게 된다면 그것이 얼마나 어리석은 일인지 알게 될 것이다. 사람들은 일단 내가 시작한 일에 대해 인정하지 않는다. 중간중간 그 일을 제대로 하고 있는지 호기심 반 의심 반으로 지켜본다. 그 과정 중에 들리는 이야기가 주로 부정적이다. 그러면 걱정을 가장해 비아냥거린다. 그러다 막상 성공적으로 마무리하면 놀람 반 부러움 반이 섞인 시선으로 칭찬을 보낸다. 그러니 어떤 일을 끝까지 해내느냐 아니냐는 다른 사람의 판단이나 평가가 아닌 오롯이 내 의지의 문제인 것이다.

사람이니까 불안할 수 있다. 하지만 우리의 인생은 참 길다. 우리 인생에는 생각과는 다른 일들이 엄청나게 많이 일어난다. 그러니 지레짐작해서 불안에 빠질 필요는 없다. 나의 능력을 믿고, 나의 선택을 믿고, 나의 의지를 믿으라. 짧은 불안의 시간을 넘기고 길게 멀리 볼 수 있는 안목과 힘이 생길 것이다.

포기하지 않는 여자가 나날이 자란다

●

좋아하는 일에도 책임이 필요하다

스위스의 피아니스트 지기스문트 탈베르크Sigismond Thalberg는 뛰어난 소질과 엄격한 훈련으로 유명한 세계적인 연주자다. 어느 날 탈베르크에게 대규모로 열리는 유명 음악회에 출연해달라는 요청이 들어왔다. 그런데 공연 일정을 들은 탈베르크는 일언지하에 거절했다.

"지금까지 이 음악회 출연 요청을 거절한 사람은 아무도 없었습니다. 그런데 선생님께서는 왜 거절하시는 겁니까?"
"저도 물론 그 무대에서 신곡을 연주하고 싶습니다. 하지만 그날까지 연습을 끝낼 수 없기에 사양하는 겁니다."
"그동안 제가 만나온 음악가들은 대부분 3~4일이면 충분하다고 했습니다. 선생님 같은 분께서 연주하실 수 없다니요."

"저는 신작을 발표할 때마다 적어도 1500번 이상 연습합니다. 연습이 부족하면 출연하지 않습니다. 하루에 50번씩 연습한다고 하더라도 한 달은 걸립니다. 그때까지 기다려주신다면 기쁘게 수락하겠습니다만, 그럴 여유가 없으시다면 거절할 수밖에 없습니다. 아무리 우수한 연주가라도 연습하고 노력하는 사람에게는 이길 수 없습니다. 언젠가는 실력이 바닥나게 마련이지요. 제 연주의 비결은 재능이 아니라 끊임없는 연습의 결과입니다. 그런데 어떻게 연습을 줄일 수 있겠습니까?"

'인생사 타이밍'이라는 말이 있다. 즉 모든 일엔 때가 있다. 준비되지 않은 상태에서 온 기회는 오히려 독이 될 수 있다. 할 수 있다고 생각하는 것과 실제로 잘하는 것은 다른 문제다. 우리는 흔히 책이나 인터넷 검색을 통해서 웬만한 것은 다 알고 있다고 생각한다. 하지만 그것을 진짜로 실행하고 완수할 수 있는지는 직접 해봐야 알 수 있다.

여행 관련 직장에서 8년 이상 기획과 마케팅을 해오던 P양. 그녀는 더 이상 회사에 있을 이유를 찾을 수 없어 퇴사를 하고, 그동안 해오던 것과 비슷한 분야의 일을 하는 회사를 차렸다. 그러나 여섯 명이 동업으로 차린 회사는 투자금만 날리고 문을 닫게 되었다. 생각처럼 회사를 운영하는 것이 쉽지 않았다. P양은 자신이 무슨 일을 잘할 수 있는지 고민하기 시작했다. 그러다 온라인 소셜 방송의 PD를 한번 해보면 어떻겠냐는 제안이 들어왔다. 그녀는 그 제안에 응하고 장비를 구하는 것부터 일일이 발품을 팔아 소셜 방송 시스템을 구축하기 시작했다.

그냥 보기만 할 때는 스마트폰을 켜고 녹음해서 방송하면 되겠거니 싶었다. 하지만 제대로 하려고 보니 음향믹서, 마이크, 캠코더 등 익혀야 할 장비가 한두 가지가 아니었고, 생방송 프로그램에 대한 진행 과정에도 이해가 필요했다. 리허설 때는 멀쩡하던 장비가 이상 반응을 보이며 잡음이 생기고 녹음이 끊기는 등 방송사고도 속출했다.

그럴 때마다 P양은 전문가를 찾아가 묻고, 직접 장비를 들고 용산으로 달려갔다. 그렇게 하나하나 관련 지식을 쌓아나가며 온라인 소셜 방송에 대한 감각을 익혀나갔다. 하면 할수록 부족한 것이 보인다는 P양은 제대로 된 장비에 욕심도 부리고, 더 많은 전문가를 찾아가 자문을 구해야겠다며 더욱 열정을 불살랐다. 그런 그녀가 어찌 믿음직스럽고 자랑스럽지 않겠는가.

사람들은 이제 방송 문제가 생겨도 걱정하지 않는다. P양이 어떻게든 해결하리라는 믿음이 생겼기 때문이다. 그렇게 수많은 시행착오를 통해 그녀는 진정한 전문가가 되기까지 시간을 견디고 있는 것이다. 온라인 방송 시스템에 완전히 익숙해진 후에는 정말 하고 싶었던 여행 관련 콘텐츠 방송 프로그램을 기획해 방영할 생각이다. 그때까지는 일을 잘하는 것이 우선이라는 P양. 그녀야말로 이 시대의 능력 있는 인재가 아닐까? 잘하는 일에 좋아하는 일을 접목하는 것이 바로 요즘 말하는 통섭이고, 융합이고, 창조 경제다. P양은 그것을 실행하고 있는 것이다.

좋아한다는 데서 그치면 결국 그 일은 취미에 불과해진다. 일을 취미생활하듯 할 수는 없는 법이다. 취미생활하듯 즐겁게 하는 것은 중요하다. 하지만 일이라는 것은 본질적으로 책임이 뒤따른다. 좋아하는 데서 그치지 말고, 책임감을 가지고 그 일을 잘할 수 있도록 제대로 훈련해야 한다.

●
일 때문에 죽는 사람은 없다

"넌 해낼 줄 알았어."
"독한 것! 너니까 해낸 거야."
"너라면 당연히 할 수 있을 거야!"

한 분야에서 성공을 거둔 이들이 흔히 듣는 말이다.

"도대체 뭘 하는 거야?"
"왜 그리 쓸데없는 일에 집착하는 거야?"

혹시 이런 말을 듣고 있는 사람이 있다면, 아마 사람들로부터 인정을 못 받고 있을 공산이 크다. 자존심이 상하겠지만, 그것이 현실이다. 나도 그랬다.

내가 맨 처음 일을 시작하려고 했을 때 나는 그저 평범한 가정주부였다. 졸업하자마자 결혼을 했고, 바로 아이를 낳았다. 그리고 다시 세상 속으로 나오려고 했던 때가 내 나이 서른이었다. 이렇다 할 경력도 내세울 실력도 없었다. 영어교육을 전공했던 것이 오히려 높은 영어 수준을 기대하는 통에 핸디캡으로 작용했다. 그때는 적성이나 원하는 일에 대해서는 관심이 없었다. 전공을 살리거나 조금만 공부하면 될 것 같은 일, 또는 자격증을 따내면 할 수 있는 일에 더 눈길이 갔다. 그래서 학습지 교사를 택했다.

그마저도 내겐 버거웠다. 영어로 수업해야 한다는 스트레스에 시달렸고, 회사 브랜드에 걸맞게 영어연수를 다녀오고 유창하게 영어를 구사하는 예쁘고 젊은 교사들이 대거 입사하는 바람에 열등감에 시달렸다. 하지만 나는 역발상을 통해 나만의 지도법을 만들어냈고, 그 결과 아이들이 영어를 유창하게 하도록 만드는 우수한 교사가 되었다.

"영어교육은 내가 영어를 잘하는 것보다 남들이 잘하게 만들면 된다."

물론 그렇게 되기까지 1년 가까운 시간이 걸렸다. 그때까지 하루도 밤 10시 이전에 귀가한 적이 없다.

"월급도 얼마 안 되면서 왜 이리 늦게 다녀?"

"집에서 네 애들이나 가르칠 일이지 뭐 그리 밖으로 다닌다고 난리야?"

"그거 언제 그만둘 건데?"

집에서는 끊임없이 나의 일을 부정했다. 그럼에도 나는 개의치 않았다. 매일 아침 보란 듯이 출근했고, 아무리 힘든 일이 있어도 결근하거나 지각하지 않았다. 그 결과 전사 1등을 하고, 포상금과 그달 월급을 합쳐 500만 원이 넘는 액수가 나오자 주위의 시선이 달라졌다.

"네가 해낼 줄 알았다니까."
"멋지다. 자랑스러워."

가족과 친구들로부터 이런 평가를 받으니 그동안의 고생이 눈 녹듯 사라지는 것 같았다. 내가 하는 일에서 최고가 되니 가장 가까운 사람들부터 나를 인정해주는 것을 몸으로 체득한 것이다. 그 이후에도 숱한 일들을 겪었지만 나는 절대 일을 포기하지 않았다. 때론 돈이 안 되고, 마음도 상하고, 스트레스가 심해 탈모가 생기기도 하고, 몇 개월을 입원과 요양으로 보내야 했지만 손에서 일을 놓지 않았다. 그런 시간을 견딘 대가로 지금의 일을 할 수 있는 자격과 실력을 갖추게 된 것이다.

공부하는 독종이 살아남는다고 했던가. 긴 시간을 견디기 위해서는 자기 자신에게 독해져야 한다. 남들에게 먼저 인정받아야 한다. 당신은 남들이 고개를 절레절레 저을 만큼 독하게 이뤄내고 있는 것이 있는가?

스코틀랜드 속담에 '일이 많고 힘들다고 죽는 사람은 없다'고 한다. 따분해서 죽고, 외로워서 죽고, 병에 걸려서는 죽더라도 일 때문에 죽는 사람은 없다는 뜻이다. 입버릇처럼 일이 너무 많아 죽겠다고 말하는 사람에게 우리는 흔히 "그때가 가장 행복한 거야"라고 말한다. 청년 취업의 어려움, 결혼, 출산, 육아 등 여러 가지 이유로 일하고픈 의욕이 끊겼던 여자들이라면 아마 이해가 될 것이다. 그러니 마음을 달리 먹자.

"아, 나는 행복한 사람이구나. 이렇게 많은 일을 해내고 있구나. 나는 참 필요한 사람이구나."

두드러진 여자는 빛을 잃지 않는다

제일 잘하면서 행복한 일

> 내 삶의 30년, 이렇게 살고 싶다!
> 내가 좋아하는 것을 찾고
> 내가 제일 잘하는 것을 밝히고
> 나 아니면 안 되는 것을 기억하면서
> —⟨레터스 투 줄리엣(Letter's to Juliet)⟩ 중에서

전주에 가면 비빔밥이 유명하다. 색색의 고명을 올려내고 은행과

밤꽃으로 장식한 전주비빔밥은 한국을 대표하는 음식 중 하나다. 그 비빔밥을 만들기 위해 한결같은 마음으로 매일 아침 이른 시간에 일어나 재료를 정성스레 준비하는 사람이 있다. 경력 50년이 넘는 비빔밥의 장인 김년임 할머니다. 비빔밥을 더 예쁘게, 더 맛나게 만들기 위해 노력을 거듭해온 할머니. 그 결과로 우리는 먹기 아까운 작품 수준의 전주비빔밥을 만날 수 있게 된 것이다.

할머니는 친정어머니로부터 음식의 기본을 배웠고, 젊은 시절 끝없이 연구하며 맛깔나는 비빔밥을 완성하기 위해 숱한 밤을 지새웠다. 카스텔라 모양의 계란찜을 만들기 위해 버린 계란만 수십여 판으로, 그 집념과 열정은 그 누구도 따라올 수 없었다. 자다가도 새로운 방법이 생각나면 벌떡 일어나 부엌으로 가서 시도해보곤 했다. 좋아하지 않으면 결코 할 수 없는 일들이었다. 그렇게 여든을 바라보는 나이에 이른 할머니. 지금도 매일아침 밤을 까고 고명을 만들고 나물을 무친다.

"내 입에 맞지 않는 음식은 절대 손님상에 내놓지 않아요."

인터뷰하러 갔을 때 할머니는 이렇게 말했다. 확고한 기준에 의해서 장까지 직접 담근다는 할머니는 비빔밥 인생, 그 자체라고 할 수 있었다.

"할머니, 혹시 다른 일을 해보고 싶지는 않으세요?"

"아니요. 나는 죽을 때까지 이거 할 거예요. 얼마나 좋아요! 제가 만든 음식을 맛있게 싹싹 비우는 손님들을 보는 게 제 낙이에요."

잠시도 쉬지 않고 마늘과 밤을 직접 칼로 썰고 깎으면서 행복해하는 모습에 이런 것이 과연 평생의 과업이구나 하는 마음이 들었다. 자신이 진정으로 좋아하고 잘하는 일을 하며 먹고 사는 일뿐 아니라 대한민국의 위상을 드높이기까지. 비빔밥에 대한 사명감과 무던한 실행력이 가져온 '탁월함'의 결과였다.

평생의 일을 즐겨하며 비빔밥 명인으로 자기실현을 이룬 김년임 할머니처럼 자신의 일을 탁월하게 하고 있는가? 일자리가 없다고 아우성인 요즘, 자신이 속한 분야에서 탁월한 능력을 보이는 사람이라면 할 일이 없다고 걱정할 일은 없을 것이다.

●

탁월함을 추구하라

자신이 가장 잘하고 좋아하는 일을 찾아 남들이 인정할 만큼 성과를 거두면 그 분야의 정상에 오를 수 있다. 명인이든 톱 가수든 분야만 다를 뿐 모습은 같다. 그렇게 한 분야의 정상에 오르면 다시 다른 정상을 향해 움직일 시간과 경제적 여유를 갖게 된다. 고기도 먹어본 사람이 먹는다고, 지루한 반복을 거쳐 한 분야의 정상에 서본 사람만이 그 희열과 방법을 안다.

세계적으로 인정받는 음악가만이 설 수 있는 꿈의 무대 카네기홀은 장차 피아니스트가 되겠다는 꿈만 가지고 설 수 있는 자리가 아니다. 그 누구보다 특별하고 탁월한 실력을 갖춰야 가능한 무대다.

50년 동안 오로지 시를 쓰며 살아온 신달자 선생과 인터뷰를 한 적이 있었는데, 한 말씀 한 말씀이 참 인상적이었다.

"확고하게 길이 정해진 후로는 모든 생활 자체가 문학이었어요. 일상생활 자체 모든 게 그 안에서 생성된 거죠. 중학생 때부터 글쓰기를 시작해서 데뷔한 지 50년이 되었는데 '너는 지금 뭐가 되어 있나?'라는 걸 내게 물어요. 다른 것은 포기도 되고, 더 잘되기도 해요. 늦게 결혼해서 애 셋 낳고 나중에 석박사도 했어요. 노력해서 교수도 했고요. 그런 건 끝이 있는 것 같아요. 그런데 시는 그렇지 않아요. 한다고 해서 팍팍 올라가는 게 아니거든요. 그래서 나는 지금도 수업을 받는 사람이라고 생각해요. 졸업 없이 평생 노력해야 하는 과목이 바로 시란 생각이 들어요. 평생 연애를 해도 남자한테 무릎 꿇어본 적 없고, 권력에도 무릎 꿇어본 적 없는 내가 글 쓰는 일에는 무릎을 꿇을 수밖에 없어요. 그만큼 겸허해질 수밖에 없는 거예요. 해도해도 잘 안 되니까, 완성이 안 되니까."

시를 한 편 쓰고도 다음 시를 쓸 때는 언제나 다시 시작이라는 그 마음 때문에 시를 경외할 수밖에 없다는 신달자 선생은, 자신의 최고 작품은 언제나 다음에 나올 작품이라고 했다. 여자로서 50년을 포기하지 않고 한 길을 가면서 탁월해지기 위해 노력하는 그 마음이 참으로 존경스러웠다. 우리는 과연 그런 노력을 하고 있는지 되돌아볼 때다.

피하지 않는 여자가 문제를 해결한다

● 당면한 문제의 원인을 찾으라

지금 당신에게 당면한 문제는 무엇인가? 그것 때문에 불안하고 자괴감에 사로잡혀 있는가? 그래서 자신이 싫고 한심한가? 그렇다면 그 문제의 원인을 파악하고 해결해야 한다. 여자들은 흔히 문제가 생겼을 때 위로를 원한다. 물론 당장의 마음은 편안해질지도 모른다. 때로는 위로로 충분한 문제일 수도 있다. 하지만 아플 때는 병원엘 가야 한다. 가서 병의 원인을 알고 치료를 해야 한다. 집에

백날 있으면서 괜찮을 거야, 다시 건강해질 거야 해봤자 달라지지 않는다.

어쩌면 여자들의 자존감이 낮아지는 것은 그래서일지도 모른다. 문제를 해결하려기보다는 외면하고 숨으려고 하기 때문이다. "그래, 그럴 수 있어. 괜찮아, 괜찮아"라고 해봤자 괜찮은 건 내일 아침 9시까지다. 또다시 문제가 반복되면 나만 괴로워지고 우울해질 뿐이다. 문제의 원인을 파악하고, 어떻게 해결해야 할지 대책을 세워야 한다. 현재의 상황과 감정을 기록해서 문제를 냉철히 바라보자. 그 다음 그 문제를 풀어나갈 대안과 실천 계획을 세워 실행해보는 것이다.

나는 세계적인 성악가이자 강연가인 폴 포츠Paul Potts처럼 되고 싶다. 그처럼 이미 3년의 스케줄이 꽉 차 있는 강연가가 되고 싶다. 그런 모습을 그려보는 것만으로도 행복해지고 자존감이 올라간다. 하지만 상상만으로는 이룰 수 없다. 그런 모습을 그려보고 이미지화하는 것은 분명 중요하다. 그렇다고 머릿속에 그리기만 해서는 공상에 불과해진다. 지금 나는 1년의 강연 스케줄도 다 채우지 못한 상태다. 그렇다면 왜 그런 것인지 현재의 내 모습을 냉정히 분석해볼 필요가 있다.

1. 사람들은 내가 누군지 모른다.

2. 3년을 강연할 콘텐츠가 있는가?

3. 먹고 사는 문제도 신경 써야 한다.

4. 다른 사람의 제안을 잘 거절하지 못해 예상치 못한 스케줄이 끼어든다.

5. 한 분야의 정점에 서기엔 아직 실력이 부족하다.

6. 나를 추천해줄 영향력 있는 인맥이 부족하다.

이런 식으로 나의 문제점을 적어보는 것이다. 종합해보면 나는 아직 많은 사람이 관심을 기울일 만한 유명 인사가 아니다. 그러면 이를 해결할 방법을 찾아야 한다.

1. 사람들은 내가 누군지 모른다.
…⟩ 사람들에게 나를 더 알리기 위해서 2년 안에 베스트셀러 두 권을 내고, 방송 프로그램에 얼굴을 15번 비춘다.

2. 3년을 강연할 콘텐츠가 있는가?
…⟩ 사람들에게 더 많은 이야기를 들려줄 수 있도록 다양한 경험을 쌓도록 한다. 여자의 자존감이란 주제를 위해 자존감이 높다고 여겨지는 여성 리더 10명을 찾아 연구하고 찾아가 이야기를

듣는다.

3. 먹고 사는 문제도 신경 써야 한다.

…▸ 필요한 생활비를 계산해본다. 현재의 수입과 저축액을 확인한다. 앞으로의 계획에 따른 지출 계획을 세워서 배분한다. 필요에 따라 추가 수입 계획을 세운다.

4. 다른 사람의 제안을 잘 거절하지 못해 예상치 못한 스케줄이 끼어든다.

…▸ 지금 내게 중요한 일은 책을 두 권 내는 일이다. 이 일에 방해가 되는 부탁이라면 다소 원망을 듣더라도 거절해야 한다. 상대의 기분을 상하지 않게 하면서도 거절하는 법을 공부한다. 식구들과 연습도 해본다.

5. 한 분야의 정점에 서기엔 아직 실력이 부족하다.

…▸ 1번의 계획을 실행하다 보면 실력이 점점 향상될 것이다.

6. 나를 추천해줄 영향력 있는 인맥이 부족하다.

…▸ 우선은 확실히 인정받을 수 있는 성과를 내는 것에 집중한다. 아직 준비가 덜 된 상태에서 이곳저곳 돌아다니면서 인맥을 맺

어봤자 그다지 도움이 되지 않는다. 주변 사람들이 나를 추천하는 일이 잦아지면 그때부터 본격적인 인맥관리에 힘쓰도록 한다. 그래야 진짜 쓸모 있는 인맥을 만들 수 있다.

나무를 베는데 도끼날이 무디다면 도끼날을 갈거나 새 도끼로 바꿔야 한다. 열 번 찍어서 안 넘어가는 나무 없다지만 무딘 날로 찍어봤자 넘어가기는커녕 내 손만 아프다. 아브라함 링컨은 "내게 나무를 벨 시간을 8시간 준다면 도끼를 가는 데 6시간을 쓰겠다"라고 했다. 나무를 베는 데 중요한 것은 도끼날이라는 것을 제대로 간파한 것이다.

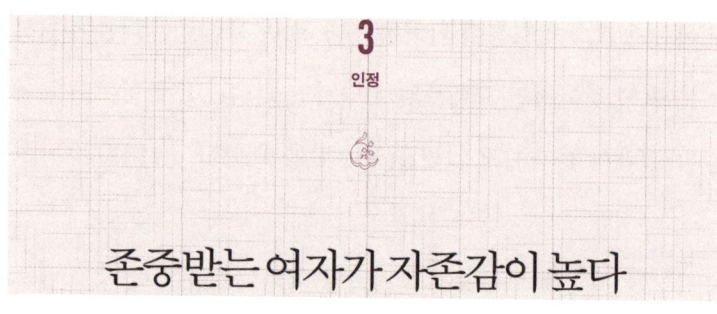

관계 설정을 잘하는 여자가 매력 있다

●

사람들을 내 곁에 오래 두는 법

〈힐링 캠프〉에 '700억 밥사장' 백종원 씨가 출연한 적이 있다. 값싸고 맛있는 음식으로 유명한 본가, 새마을식당, 한신포차, 홍콩반점 등의 프랜차이즈 업체를 성공시킨 미다스의 손으로, 17세 연하인 연기자 소유진과의 결혼으로 더욱 유명해진 인물이다. 그는 요식업을 하려는 사람에게 다음과 같은 조언을 해주었다.

"흔히 손님이 왕이라고 하지만 더욱 중요한 것은 바로 직원입니다. 직원한테 잘하면 손님한테 그대로 합니다."

백 사장의 성공 비법 중 가장 핵심은 바로 아랫사람을 인정하고 믿어주는 것이었다. 아무리 음식 맛이 좋고 홍보가 잘되어도 퉁명스럽게 응대하는 직원 한 명 때문에 가게 이미지는 엉망이 될 수 있다. '직원은 언제든 다시 뽑을 수 있으니 무조건 손님에게 잘한다'라는 마인드로 운영하는 가게는 오래 일하는 직원이 없기에 서툰 실력으로 서비스를 제공하는 신입 직원만 있게 마련이다. 그러니 서비스의 질이 떨어지고 그와 함께 가게의 운명도 금세 다해버린다.

주변에 오래토록 함께하는 사람이 얼마나 있는가. 그에 따라 평판이 달라진다. 물론 사람이 좋아서라기보다는 필요에 의해 관계가 유지되는 측면도 있을 것이다. 하지만 비즈니스 관계를 오래 유지시키는 일이야말로 더 힘들고 더 어렵다. 그만큼 서로에 대한 신뢰를 잃지 말아야 하기 때문이다. 사적으로 친하지 않더라도 적당한 예의를 지키면서 비즈니스 파트너십을 구축하는 것은 매우 중요한 문제다.

그런데 우리는 순간의 감정으로 관계를 망치곤 한다. "너 없으면 아쉬울까 봐!" 하면서 쉽게 사람들과 멀어진다. 그러다 분명 아쉬운 순간이 온다. 욱하는 마음에 던진 말 때문에, 눈앞에 이익에 눈이 멀어서 등 돌린 것 때문에, 잠시 서운하게 굴었다고 되돌려준 마음 때문에 그러지 말았어야 했는데 하고 후회할 날이 온다. 그렇기에 역지사지가 필요한 것이다.

한 분야에서 15년 이상 일하고, 현재 30여 명 정도의 사원을 둔, 10년 이상 함께 일하는 직원도 있는 어떤 여사장님이 아랫사람 다루는 것이 쉽지 않다고 걱정하던 내게 이런 말을 들려준 적이 있다.

"맨 처음 그 사람을 만났을 때를 생각해보세요. 제대로 하는 게 없어서 일일이 가르쳐야 했을 거예요. 그래서 매우 불편하고 힘들었죠? 그런데 시간이 지날수록 그 사람이 일에 익숙해지면서 내 일이 수월해지고 여유로워지게 되잖아요. 그런 사람이 나간다고 생각해보세요. 다시 처음으로 돌아가 같은 일을 반복할 생각하면, 어우, 나는 끔찍해. 결국 나만 손해잖아요. 상사도 마찬가지에요. 처음 그 상사를 만났을 때 할 수 있는 일이 얼마나 되었어요? 어느 정도 경력이 있어서 입사했을 수도 있지만, 그렇더라도 새 회사에 적응하는 것은 누군가의 도움을 받아야 하죠. 업무를 가르쳐주고, 적응할 때까지 기다려주고, 때때로 맛있는 밥도 사주면서 격려해준 기억을 떠올려보세요. 그러면 얼마나 고마운지 다시금 깨닫게 될 거예요."

그 조언 덕분인지 나는 5년 이상 한 사람과 일과 생활, 그리고 여행까지 함께하고 있다. 30년 넘게 만나온 초등학교 동창도 있고, 15년 넘도록 관계를 유지하는 사우나 친구도 있다. 어떤 사람은 나를 멘토라고 부르며 내가 하는 일에 전폭적인 지지를 해주고 있다. 사실 나는 일에 있어서만큼은 나도 고개를 저을 만큼 괴팍하고 날카로운 성격을 가졌다. 그럼에도 내 곁을 지켜주는 사람들이 있어 정말 행복하다. 어떤 일을 시작할 때 그런 사람들이 내 곁에 있다는 이유만으로 자랑스럽고 자신감이 솟는다.

당신은 어떠한가? 오래도록 함께해준 사람들이 얼마나 있는가? 그들과 처음 만났을 때를 생각해보라. 지금은 얼마나 수월하고 편해졌는가?

인정하고 감사하라. 그것이 바로 내 곁에 사람들을 오래도록 두는 비법이다.

●
친한 사이일수록 깔끔한 의사표현이 필요하다

"친하기만 한 사람과는 절대 일을 함께 하지 말아야지."

몇 번의 실패를 거듭한 후에 내린 결론이었다. 흔히 친한 사람과는 어떤 일이든지 함께 하면 잘될 거라고 믿고 시작하게 마련이다. 다 알아서 해주리라고 기대하고 계약서도 쓰지 않은 채 일부터 하는 경우도 왕왕 있다. 여자들은 더 그렇다. 일보다는 사람을 먼저 생각하는 경향이 많고, 관계가 끊어질 것을 두려워하여 계약서나 돈에 대해 먼저 말을 꺼내는 것을 터부시하는 경향이 있다. 그러다 보니 일은 하고 돈은 제대로 못 받는 경우가 많다. 남자들이 당연하게 생각하는 리베이트나 보상에 대해서도 별로 관심을 두지 않는다. 그러면서 마음속으로 생각한다.

'다음번에는 꼭 챙겨주겠지.'
'내가 먼저 말하면 돈만 밝힌다고 생각해서 다음부턴 일을 안 줄지도 몰라. 일단 기다려보자.'
'그래도 사람이 좋으니까 믿어야지.'

꿈에서 깨어나라. 사람 마음은 다 똑같다. 일을 시작할 때는 뭐든 챙겨주고 싶다. 그 일을 잘 끝내기 위해서 필요하다는 것은 다 들어주고 싶다. 하지만 일이 진행될수록 마음이 바뀐다. 슬슬 본전 생각이 나기 시작한다. 생각보다 별로란 생각이 들 때면 처음 약속한 것보다 적게 주고 싶다. 게다가 적극적으로 요청하지 않는 사람은 제대로 챙겨주지 않아도 될 것 같다. 마치 울지 않는 아이에게 젖을 제대로 물리지 않는 것처럼 말이다.

  일 자체에만 관심 있고 돈이나 그 밖의 보상에는 관심이 없는 사람이 있을 수도 있다. 그런데 그런 일이 반복되면 정당한 평가를 받지 못해 정작 필요할 때 정당한 보상을 받지 못할 수도 있다. 기껏 고생했는데 돌아온 결과가 그 정도란 생각이 들면, 그것도 나의 고생과 실력을 알아주는 사람들이 그런다는 생각이 들면 자기 실력에 대한 의심이 들어 자괴감에 빠질 수도 있다. 최악의 경우 일이 안 들어올 수도 있다. 경력이 그 정도나 되는 사람을 부리는 데 드는 비용이 얼마 되지 않는다면 과연 실력이 있다고 믿어질까?

"저는 동기부여에 관한 강연을 하고 다니는 게 꿈이에요."
"그 꿈을 위해서 지금 무엇을 하고 계시나요?"
"다른 사람들의 강연을 찾아 듣고 책도 많이 읽고 있어요. 재능기부 강연도 하고 있고요."
"재능기부라면 따로 돈을 받으시는 건 없네요? 지금 하시는 강연이 다 재능기부인 건가요?"
"네. 제가 좋아하는 일을 하는 게 중요하니까요. 돈은 별로 상관 없어요."

"그런데요, 만일 시간당 천만 원짜리 강연과 무료 강연이 있다면 어떤 강연을 듣고 싶으세요?"

"그거야 당연히 천만 원짜리 강연이죠."

"왜요?"

"그만큼 비싼 강연이라면 당연히 그만한 가치가 있지 않을까요? 어떤 강연이기에 그렇게 비싼지 직접 확인하고 싶기도 하고, 비싼 강연을 들은 만큼 돈값 해봐야지 하는 마음도 생길 거고요. 제게 큰 도움이 될 거예요."

"그 시간당 천만 원짜리 강연을 하는 사람이 당신이라면요?"

"그야말로 대박이죠. 생각만으로도 황홀해지네요. 그런 날이 올까요?"

"당신이 어떻게 하느냐에 달린 문제겠죠. 지금처럼 무료 강연만 하고 다니시면 누가 돈을 지불하고 모셔갈까요? 물론 재능기부는 좋은 일이긴 해요. 그런데 엄밀히 따지면 지금 하고 계신 건 재능기부가 아닌 것 같아요. 정말 프로페셔널한 강연자가 되었을 때 재능기부란 말이 성립하는 게 아닐까요?"

사람들은 '싼 게 비지떡'이라고 생각한다. 아무 대가 없는 나의 노동은 제대로 인정받을 수 없다는 사실을 깨달아야 한다. 비싸면

비쌀수록 더 높은 관심과 영향력을 표하는 것이 세상의 이치다. 그러니 일은 일로써 인정받고, 그에 대한 보상은 확실하게 받아야 한다. 그래야 기부도 할 수 있는 것이다. 몸값이 비싼 것을 아는 사람에게 재능기부로 서비스를 제공해주는 것이 더 좋은 효과를 얻을 수 있다.

  사람 관계가 깨어질 것을 두려워하여 정당한 대가를 받지 못하면 결국 사람 관계도 깨지게 마련이다. 서운한 마음이 드는 것이 인지상정이기 때문이다. 아예 처음부터 확실하게 짚고 넘어가는 편이 낫다. 친한 사이에 너무 야박한 게 아니냐는 생각이 들지도 모른다. 그런데 그런 야박함이 나중에 감정이 생겨 투덕거리는 것보단 낫다. 외려 일적으로 깔끔한 인상을 주어 앞으로도 계속 같이 일하고 싶다는 생각을 들게 할 것이다. 친하기만 한 사람을 넘어서서 일적으로도 믿을 만한 사람이 되는 것이다.

  문제는 가까운 사람들이 나의 재능에 무지한 경우가 많다는 것이다. 어쩌면 인정하고 싶지 않은 건지도 모른다. 그럴 때는 아예 대가를 바라지 않는 것이 좋다. 일이 아닌 사람을 선택한 경우라면 처음부터 그런 부분에 대한 기대는 버리라. 그래야 서운한 마음이 생기지 않는다. 단 재능을 서로 보완 발전시킬 수 있는 경우라면 서로 간에 즉각적인 보상이 없더라도 괜찮다. 나의 재능을 훈련하는 기회가 되며, 그를 통해 생각지도 못한 더 큰 기회를 만날 수도 있기 때문이다.

가까운 사람과 일적으로도 좋은 관계를 유지하고 싶은가? 그렇다면 일이 아닌 관계를 선택하면 된다. 대가를 바라지 않고 순수한 마음으로 도울 수 있다면 그렇게 하라. 하지만 먹고 사는 문제도 제대로 해결하지 못한 경우라면, 능력대로 인정받고 앞으로도 비즈니스 파트너십을 유지하고 싶다면 자신의 실력을 내세워 거래하라. 좋은 게 좋은 게 아닌 일도 있는 법이다.

도움은 스스로를 믿는 여자에게 찾아온다

●

도와준다는 말에 기대하지 말라

일하다 보면 많은 사람을 만나게 된다. 그중 인맥이 넓다고 자랑하는 사람을 만나게 되면 반드시 대가를 치러야 한다. 아무런 대가 없이 그 인맥을 내어줄 사람은 없기 때문이다. 그 사람이 그런 인맥을 만들기까지 얼마나 많은 우여곡절이 있었겠는가? 그런 점을 헤아려보면 당연한 행동인지도 모른다. 사람들은 대개 자신의 이해관계에 따라 움직인다.

"걱정하지 마. 내가 높으신 분을 알고 있으니까 잘 말해볼게."
"전에도 그런 일 해결해준 적 있다니까. 나를 믿어."
"관련 자료 보내주면 검토해보고 연락드릴게요."

이렇게 말하는 사람의 말만 믿고 필요한 자료 만드느라 며칠을 고생했다. 이해가 잘되지 않는다고 하면 찾아가서 밥 사고 커피 사면서 상세하게 설명하고 다시 기다리는 일들을 되풀이했다. 시간이 지나면서 점점 초조해지기 시작했다. 일이 어떻게 진행되는지를 몰라 아무 일도 할 수 없었다. 그저 기다리는 일이 전부였다. 전화를 해서 일이 어떻게 되어가고 있는지를 물으면 "조금만 더 기다려봐요"라는 말을 장황하게 늘어놓다가 나중에는 전화도 피했다. 결국 그 일은 성사되지 않았다.

세상에 믿을 사람 하나 없다고, 나는 도와주겠다고 말한 그 사람을 원망했다. 이런 식으로 추진하려고 하는 일들이 어그러질 때마다 안 되는 이유를 도와준다고 했던 사람들의 탓으로 돌렸다.

"차라리 도와준다는 말을 하지 말지."

점점 외부 사람들의 말을 신뢰하지 않게 되었다. 아니, 기대하지 않게 되었다고 말하는 것이 옳겠다. 다른 사람을 온전하게 믿는다는 것이 얼마나 무의미한가를 깨닫게 되기까지는 그리 오랜 시간이 걸리지 않았다.

●

나를 도울 사람은 나뿐이다

"저 사람은 말이 너무 앞서니까 반만 믿으세요."

과거엔 이해가 되지 않았다. 그런 사람과 어떻게 비즈니스를 할 수 있다는 말인가? 완벽하게 믿어도 될까 말까 한데, 그 정도의 믿음만으로 어떻게 일을 추진해나갈 수 있는지 이상했다. 사람을 믿지 못하면 일을 하지 말아야 한다는 것이 보통 여자인 나의 생각이었다.

그런데 시간이 흐르면서 사람에 대한 기대를 덜어야 한다는 점이 편안함을 안겨주었다. 사람에 대한 큰 기대가 없으니 위축되거나 불안하지 않았다. 그저 내가 할 일을 묵묵히 하다 보면 이루어지리라고 믿었다. 소개시켜준 사람이 일을 제대로 도와주지 않아도 서운하거나 원망스럽지 않았다. 아직 내가 준비가 덜 된 것이라고, 아직 때가 아니라고 생각했다.

되면 좋고, 아니면 말고 하는 마음으로 사람을 대하니까 불안할 것도 없고 초조할 것도 없었다. 내 능력이 닿는 만큼 일이 진행된다는 것을 몸으로 부딪치며 깨닫게 된 이후로는 큰 기대 없이 사람들을 만났다. 지금은 정말 해야 한다고 생각하는 일들은 다른 사람들의 도움을 기다리지 않고 그냥 해버린다. 그러다 운이 좋아 기대하지 않았던 도움을 받으면 훨씬 더 고맙게 느껴진다.

하늘은 스스로 돕는 자를 돕는다고 필요한 도움은 내가 준비하고 있으면 알아서 온다. 준비도 되지 않았는데 다른 사람들이 도와준다고 해서 그 일이 잘 이루어질까? 생각해보면 다른 사람이 도움을 줄 수 있는 부분은 한정적이다. 누가 흔히 말하는 다리를 놔준다고 하더라도 그 이후의 과정이나 일을 최종적으로 성사시키는 것은 내 몫이다. 누군가 숟가락과 젓가락을 상 위에 올려놔준다고 해도 그것을 움직여서 밥을 먹는 것은 막상 나인 것처럼.

물론 일을 하다 보면 부득이하게 다른 사람의 도움이 꼭 필요할 때가 있다. 그럴 때는 먼저 "성사가 되면 그에 대한 사례는 꼭 할게요"라고 말한다. 예전에는 내가 그랬듯, 다른 사람들도 누군가의 부탁을 들어주기로 약속했기 때문에 책임감으로 그러는 것이라고 생각했다. 하지만 점차 부탁받는 사람들도 자신에게 이익이 되는 것이 있기 때문에 움직인다는 사실을 알게 되었다. 사람의 마음은 다 비슷하다. 그래서 이후부터는 먼저 사례를 약속하고 부탁한다.

이런 부분을 인정하고 받아들여야 한다.

　다른 사람을 온전히 믿는가? 아니, 그 전에 나 자신부터 온전히 믿어야 한다. 그것이 먼저다. 내가 온전히 나를 믿어야 다른 사람들도 나를 믿는다.

똑똑한 여자는 하모니를 이룬다

●
바쁘려면 제대로 바빠야 한다

유유상종. 끼리끼리 모인다는 말이다. 성장하려면 성장하고 있는 사람끼리, 혹은 그럴 의욕이 있는 사람끼리 만나야 한다. 지금 만나고 있는 사람들의 총합이 미래의 나다. 무언가 배우고 싶다면 나보다 나은 사람들과 함께 있어야 한다.

　여자들은 자기를 찾는 사람이 많아질수록 기분이 좋아진다. 여기저기서 자신만 찾으면 바빠 죽겠다고 엄살을 피우지만, 속으로는 "아이고, 내가 없으면 일이 안 된다니까 참" 하면서 뿌듯해한다. 그만큼 자신이 필요한 사람으로 인정받고 있다는 생각에 자존감이 올라간다.

동굴 속에 들어가 있는 남자와는 달리 여자는 혼자 있는 것을 참을 수 없어 한다. 아무도 자신을 찾지 않으면 필요 없는 사람이 된 것은 아닐까 싶어 불안해한다. 그러다 보니 바쁘면 바쁠수록 더 좋다는 아이러니함을 보인다. 거미집 사고를 하는 여자는 한꺼번에 여러 가지 일을 처리하면서 자아 정체성을 찾고 존재감을 느낀다. 한 번에 한 가지를 생각하고 처리하는 남자들과 다른 점이다. 그래서인지 여자들은 스스로 일을 찾아서 하는 경우가 많다. 때론 하지 않아도 될 일까지 찾아 하면서 스스로를 바쁘게 만들기도 한다. 뭔가 하고 있어야 덜 불안해지고, 다른 사람들이 알아줄까 싶은 기대 때문이다.

그렇지만 아무리 바쁘게 돌아다닌다고 해도 결국 사람들과의 관계에서 인정받을 때 진짜 자존감이 올라간다. 1902년 '거울 속의 자아looking glass self'라는 개념을 주창한 찰스 호톤 쿨리Charles Horton Cooley는 '자아상'이란 타인이 준 피드백을 어떻게 소화하느냐에 달려 있다고 말했다. 사람들과의 관계는 부모자식간의 관계처럼 무조건적인 사랑이 아니라 외부적인 환경이나 결과에 따른 조건적 사랑으로 이루어진다는 것이다.

"다른 사람의 말에 신경 쓰지 마."

"못할 수도 있어. 과정이 중요하지."

"지금 그 정도로 괜찮아. 충분히 잘하고 있어."

이런 말을 믿는가? 엄마가 해주는 말이라면 맞을지도 모른다. 그것도 당신이 학교 가기 전 아이일 때라면 말이다. 사회는 이러한 달콤한 말로 안주하기에는 만만한 곳이 아니다. 물론 과정도 중요하다. 하지만 다른 사람들에게 인정받을 수 있는 결과도 있어야 한다. 보상이나 대가는 노력이 아니라 성과로 받는 것이다. 아무리 비시즌에 연습을 열심히 했다고 해도 시즌 중에 성적이 나오지 않으면 운동선수의 연봉은 오르지 않는다. 잔인하겠지만 그것이 현실이다. 그러니 분주하다는 것으로 내가 열심히 살고 있다고 위안 삼지 말자. 바쁘려면 제대로 바빠야 한다.

●

일을 나눠야 오래갈 수 있다

하지만 일이 너무 많으면 피로가 쌓이고, 그러다 보면 정확도가 떨어진다. 피로지수가 올라가면 과격해지고, 우울해지고, 난폭해지면서 자존감이 떨어질 수 있다. 그럴 때면 일을 다른 사람에게 위임하거나 다른 사람과 나눠야 한다. 일과 휴식을 적절하게 배분할 필요가 있다.

그런데 여자들이 못하는 것 중 하나가 또 위임이나 일의 배분이다. 일을 누군가에게 맡기거나 누군가와 나누면 자신의 존재 자체를 부정 당하는 느낌이 들기 때문이다. 때문에 다른 사람의 장점보다는 부족한 점을 지적하면서 결국 자신이 맡아버린다. 그렇게 무리해서 일을 다 맡게 되면 실수가 생기고, 그로 인해 지적을 당하는 악순환에 빠질 텐데 말이다.

"내가 얼마나 열심히 일했는데……"
"그깟 사소한 실수 때문에 내가 한 모든 일을 무시당하는 건 참을 수 없어."

그런데 사람들이 지적하는 것은 일을 하는 태도가 아니라 그 일의 결과다. 결과가 잘못되었으면 아무리 일을 열심히 했다고 하더라도 아닌 것은 아닌 것이다.

혼자서 독차지하고 싶은 마음에 필요 이상으로 일에 욕심을 부릴 필요 없다. 내가 책임지고 내가 꼭 해야만 되는 일은 직접 해야 하지만, 그 밖의 다른 일은 다른 사람에게 맡기는 것이 일의 능률도 높아지고 더 많은 일을 해낼 수 있다. 다른 사람과 일을 나누는 것에 익숙해져야 더 큰 일을 도모할 수 있다. 물론 처음엔 자신이 혼자 하는 것보다 시간도 더 걸리고 결과도 마음에 들지 않을 수 있다. 이럴 바엔 차라리 내가 다 하는 게 더 빠르고 쉽다고 생각할 지도 모른다. 그렇더라도 시간을 들여 호흡을 맞춰 함께 일하는 법을 익혀야 한다. 지금의 나도 누군가의 그런 과정을 통해서 이 자리에 왔을 것이다. 게다가 자리가 높아질수록 더 중요한 일에 집중해야 한다. 내가 굳이 하지 않아도 될 일까지 시간을 투자하면 정작 중요한 일에 쏟을 에너지가 부족해질 수 있다.

빨리 가려면 혼자 가고, 멀리 가려면 함께 가라는 말이 있다. 혼자만의 역량으로는 한계가 있다. 그러나 함께하는 사람들과 일을 나누면 결과는 상상 그 이상이 된다. 하다못해 밥상 차리는 일만 해도 식구가 다 같이 하면 더 즐겁고 더 밥맛이 돌지 않던가.

다른 사람의 능력을 인정하고 믿으라. 그것이 바로 내 능력을 인정받는 길이다. 내가 할 수 있는 일이라면 다른 사람도 할 수 있다. 나 아니면 안 된다고 무모한 자존심을 세우지 말자. 하모니의 힘을 믿자.

다양성을 인정하는 여자는 당당하다

성공 두려움에서 벗어나라

"저는 딱히 돈을 많이 벌거나 성공하는 것까지 바라진 않아요. 그저 제가 만족스러우면 돼요."

일하는 여성 중에 이런 말을 하는 사람이 많다. 분명 자신의 분야에서 최선을 다하고 있으면서도 마치 두드러지게 성공하면 무슨 큰일이라도 나는 것처럼 손사래를 치며 자신은 현재 모습으로도 충분히 만족한다고 말한다. 그런데 이상한 일이다. 말은 그렇게 하면서 왜 그리 자기계발서를 읽고, 다른 사람의 강의를 부지런히 찾아 듣는 것일까?

성공하지 못할 때를 대비해 자기 방어막을 치고 있는 것은 아닐까? 여성의 앞길에는 언제나 일을 하지 못하게 하는 수많은 벽이 나타난다. 가정주부에다 아이들 엄마이기도 한 여성들에게는 더욱 그렇다. 그 벽을 뚫고 남들에게 인정받을 만한 성공을 하려면 분명 포기해야 할 것들이 생겨난다. 그렇기에 자신이 순간순간 느슨해지고 있는 것을 그런 식으로 정당화하고 있는 것이다.

행복 전도사였던 사람이나 최고의 인기를 누리던 연예인이 자살을 하는 것을 보며 굳이 유명해질 필요가 있느냐고, 그저 지금처럼 나름대로 열심히 살면 되는 것 아니냐고 묻는 여성도 있다. 그런데 그 말은 '여우의 신포도'와도 같다. 포도가 시어 보이니 먹는 것을 포기하겠다는 말이다. 주변 사람들로부터 인정받으려면 모두가 공인할 수 있는 결과를 만들어야 한다. 그러면 사람들이 내 말에 귀를 기울여주고 영향력을 발휘할 수 있다. 아이들에게도 존경받는 엄마가 될 수 있다. 바라는 바 아닌가?

정말 성공을 바라지 않는가? 정말 돈을 바라지 않는가? 물론 적당한 벌이와 적당한 위치에 만족할 수도 있다. 그렇더라도 성공을 두려워하지 말라. 돈을 두려워하지 말라. 노력해서 결과를 얻었으면 충분히 누릴 수 있는 자격이 있다. 굳이 처음부터 성공이나 돈을 바라지 않는다고 고개를 절레절레 흔들 필요는 없다. 성공에 너무 매달리다가 페이스를 잃는 것도 문제지만, 성공이나 돈을 바라는 것을 너무 나쁜 일인 양 멀리하는 것도 문제다. 정당하게 얻은 대가나 보상이라면 두려워하지 말고 즐길 줄도 알아야 한다.

●

다양한 삶의 모습을 인정하라

나를 제대로 아는 것은 현재 나의 존재 이유를 밝히는 초석이다.

그러기 위해서는 나만의 시간을 가져야 한다. 내가 무엇을 좋아하는지, 내가 무엇을 하고 싶은지, 내가 꿈꾸는 미래는 무엇인지, 내가 진정으로 원하는 삶은 무엇인지 생각해보는 것이다. 그리고 그에 대한 결론을 내렸다면 자신의 선택에 대한 자부심과 확신을 가지고 자신의 길을 가면 된다.

관계 지향적인 면이 있는 여자들은 참 귀가 얇다. 나와 비슷한 사람들을 만나야 편하고 즐겁다. 나와 다른 의견을 가졌거나 행동을 달리 하는 사람을 보면 꺼려진다. 나와 동질감을 느낄 수 있도록 만들기 위해 필사적으로 움직인다. 그러다가 어느 순간 마음속으로 서로 멀어진다. 같은 곳을 바라보고 함께 성장하는 사이가 아니라면 만남이 거듭될수록 관계가 형식적으로 변하고 피곤해진다.

나도 그런 경험이 있다. 대학교 친구 및 후배와 해마다 만남을 거듭하면서 20년 가까이 지내왔는데, 어느 순간 집에서 아이들 교육에 힘쓰고 있는 후배와 신경전을 벌이고 있는 나를 발견했다. 아이에게 필요한 것을 엄마가 제때 채워주지 않는 것은 직무유기라고 말하는 후배에게 능력 있는 여자가 아이들에게만 몰두하고 있는 것은 답답하다며 무슨 일이든 하라고 조언하는 과정을 몇 차례 반복하면서 우리는 서로의 자존심을 건드리곤 했다. 각자의 위치에서 상대방을 평가하고 서로가 잘못되었다고 부정한 것이다. 그러다가 점점 만남이 소원해지면서 통화도 쉽지 않은 데면데면한 관계가 되어버렸다.

어찌 보면 나의 불찰인지도 모른다. 후배는 아이들과 함께 있는 엄마가 되는 것이 자신의 가장 큰 행복이라고 선택을 내렸는데, 친한 선배인 내가 인정해주지 않으니 속이 상할 만도 했다. 그런 경험을 통해서 나는 삶의 다양한 모습을 인정하는 태도가 필요함을 깨달았다. 누구도 타인의 삶에 간섭하고 강요할 권리는 없다. 후배는 그 자체로 행복한 삶을 살고 있었다. 그 선택을 내 마음대로 재단해서는 안 되었다.

어떤 모습이 성공한 것이라는 편협한 시각에서 벗어나 다양한 삶의 모습을 인정하는 것. 그것이 바로 상대방의 자존심과 나의 자존심을 모두 지키는 길이다.

이기적인 여자가 행복하다

•

나 때문에 사는 여자가 되라

"집안일은 언제 하세요? 아이들은 누가 봐주나요?"

내가 사회생활을 시작한 이후 자주 듣던 질문이다. 그럴 때마다 나는 자신 있게 답한다.

"저는 저를 돌보기에도 바빠요. 아이들은 스스로 알아서 잘 크고 있고, 집안일은 남편이랑 아이들이랑 잘 분담해서 하고 있어요."

답을 들은 사람들은 대개 두 가지 반응을 보인다. 자유롭게 자기 일을 하는 모습에 부러워하거나, 집안을 지키고 아이들을 돌봐야지 그렇게 나다니면 되겠느냐고 안타까워하거나. 그렇지만 정작 궁금해하는 것은 그렇게 미친 사람처럼 일하면 돈은 많이 버는지, 남편은 인정해주는지, 아이들은 엄마를 어떻게 생각하는지 등이다.

"돈은 쓸 만큼 벌고, 남편은 어떤 일을 하던 응원하고 인정해줘요. 아이들은 엄마를 존중해주고요."

어떻게 보면 얄미운 답변이다. 누군들 이런 대접을 받고 싶지 않겠는가. 하지만 내가 이런 대접을 받을 수 있는 것은 딱 하나다. 바로 내 꿈을 위해 살기 때문이다. 가족의 꿈이 아닌 내 꿈.

다른 여자들은 돈을 벌기 위해 일한다. 먹고 살기 위해 일한다. 그리고 자신을 위한 투자는 하지 않는다. 어쩌면 그럴 여유가 없다고 생각하는지도 모른다. 아이들을 교육시키고, 예쁜 옷을 사 입히고, 좋은 것을 보여주고 경험시키는 데 총력을 기울인다. 그러다 보면 엄마의 꿈은 진짜 꿈에서나 볼 수 있는 먼 나라 이야기에 불과해진다. 아이들 때문에, 가족 때문에 산다고 한다. 거기서 보람도 느낀다. 그런데 왜 가끔 가슴이 먹먹하고 힘이 빠질까?

선택은 반반인 확률게임이다. 안정적 삶을 택하는 대신 자유를 희생할 것인가, 자유를 택하는 대신 안정적 삶을 포기할 것인가. 어떤 선택이 더 좋은지는 아무도 모른다. 그저 내게 더 어울리는 선택이 있을 따름이다. 그 선택이 나의 꿈을 이뤄주는지 아닌지에 집중해보자.

지금 손에 쥔 것을 지키고자 하는 마음이 크면 클수록 새로운 도전을 시도할 이유와 동기가 떨어지는 것은 당연하다. 꿈을 이루고 싶다면 이기적일 필요가 있다. 누구 때문이 아니라 나 때문에 살아야 한다. 이기적인 여자는 자기의 마음을 이해하는 여자다. 내가 언제 행복한지, 언제 아픈지, 언제 가슴이 뛰는지를 안다. 이기적인 여자가 행복한 삶을 살 수 있다. 자존감 있게 당당하게 이기적인 여자가 되자.

●

지킬 것이 많으면 게임에서 진다

"넌 절대 걔 못 이겨. 걘 지금 가진 게 하나도 없거든."

한 TV 드라마에 나온 대사다. 더 이상 내려갈 곳이 없는 바닥에 있는 사람과의 싸움. 그 싸움은 하나마나다. 지킬 것이 없는 사람은 무서울 게 없기 때문이다. 아무리 겁 없어 보이는 사람이라도 자신이 가진 재산이나 가족, 사랑하는 사람을 위협하면 조금이라도 허점이 보이게 마련이다. 싸움의 고수들은 모두 그 빈틈을 찾기 위해 애쓴다. 그 말을 뒤집어보면 지킬 것이 없으면 무서울 게 없다는 말이다.

나는 아이들의 행복을 위해 나를 희생하지 않는다. 아이들과 서점에 가더라도 내가 볼 책을 먼저 고르고, 옷가게에 가서도 내가 입을 옷을 먼저 산다. 보통 엄마라면 이해하기 힘든 대목일 수도 있다. 하지만 엄마가 스스로 자기 일에 정당성을 부여하고 프로답게 사는 모습을 보여주었더니 아이들이 먼저 엄마를 인정해주었다. 친구들에게 자랑하고 싶은 엄마, 존경하고 싶은 엄마라며 자신들도 본인의 꿈을 찾아 스스로 길을 가기 시작했다. 공부를 썩 잘하는 것은 아니지만 자신이 정말 하고 싶은 일을 찾기 위해 이것저것 시도해보는 중이다. 아이들이니만큼 때때로 꿈이 바뀌기도 한다. 하지만 그 꿈을 위해 무엇을 해야 하는지도 스스로 생각하고 준비한다. 부모에게는 조언을 구하는 정도다. 그런 아이들을 나는 믿는다. 평소 생활태도를 보면 자신들이 하고자 하는 것을 찾으면 치열하게 그 꿈을 이루기 위해 열심히 살 것이라고 확신할 수 있기 때문이다.

나는 가정과 일, 모두를 완벽하게 해낼 수 없음을 인정하고 내가 하고 싶은 일에서 승부수를 내기 위해 나와의 싸움에 집중했다. 그 모습에 남편과 아이들이 스스로 자기 자리를 지켰다고 보는 것이 맞을지도 모른다. 어차피 가정에서는 내가 지킬 것도 별로 없었다. 아이들은 엄마보다도 친구가 더 좋을 나이였고, 커갈수록 비밀이 많아져 함께 할 만한 것도 별로 없었다. 남편과의 관계 또한 결혼한 지 20년 가까워지니 조금 물렁해졌고 각자의 시간이 필요하지 않을까 하는 생각마저 들었다. 그러다 일을 시작하게 되면서 상황이 달라졌다. 아이들과 함께 할 일이 생기고 남편과의 대화도 원활해졌다. 얼마 전에는 결혼 후 처음으로 둘이서 오붓하게 여행도 다녀왔다.

지킬 것이 많아서 주춤주춤하고 있다면 게임의 결과는 불 보듯

빤하다. 가진 것이 없어야 밑져야 본전이라는 생각으로 최선을 다한다. 성공할 때마다 포기할 것이 많아진다. 결국 지킬 게 없는 사람이 싸움에서 이기는 법이다.

   그렇다고 가진 것을 모두 내팽개치고 무조건 덤비라는 뜻은 아니다. 원하는 것을 얻기 위해서는 적절한 선에서 타협하고 포기할 줄도 알아야 한다는 점을 말하고 싶을 따름이다. 모든 것을 다 가지려는 사람은 결국 아무것도 가질 수 없다. 사탕 병에 손을 넣었으면 그 손이 다시 빠져나올 수 있을 만큼의 사탕을 손에 쥐어야 하는 법이다.

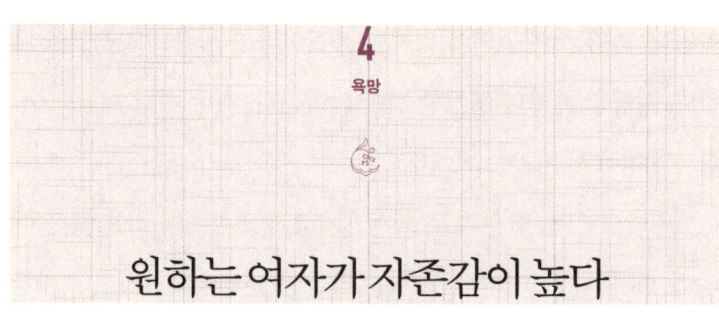

4
욕망

원하는 여자가 자존감이 높다

원하는 것을 아는 여자가 아름답다

●

가고 싶은 곳을 알아야 방황하지 않는다

"자존감을 평가하는 데 보다 중요한 지표는 외적인 평가가 아니라 삶의 만족도다."

미국의 유명한 심리학자인 웨인 다이어 Wayne Dyer 는 인생에 있어 진정한 성공은 스스로 얼마나 행복하게 느낄 수 있느냐에 달려 있다고 말했다. 행복에 있어 중요한 것은 타인의 시선이 아닌 자기 스스로 매기는 점수에 달려 있다는 것이다. 그러면서 사람들이 '비교의 덫'에서 벗어나야 한다고 주장했다.

신혼 초 부부싸움을 한 후 무작정 집을 나선 적이 있었다. 집을 나오면 어디라도 갈 곳이 있을 것 같았다. 하지만 막상 어디로 가야 할지 떠오르지 않았다. 애꿎은 전화기만 노려보다가 결국 집 근처 사우나에서 하룻밤을 보내고 다음 날 무거운 발걸음으로 집에 돌아왔다. 목적지 없이 나서는 길이 얼마나 막막한지를 제대로 경험한 것이다.

우리의 삶도 그런 것 같다. 때론 삶의 모습이 목적지 없이 떠나는 여행과 같을 때가 있다. 나의 30대가 그랬다. 졸업하자마자 결혼을 하고, 아이를 낳고, 허겁지겁 살다가 다시 일을 시작한 나이가 서른. 이렇다 할 경력도 없는 내게 학원 강사직은 과분한 자리였다. 그저 할 수 있는 일이 있다는 사실만으로도 감사했다.

그날 그날 해야 할 일을 열심히 해가면서 그 일에 적응하기 시작했다. 어떤 일이든 시작만 하면 열심히 하는 습관 덕에 입사 3개월 만에 분기 1등을 하게 되었다. 그렇게 1년이 지나면서 연간 대상도 받고 교사 출신 1호 지국장으로 승진도 했다. 또 다시 2년이 지나고 국장, 소본부장으로 승승장구하면서 나는 일이 적성에 맞는다고 생각했다. 평생 그 일을 하게 될 줄 알고 온몸을 던져 정말 열심히 일했다.

하지만 순간적인 판단 실수로 일을 그만두게 되었다. 그만두겠다고 말하자 사장은 잡지 않았다. 일을 잘했지만 불편한 부하였던 내가 먼저 그만두겠다고 하니 이때다 싶은 듯 바로 사직서를 수리해버렸다. 그리고 준비 안 된 세 번의 이직. 나는 결국 홀로 내팽개쳐진 현실을 깨달았다. 그때가 바로 마흔을 눈앞에 둔 시점이었다.

그때까지 나는 내가 왜 일하는지, 그 일이 나에게 왜 중요한지 생각하지 않았다. 그저 한 달, 한 달 월급을 받는 것에만 중점을 두고 살았다. 다른 사람보다 더 좋은 성과를 거둬야지, 다른 팀보다 실적을 잘 내야지, 더 많은 직원을 채용하고 더 높이 승진하고 더 높은 연봉을 받아야지 하는 경쟁에만 나를 내맡겼다. 그 끝이 어디인지, 그곳이 내가 바라는 곳인지는 생각조차 하지 않았다. 그저 더 빨리, 더 많이, 더 높이 하며 쫓기듯 30대를 보냈다. 그 덕에 참 빨리 내달렸다. 좋은 성과도 많이 거뒀고, 돈도 많이 벌었고, 사람도 많이 만났다. 그런데 홀로 남겨진 시점에서 되돌아보니 내게 남은 것이 하나도 없었다.

나를 보호해주던 직위와 회사라는 울타리는 거기서 벗어나는 순간 아무것도 해주지 못했다. 내가 어떤 능력이 있는지, 어떻게 다시 돈을 벌어야 하는지, 어떻게 살아야 하는지 알 수 없었다. 처음부터 다시 시작해야 했다. 그래서 나는 나의 목표를 재설정했다. 예전처럼 다른 사람과 경쟁하며 더, 더, 더 발을 동동 구르긴 싫었다. 욕심을 내려놓고 나와의 싸움을 시작했다. 이 싸움에서 이기기 시작하면서 나는 다른 사람들에게 내가 어떤 사람인지를 제대로 보여줄 수 있었다. 직접 글을 쓰고, 글을 쓴 대로 강연하고, 생각이 맞는 사람들과 함께 프로젝트를 가동시키는 등 내가 꿈꾸는 곳을 향해 한 발 한 발 걸음을 옮겨놓을 수 있게 된 것이다.

목적을 알아야 방황하지 않고 갈 수 있다. 목적을 알아야 제대로 공부할 수 있다. 자존감은 내가 가진 능력에서 나온다. 능력을 쌓기 위해서는 목적을 정확히 세우고 그에 맞는 지식과 경험을 습득해야 한다. 부족한 능력을 키우는 주제별 훈련으로 필요한 능력을 향상시켜야 한다.

목적지 없이 떠나는 여행이 좋다고 말하는 사람도 있다. 물론 그렇다. 예상치 못한 신비와 즐거움을 맞이하는 것도 좋은 일이다. 시행착오를 거쳐 새로운 경험치를 하나 획득하는 것도 분명 의미 있다. 그런데 매번 그러한 행운이 찾아와주지는 않는다. 그러한 행운은 매 순간 타이트하게 움직였던 사람이 한순간 일탈했을 때 얻을 수 있는 특권이다. 매번 정처 없이 떠다니는 것은 표류하는 배와 다를 바가 없다. 목적지가 있어야 지도와 나침반이 소용 있는 것이다.

　다른 사람들이 급행열차를 탄다고 해서 깜짝 놀라 뒤늦게 같이 헐레벌떡 뛰어갈 것인가? 내 삶의 기준을 정하고, 내가 가려는 목적지를 향해 나와의 경쟁을 시작할 때 삶이 비로소 편안해지고 안정적이 된다. 끝을 생각하고 시작하는 것. 그것이 바로 나를 통제할 수 있는 자존감의 시작이다.

●
어떻게 살 것인가를 생각하라

직장인을 대상으로 중산층의 기준을 설문조사한 결과를 보았더니 한국과 유럽의 중산층 기준이 달라 놀라웠다.

한국의 중산층 기준

1. 부채 없는 아파트 30평 이상 소유
2. 월 급여 500만 원 이상
3. 자동차 2000CC급 이상 소유
4. 예금액 잔고 1억 원 이상 보유
5. 1년에 한 차례 이상의 해외여행

프랑스의 중산층 기준(퐁피두 전 프랑스 대통령이 '삶의 질'에서 제시한 바에 의한)

1. 외국어를 하나 정도는 구사할 것

2. 직접 즐기는 스포츠가 있을 것

3. 다룰 줄 아는 악기가 하나 이상 있을 것

4. 남들과는 다른 맛을 내는 요리를 할 수 있을 것

5. 사회 정의가 흔들릴 때 이를 바로잡기 위해 나설 것

6. 약자를 도우며 꾸준히 봉사활동을 할 것

영국의 중산층 기준(옥스퍼드 대학교에서 제시한 바에 의한)

1. 페어플레이를 할 것

2. 자신의 주장과 신념을 가질 것

3. 독선적으로 행동하지 말 것

4. 약자를 보살피고 강자에 대응할 것

5. 불의·불평등·불법에 의연히 대처할 것

뭔가 느껴지는 바가 있지 않은가? 우리나라의 경우는 '가진 것'을 기준으로, 유럽의 나라들은 '어떻게 살 것인가'에 대한 삶의 태도를 기준으로 중산층을 나눴다. 이를 보면 왜 우리가 더 빨리, 더 많이, 더 높이 뛰어야 했는지를 알 수 있을 것 같다. 가진 것으로 다

른 사람과 비교하다 보니 그럴 수밖에 없었던 것이다. 하지만 그 기준을 살짝 바꿔보면 그렇게 쫓기듯 살지 않아도 된다는 사실을 알 수 있다.

여자 팔자 뒤웅박 팔자라는 옛말이 있다. 제아무리 잘난 여자라도 남편을 잘 만나야 한다는 의미다. 가진 것을 기준으로 보자면 맞는 말도 같다. 그렇기에 여자들이 그렇게 잘난 남자들을 만나기 위해 애를 쓰는 것인지도 모른다. 하지만 그것이 진정한 나의 삶이라고 볼 수 있을까? 어떤 남자를 만나든 내가 어떤 태도를 가졌느냐에 따라 인생이 불행할 수도 있고, 행복할 수도 있다. 스스로 자부심을 잃지 말아야 한다. 나는 세상에서 하나뿐인 소중한 존재다. 나의 삶의 기준, 나의 행복의 기준은 스스로가 정하고 그대로 행할 수 있어야 한다.

내가 정한 나의 행복 기준은 이렇다.

"좋은 것을 좋다고 말할 줄 알고, 아닌 것은 아니라고 말할 수 있는 용기가 있으며, 내가 정한 약속은 반드시 지키고, 친구들에게 가끔 소박한 저녁을 살 줄 알며, 기분전환으로 여행을 즐길 수 있는 여유와 함께할 친구가 있고, 내 이름으로 된 책 한 권이 있으며, 내가 살아온 이야기를 다른 사람에게 들려줄 수 있는 것."

적어놓은 것만 봐도 저절로 행복지수가 올라간다. 이렇게 된 내 모습을 상상하는 것만으로도 입꼬리가 올라간다. 이제 당신 차례다. 당신이 정한 당신의 행복 기준은 무엇인가?

표현하는 여자는 두려움이 없다

●

나를 표현하는 데 당당하라

울산 12경에 속하는 간절곶은 동북아시아에서 가장 먼저 일출을 볼 수 있는 곳이다. 그 장관을 놓치지 않기 위해서는 그 시간에 맞춰 어두운 때에 일어나야 한다. 일찍 준비하지 않으면 환하게 밝아 오는 일출의 장엄함과 아름다움을 놓치게 될 것이다. 지금 어둠 속에서 밝은 내일을 준비하는 사람은 언제고 찬란한 아침을 맞이할 수 있다.

"내가 어떤 사람인지 잘 모르겠어요. 뭘 좋아하고 잘하는지도 모르고요."

"내가 나를 모르는데 난들 너를 알겠느냐"라고 하는 오래된 노랫말처럼 자기 자신을 모르는 사람이 상당히 많다. 심리학자 중에서도 다른 사람의 정체성을 찾도록 도와주는 데는 익숙하지만, 자기 자신을 찾는 것에는 서툰 사람이 많다고 한다. 이론적으로 아무리 많이 알고 있다고 하더라도 직접 해보지 않으면 자기 정체성을 찾기란 어렵다는 것을 보여주는 사례다.

브랜드 컨설팅을 할 때 가장 먼저 하는 일이 바로 자신의 정체성을 찾게 하는 일이다.

"자신을 나타내는 단어를 생각나는 대로 적어보세요."

그러면 당혹해하는 사람이 있다. 어떤 단어를 써야 하는지 되묻기도 한다. 학교나 전공, 현재 직위를 쓰면 되냐고 묻는 사람도 있다. 그런 단어는 이력서에나 어울릴 법하다. 그런 것 말고 자신을 나타내는 단어를 생각해야 한다.

"도전, 끈기, 열정, 탐구심, 승부욕, 지적 탐구, 영향력, 포용력, 리더십 등이요."

그렇다! 이런 단어들이 바로 자신을 표현하는 데 어울린다. 이런 단어를 통해 자신이 어떤 사람인지 짐작 가능한 것이다. 나를 표현한 단어들을 볼 때면 가슴이 뛰고 희망이 생긴다. 당신은 어떤가? 가슴 뛰는 일은 이러한 단어들과 연관될 때 가능해진다.

가슴 뛰는 일을 찾고 싶은가? 희망 있는 내일을 만나고 싶은가? 그렇다면 우선 나에 대해 먼저 알고, 자신을 표현하는 데 익숙해져야 한다. 머뭇거리며 움츠러들지 말고, 지금 자신을 내보이라. 말하지 않고 표현하지 않는데 알아주는 사람은 없다. 당당하게 자신을 드러내야 원하는 것을 얻을 수 있다.

●
가치 있는 일을 하라

더글라스 케네디Douglas Kennedy의 소설 『템테이션』을 보면 유명세를 바탕으로 세상이 돌아가는 이치를 정리한 할리우드의 법칙이 나온다. 첫째, 영광은 오래가지 않는다. 둘째, 재능은 고갈된다. 셋째, 최고의 자리에 오른 사람도 이 법칙에서 자유롭지 않다. 넷째, 누구나 똑같은 게임을 한다. 기본 규칙은 할리우드에서의 성공은 한 철이라는 것이다. 다섯째, 그 한철도 운이 좋은 사람에게만 찾아온다.

우리가 사는 세상은 할리우드와 같다. 그 법칙은 소설에서만 존재하는 것이 아니라 실제 현실에서도 얼마든지 일어난다. 따라서 생각을 달리 해야 한다. 한순간의 성공보다 더 중요한 것은 자신이 가치 있는 일을 하는 사람이라는 인정이다.

한국전력공사 사보 팀과 인터뷰를 하는데 "개인 브랜드가 왜 필요한가요?"라는 질문을 받았다. 그 질문에 대한 나의 답은 "돈과 영향력을 얻을 수 있기 때문입니다"였다. 돈을 많이 버는 것이 목적이라면 수단과 방법을 가리지 않고 돈 되는 일은 다 하면 된다. 깨끗한 돈, 더러운 돈 구별하지 말고 돈 되는 일을 구상하고 돈 버는 일에 집중하면 된다. 그러면 원하는 돈을 얻을 수 있다.

대신 자신을 믿고 따르는 사람들을 얻을 수는 없다. 돈의 힘으로 얻어진 영향력은 돈이 사라짐과 동시에 소멸되는 법이다. 하지만 자신의 브랜드를 구축한 사람에게는 그를 추종하는 사람들이 생긴다. 그 사람들로 인해 내가 살아 있고 살아가는 이유를 찾을 수 있다. 매슬로우의 욕구 5단계설에 따르면 인간의 욕구 중 상위 영역에 해당하는 것이 바로 사회적 존경의 욕구다. 존경을 받는 순간 사람의 자존감은 올라간다.

그런데 돈과 영향력은 조직 폭력배나 야비한 사람들도 얼마든지 행사할 수 있다. 이런 부류의 사람을 존경하는 사람들이 얼마나 될까? 그래서 가치 있는 일을 하는 것이 중요하다. 테레사 수녀의 경우를 보자. 가치 있는 일을 행함으로써 따뜻한 영향력을 발휘했고, 많은 사람으로부터 존경을 받았다.

다른 사람에게 필요하거나 가치 있는 사람이라고 인정받을 때 자존감이 올라간다. 그렇다면 단순히 돈과 영향력에 집중해서는 안 될 것이다. 가치를 인정받고 존경받을 만한 인풋input과 아웃풋output이 동시에 이뤄져야 할 것이다.

사우디아라비아 여성으로서는 최초이자 아랍인으로서는 최연소 에베레스트 등정 기록을 세운 라하 모라하크는 네팔교육사업기금 100만 달러를 모금하기 위해 등반 계획을 세웠다. 네 명의 원정대 중에 한 사람이었던 그녀는 여성들의 권리가 심하게 제약받고 있는 보수적인 사우디아라비아에서 등반을 위해 싸워야만 했다. 가족들로부터 등반에 대한 동의를 얻어내는 것이 산에 오르는 것보다 더 힘들었다고 한다. 그녀는 자신이 사우디아라비아 여성 최초로 에베레스트를 등정한 사실보다는 자신의 행동이 누군가에게 영감을 주어 제2, 제3의 인물이 나오는 것이 더 중요하다고 말했다.

결국 개인 브랜드란 단순히 돈과 영향력을 얻기 위해 필요한 것이 아니다. 행복한 삶과 자존감을 높이기 위해서도 필요한 것이다. 이는 단순한 유명세와는 다르다. 보다 내 삶에 책임 있는 태도를 가지고 가치 있는 인풋과 아웃풋을 만들 때 나의 브랜드로서 의미 있는 것이다.

솔직한 여자는 내면에 귀를 기울인다

●

자기 편견의 덫에 빠지지 말라

세계적인 자존감 전문가 토머스 W. 펠런Thomas W. Phelan 박사의『아이의 자존감 혁명』을 보면 실제 자신의 사회성, 능력, 신체, 성품이 높은데도 스스로는 낮게 인식하는 경향이 있는 아이들을 볼 수 있다. 자기 편견의 덫에 빠져 생기는 오류다. 아이들의 경우 자기 자신을 객관적으로 직시하는 능력이 낮기 때문에 이런 오류에 빠지기 쉽다. 그런데 여자들도 이런 자기 편견의 덫에 빠지는 경우가 종종 있다. 대표적인 것이 바로 외모에 대한 평가다.

미용 전문 업체 도브가 일곱 명의 여성을 대상으로 실험한 결과, 대부분의 여성이 자신의 외모를 낮게 평가하고 있다고 밝혔다. 도브는 실험 참가자들에게 자신의 얼굴을 직접 설명하도록 했고, FBI 몽타주 전문가들은 설명을 토대로 얼굴을 그렸다. 물론 몽타주 전문가들은 실험자들의 얼굴을 볼 수 없었다. 그러고 난 후 실험 참가자들을 처음 본 제3자가 그녀들의 얼굴을 설명하도록 했고, 몽타주 전문가들은 그 설명을 토대로 얼굴을 그렸다.

실험 결과, 실험 참가자들의 설명을 듣고 그린 그림이 제3자의 설명을 듣고 그린 그림보다 훨씬 더 못생기게 나왔다. 즉 보통의 여자들은 자신의 외모에 대해 상대적으로 과소평가하는 경향이 있음이 드러난 것이다. 다른 실험 결과를 보면 남자는 거울 속 자신을 멋있게 보는 반면, 여자는 그렇지 않다고 여기는 경우가 많았다. 실제로는 건강하고 아름다워 보이는데 정작 자신은 뚱뚱하다고 여기는 것이다. 그래서 77사이즈는 66사이즈를 동경하고, 66사이즈는 55사이즈를 동경하고, 55사이즈는 44사이즈를 동경하는 것이다. 막상 너무 말라 볼품없는 여자를 보면서 "복이 없어 보여"라고 말하면서 말이다. 만족할 만한 기준이 외부에 맞춰져 있기 때문에 이런 자기 편견의 덫에 빠지는 것이다.

만족할 만한 기준을 외부가 아닌 내부에 세워야 한다. 나부터 나를 인정해야 한다. 나부터가 나를 인정하지 않는데 누가 나를 인정해주겠는가. 내가 아는 한 30대 여성은 키가 작은 데 비해 매우 글래머러스한 몸을 가졌다. 통상적인 기준에 의하면 살집 있는 몸매에 가까울지도 모른다. 실제로 그녀는 살이 좀 찐 편이다. 하지만 그녀는 개의치 않는다. 목숨 걸고 다이어트하지 않는다. 나 정도 외모에 나 정도 학력에 나 정도 사회적 위치면 충분하다는 것이다. 그런 매력 때문일까? 그녀를 좋아하는 남자들이 꽤나 많았다. 그것도 연하, 연상 불문하고.

통제할 수 있는 나의 기준을 세우라. 나 스스로 나를 인정할 수 있는 기준을 만들고, 그 기준에 부합되는 삶을 살라. 그러면 외부의 기준에 흔들리지 않는 자신을 발견하게 될 것이다. 물론 자기 편견의 덫에 빠지는 일도 없을 것이다.

자기수용력을 높이라

나이가 들면 자기 자신의 장점과 단점을 비교적 편안하게 바라보게 된다. 나 역시 그렇다. 나의 단점은 산만하고, 오지랖 넓고, 예민하고, 과민하며, 화를 잘 내고, 말도 많은 것이다. 지금보다 어렸을 때는 누가 나의 단점을 지적하면 화를 내거나 그런 게 아니라고 변명을 하곤 했다. 하지만 지금은 쿨하게 인정하는 편이다.

"맞아요. 전 산만하고 까칠하고 화도 잘 내요. 근데 그게 나인 걸 어떡해요."

20대의 나는 다른 사람의 눈을 의식하며 사느라 착한 여자 콤플렉스에 빠져 있었다. 그래서 어지간히도 스스로를 괴롭히며 살았다. 아닌데도 기인 척, 기이면서 아닌 척. 일적으로 승승장구하던 30대에는 나는 성격도 좋고, 모든 걸 다 해낼 수 있고, 언제고 필요한 것은 다 얻을 수 있다고 생각했다. 다른 사람이 잘하는 것은 인정하기 싫었다. 잘하고 있다면 운이 좋다고 폄하하거나, 곧 문제가 생길 거라고 의심부터 하고 봤다. 잘못하면 실력이 없어서 그런 것이라고 무시했다.

하지만 시간이 지나면서 깨달았다. 때로는 자기감정을 솔직하게 말할 필요성도 있다는 것을. 그리고 내가 좀 부족한 듯해야 다른 사람들이 다가오고 그 빈자리를 채워준다는 것을. 나는 전지전능한 신이 아니었다. 장점도 있고 단점도 있는 평범한 인간이었다.

그런 사실을 받아들이니 사는 것이 조금 쉬워졌다. 남이 나에 대해서 뭐라고 말할까 귀를 곤두세우며 아등바등하지 않게 되었다. 빈틈없이 완벽해야 한다는 강박관념에서 벗어나 일이 힘들고 피곤하면 조금 쉬어갈 줄도 알게 되었다. 전에는 조금만 약속시간에 늦어도 불같이 화를 내고 그 사람에 대해 야박하게 평가를 내리곤 했다. 이제는 기다리는 시간에 독서를 하며 여유를 부린다. 그동안 사회의 비바람을 맞으며 조금씩 벼려져 사람 냄새 나는 진짜 인간이 되어가고 있는 모양이다.

내가 어떤 사람이라는 것을 알고 받아들이니 편해졌다. 어떻게 보면 나이를 먹는다는 것은 자기수용력을 키우는 과정일지 모른다. 물론 나이가 든다고 해서 저절로 자기수용이 되는 것은 아니다. 왜곡된 자아로 똘똘 뭉친 사람은 외려 나이가 들수록 고집이 세지기도 하니까 말이다. 그런 만큼 건강한 자아를 갖는 것이 중요하다. 그래야 자기수용력이 높아진다.

내가 어떤 사람인지 인정하고 받아들이라. 굳이 다른 사람인 척 연기하며 살 필요 없다. 그것은 오히려 삶 자체를 무겁게 만든다. 장점은 더 발전시키고 단점은 고쳐나가고, 넘치는 것은 나눠주고 모자라는 것은 누군가 채우게 만들면 된다. 그렇게 조금 더 나은 나를 만들어가면 되는 것이다. 나는 그저 나라는 사실을 명심하자.

소명을 따르는 여자는 자기완성을 추구한다

●

운명을 바꿀 진짜 공부를 하라

누군가는 공부가 가장 쉬웠다고 하지만, 대부분의 사람에게 공부는 지루하고 따분하게 느껴질 것이다. 안 그래도 대학 입학하느라,

자격증 따느라, 승진하느라 하기 싫은 공부를 억지로 해왔다. 재미있게 느껴질 턱이 있을 리 만무하다. 어찌 보면 당연하다. 세상 사람들이 필요하다는 공부에 자신을 맞춰 왔으니까. 그런 면에서는 고생했다고, 인내했다고 박수 쳐주고 싶다. 하지만 이제부터는 다른 공부, 다시 말해 소명을 따르는 공부, 자기 자신을 완성시키는 공부가 필요하다.

프랑스의 신학자이자 철학자인 앙토넹 질베르 세르티양주Antonin Gilbert Sertillanges는 그의 저서 『공부하는 삶』에서 다음과 같이 말했다.

"소명을 따르는 공부는 명성이나 이익을 얻으려 하거나 외적 성공을 추구하는 공부가 아니다. 다른 사람들의 평가와는 무관한 절대적 척도에 따라 자신의 완성을 추구하는 공부다."

자신의 완성을 추구하는 공부이니만큼 어쩌면 평생을 해도 부족할지 모른다.

그런데 우리는 이미 평생 공부하는 시대에 살고 있다. 요즘처럼 사람들이 열심히 공부하던 때가 있었을까? 오죽하면 공부하는 독종이 살아남는다고까지 하겠는가. 도서관은 이미 만원이고, 학원은 수강생들로 넘쳐난다. 카페에서마저 공부하는 사람들을 심심치 않게 볼 수 있다. 필요한 정보는 인터넷 검색창에서 쉽게 접할 수 있고, 공개된 이메일이나 SNS를 통해 전문가에게 물어볼 수도 있다. 하지만 자신의 삶을 바꿀 만한 진짜 공부를 하는 사람은 드물다.

"저도 책 많이 읽어요. 베스트셀러는 다 사서 보는데요."

한 20대 후반 직장 여성이 요새 한창 뜨고 있는 책은 다 읽었다며 자랑스럽게 말했다. 그런데 막상 자신의 삶에 크게 변화된 것은 없다고 덧붙이며 어깨를 으쓱해 보였다. 왜일까? 책의 내용이 중심이 아니라 책을 읽는 행위 자체에 의미를 두고 있기 때문이다. 남들이 읽는 책, 왠지 안 읽으면 대화가 안 통할까 봐, 그것도 안 봤냐며 책망 들을까 봐, 혼자 뒤처지는 느낌이 들까 봐 별 관심이 없는데도 읽는 흉내만 내다 보니 그런 것이다.

진짜 공부를 하는 사람들은 베스트셀러라고 해서 무턱대고 그 책을 선택하지 않는다. 자신의 일에 필요한 책, 앞으로의 꿈과 관련된 책, 내면의 힘을 높이기 위한 책, 지적 호기심을 채우는 책 등을 스스로 찾아 선택해 읽는다. 내 필요에 의해 내가 선택해 나만의 리스트를 만들어 깊이 있는 독서를 하는 것이다. 그런 사람만이 자신의 완성을 추구하는 공부에 가까워질 것이다.

공병호 소장은 그의 저서 『운명을 바꾸는 공병호의 공부법』에서 "우리는 모두 오래도록 사랑받고 존경받는 대상이 되기를 소망한다. 사회인으로 우리에게 반드시 필요한 것은 계속해서 '쓸모 있음$_{usefulness}$'의 자리에 자신이 남는 일이다. 공부하라. 공부는 사람들에게 필요하고 아쉬운 가치를 계속해서 공급할 수 있는 능력을 갖추는 일이다"라고 말했다. 그러니 공부하라. 최상의 욕구인 자기실현을 이루기 위해서는 공부만 한 것이 없다.

●
연습은 완벽하고 신중하게 하라

TV 드라마 〈베토벤 바이러스〉의 괴팍한 지휘자 강마에를 기억하는가? 드라마 속 강마에의 실제 모델이 있는데, 바로 2011년 김연아 선수의 세계선수권대회 음악인 '오마주 투 코리아'의 원곡 '다울아리랑'의 기획자인 서희태다.

흔히 클래식하면 무겁고 어렵고 딱딱하다는 인상을 받는다. 그런 클래식 음악을 대중화하고, 한국 음악의 세계화에 힘쓰는 서희태 지휘자는 KBS콘서트홀에서 '놀라온' 콘서트를 성공리에 마쳤다. 놀라온은 '놀자'의 '놀'과 '즐겁게'라는 순 우리말인 '라온'의 합성어로 '즐겁게 놀자'라는 뜻을 담고 있다. 그는 어떻게 해서 기존의 클래식의 틀을 깨고 대중과 소통하는 음악을 만들게 된 것일까? 그는 이재만 변호사가 진행하는 한국경제TV 〈성공스토리 만남〉을 통해 이렇게 밝혔다.

"악보에서 눈을 뗄 수 있을 만큼 완벽한 연습을 했기 때문입니다. 악보에서 눈을 떼면 관객과 눈을 마주칠 수 있고 소통할 수 있게 됩니다. 결국 연습, 연습, 또 연습만이 답입니다."

그가 새로운 형식의 클래식 콘서트를 보여주며 새 바람을 몰고 올 수 있었던 것은 바로 기존의 틀에서 벗어날 수 있을 만큼 완벽한 연습 때문이었다.

한 분야의 대가들은 주로 지루한 반복을 즐긴 사람들이다. 매일 같은 일을 하면서도 그 안에서 조금씩 실력이 느는 것을 스스로 느끼며 행복해한다. 이런 사람들은 매너리즘에 빠질 수가 없다. 나의 경쟁 상대는 바로 어제의 나인 것이다. 어제보다 나은 오늘의 내 모습에 스스로 만족하기에 누가 인정하든 안 하든 상관하지 않는다. 그렇게 조금씩 성장을 거듭하다 보면 어느 순간 다른 사람들도 알아챌 만큼 큰 성장을 하게 되는 것이다. 개인 브랜드도 마찬가지다. 아주 조금씩 그렇게 한 발 한 발 성장한 것이 쌓여서 어느 순간 크게 다가온다.

요즘 일자리가 없다고 아우성이다. 나름대로 열심히 공부를 해 왔고, 나름대로 잘할 수 있다고 생각하는 사람들에게는 이 현실이 냉혹할 것이다. '나름대로'는 반복과 암기를 주로 하는 사회가 요구했던 기준에 들기 위해 정해진 공부를 하던 사람들의 방식이기 때문이다. 따라서 기준을 정해주지 않으면 애를 먹는다. 하지만 지금 세상은 급격히 변해버렸다. '창조와 혁신'이라는 말로 뒤덮인 지 오래다. 그러니 기존 방식으로는 답을 찾을 수 없다.

요즘 기업들은 문제 해결 능력이 있는 인재를 원한다. 기업 생태계가 예측할 수 없을 만큼 빠르게 변화하고 있기 때문이다. 이러한 예측 불가능한 시대에 문제 해결 능력은 해낼 수 있다는 자기 확신과 믿음이 없으면 안 된다. 끊임없이 도전해서 문제를 극복하거나 해결해야 하기 때문이다. 자기 확신은 평소에 작지만 성공한 경험들이 쌓여서 이루어진다. 그러한 경험들 때문에 자신을 믿고 쉽게 포기하지 않는 것이다.

그러기 위해서는 평소에 자신을 단련시켜야 한다. 실패하지 않기 위해서 연습하고, 실패를 극복하기 위해서 연습해야 한다. 준비된 사람은 두려워하지 않는다. 어제보다 나은 내가 되기 위한 연습을 게을리 하지 말라. 끊임없는 연습을 통해 성공의 경험을 쌓으라. 그렇게 자기 확신으로 가득 찬 삶을 살게 되면 성공에, 그리고 자신이 원하는 모습에 점점 가까워질 것이다.

욕망하는 여자가 꿈을 꾼다

●

욕망을 두려워하지 말라

많은 여성이 자립심과 의존 욕구 사이에서 갈등한다. 혼자서도 문제없다고 하지만, 내심 누군가에게 기대고 싶은 마음이 드는 것도 사실이다. 배르벨 바르데츠키Babel Wardetzki의 『여자의 심리학』을 보면 '자신감과 열등감 사이에서 방황하는 여성적 나르시시즘'이라는 말이 나온다. 여성적 나르시시즘에 빠진 여자들은 분명한 선을 그어야 할 때를 모르고, 자신이 원하는 것이 무엇인지 정확히 알지도 못한다. 진심으로 원하는 것이 있어도 겉으로는 아닌 척, 그런 것쯤 없어도 눈 하나 깜짝하지 않을 것처럼 행동하고, 어떤 상황이 마음에 들지 않더라도 그저 꾹 참고 견디는 것에 익숙하며, 자기 일은 미뤄둔 채 남의 부탁을 들어주느라 이리 뛰고 저리 뛴다. 자립과 의존 사이에서 이러지도 저러지도 못하는 딜레마에 빠져 있는 것이다.

"성공하고는 싶지만 너무 유명해지는 건 싫어요."
"돈을 벌고는 싶지만 그렇게까지 힘들게 하고 싶진 않아요."

"제가 다 했지만 저 혼자 했다고 하는 건 아니에요."
"결과보다는 과정이 중요하다고 생각해요."
"연애하고 싶지만 구속 당하긴 싫어요."

사회적으로 인정받고 성공하고 싶은 욕망 이면에는 다른 사람들에게 너무 튀어 보이면 어쩌나 하는 걱정이 자리 잡고 있다. 잘한다고 칭찬받고 싶은 욕망 이면에는 잘난 척한다고 하면 어쩌나 하는 걱정이 자리 잡고 있다. 나서서 진두지휘해보고 싶은 욕망 이면에는 저 잘난 줄 안다고 비난받지 않을까 하는 걱정이 자리 잡고 있다. 그러니 항상 애매모호한 행동을 취하는 것이다.

그런데 입장 바꿔 놓고 생각해보자. 애매모호한 태도를 취하는 남자 때문에, 애매모호한 태도를 취하는 동료 때문에, 애매모호한 태도를 취하는 상사 때문에 화나고 짜증난 적 없었는가? 내가 어떻게 해주길 바라는지 확실하게 이야기해주면 편할 텐데, 도대체 나 보고 어쩌라는 것인지 답답한 적 없었는가? 지금 그 감정, 다른 사람이 나를 통해 느끼고 있다.

사람은 모든 것을 가질 수 없다. 좋은 소리만 듣고 싶어 하다가는 이도저도 아닌 상태가 되어버린다. 최악의 경우 나쁜 소리만 듣게 될 수도 있다. 이도저도 아닌 사람에게 칭찬하는 것을 보았가? 그러니 노선을 확실히 정해야 한다. 약간의 오해는 감수하고서라도 칭찬받고 인정받고 성공할 것인지, 아니면 무난하고 조용한 사람이란 평가를 들으며 잠잠히 묻어가며 살 것인지. 단 선택은 자신의 몫이니만큼 그에 따른 책임은 자신이 져야 한다.

사람은 누구나 욕망이 있다. 여성들은 상대적으로 그 욕망을 드러내고 그대로 행하는 것에 대해 제재를 받아왔다. 여자의 덕목은 참하고, 어질고, 인내하고, 순응하는 것이었다. 여기에서 벗어나면 사회적 질서를 어지럽히는 마녀 혹은 요물로 취급받았다. 그런 제제들이 내면적으로도 사회적으로도 아직 존재한다.

하지만 시대가 변했다. 여성의 사회 진출이 늘어나고 여성의 리더십, 여성의 조직 문화, 여성의 화법, 여성의 공감 능력 등이 주목받고 있다. 편리한 가전제품은 가사노동을 한결 쉽도록 돕고 있다. 그러니 자신이 가진 능력을 발휘해 무언가를 이루는 것을 겁내지 말라. 이기적인 여자, 나쁜 여자라는 소리를 두려워하지 말라. 욕망 있는 여자라는 소리를 두려워하지 말라. 방송인 박지윤은 '욕망 아줌마'라는 별칭을 당당히 앞세우고 있지 않은가. 세상은 욕망을 숨기지 않는 남자들로 인해 변해왔다. 이제는 여자들 차례다.

괜히 남의 눈치를 볼 필요 없다. 타인의 시선과 평가에 나를 가둘 필요 없다. 하늘에, 가족에, 내게 꺼리길 것 없는 건강한 욕망이라면 마음껏 발현해도 괜찮다. 내가 바라고 꿈꾸는 것을 하나하나 이뤄나가라. 그것이 진정 자존감 있는 여자의 태도다.

직접 무대를 만들고 그 위에 오르라

심리학자인 스탠리 쿠퍼스미스Stanley Coopersmith는 아이들을 대상으로 콩주머니 던지기 실험을 했다. 아이들 앞에 가까운 곳부터 다소 먼 곳까지 차이를 두고 목표물을 세운 다음, 아이들로 하여금 콩주머니를 던져 목표물을 맞히게 했다. 먼 곳의 목표물을 맞히면 더 높은 점수를 주는 방식이었다. 콩주머니를 던지기 전에 아이들에게 어떤 목표물을 맞힐 것인지, 몇 점을 받고 싶은지, 실제로 몇 점이나 받을 것 같은지 등을 물어보았다. 어떤 아이는 먼 거리의 목표물을 정하고 점수도 높게 말했다. 어떤 아이는 비교적 가까운 거리의 목표물을 말하고 점수도 낮게 말했다.

실험 결과, 높은 점수를 받으리라고 예상한 아이들은 모두 목표 이상의 높은 점수를 얻었고, 낮은 점수를 받으리라고 예상한 아이들은 예상 점수에 훨씬 못 미치는 점수를 얻었다. 높은 목표를 가진 아이들이 목표를 이룰 가능성이 높다고 확인된 것이다.

"제 꿈은 오프라 윈프리와 공동으로 토크쇼를 진행하는 거예요."

언젠가부터 장난스럽게 말하게 된 나의 목표다. 그렇게 말하기 시작한 이후, 현재 나는 일단 내 이름으로 된 프로그램 〈조연심의 브랜드쇼〉의 진행자가 되었다. 그동안 인순이, 신달자, 나승연, 이장우, 유영만, 양병무, 윤일상, 김원길, 김효석, 송수용, 배양숙 등 내로라하는 저자들이 프로그램에 출연했다. 예스24, 인터파크, 교보문고가 주최하는 행사에서 진행을 하기도 했다. 인하대학교 성공벤처중소기업특강 3학점짜리 16주 강의를 토크쇼 형식으로 진행하기도 했으며, 어쿠스틱 뮤지컬 〈카라멜 마끼아또〉 제작발표회 진행을 맡기도 했다. 강남구청이 후원하는 '북TV365 북 나눔 파티'를 코엑스에서 공동 진행하기도 했고, 작곡가 윤일상 씨의 출간기념회도 직접 기획하고 진행했다.

이 모든 일의 시작은 다소 장난스럽게 말하고 다녔던 나의 목표, 바로 오프라 윈프리와 공동으로 토크쇼를 하고 싶다는 꿈 때문이었다. 처음 시작은 반농담이었을지 몰라도 그렇게 말하고 다니는 동안 진짜 나의 꿈과 목표가 되었고, 그를 통해 나는 어느덧 진행자로서의 길을 걷게 된 것이다. 이러다 누가 아는가, 진짜 나의 꿈대로 오프라 윈프리와 공동으로 토크쇼를 진행하게 될지. 이 모든 과정이 나는 이미 행복하다.

꿈을 상상하는 것마저 두려워하는 여자들이 많다. 그 상상에 빠져 터무니없이 허황된 꿈을 꿀까 봐 겁나기 때문일 것이다. 그런데 뭐 어떤가. 허황된 꿈도 자꾸 꾸고 내면화되면 현실화할 수 있는 것이 사람 아닌가? 배우 이병헌은 15년 전에 찍은 영화에서 아카데미 남우주연상을 꿈꾸는 배역을 맡은 적이 있다. 그리고 지금은 할리우드에 진출해서 세 편의 영화를 찍었다.

꿈꾸는 것을 겁내지 말라. 마음껏 꿈꾸라. 꿈꾸는 데는 어떠한 제한도 없다. 비용도 들지 않는다. 머릿속의 자신의 무대를 만들고, 그 무대에 오른 자신을 끊임없이 상상하고 동기부여를 하라. 그리고 현재 내가 할 수 있는 수준에서 일단 도전해보라. 격식이나 형식은 중요하지 않다. 일단 해보고, 그 경험을 기록하는 것이 중요하다. 실패든 성공이든 분명 얻어지는 것이 있을 것이다.

생각대로 살지 않으면 사는 대로 생각하게 된다고 했다. 지금 사는 것에 바빠 나의 진짜 꿈과 목표는 밀쳐두고 있는 것은 아닌가? 겁내지 말고 생각대로, 원하는 대로, 꿈꾸는 대로 살아보자. 내가 해왔던 것처럼, 다른 누군가가 해왔던 것처럼 당신도 할 수 있다. 내 인생의 주인공은 나다. 김원준의 '쇼'나 임상아의 '뮤지컬' 같은 노래를 들으며 꿈을 꿔보자. 어떤 꿈이든 상관없다. 내가 만든 무대에서는 내가 주인공이니까 말이다.

브랜드를 높이기 위한 직업 선택 10계명

1 서로에게 축복(Bless)이 되는 일을 하라.
2 다른 사람들이 못 알아듣는 일을 하라.
3 심장이 열정적으로 뛰는 일을 하라.
4 끊임없이 공부해야 되는 일을 하라.
5 나를 잠 못 들게 하는 일을 하라.
6 지루한 반복에도 포기되지 않는 일을 하라.
7 남들이 귀찮아서 안 하는 일을 하라.
8 평생 할 수 있는 일을 하라.
9 혼자서도 할 수 있는 일을 하라.
10 즐기면서 할 수 있는 일을 하라.

‖ 2부 ‖
내면의 힘을 높이는 심리학 공식

자존감은 자기 존재 가치를 자신이 평가하는 것으로
내적 요인이 60%, 외적 요인이 40% 정도 영향을 미친다.
내면의 힘을 높여 어떠한 상처에도, 어떠한 어려움에도 꺾이지 않는 높은 자존감을 가지고
자신을 사랑하며 행복하게 사는 여성이 되었으면 한다.

— 김한규

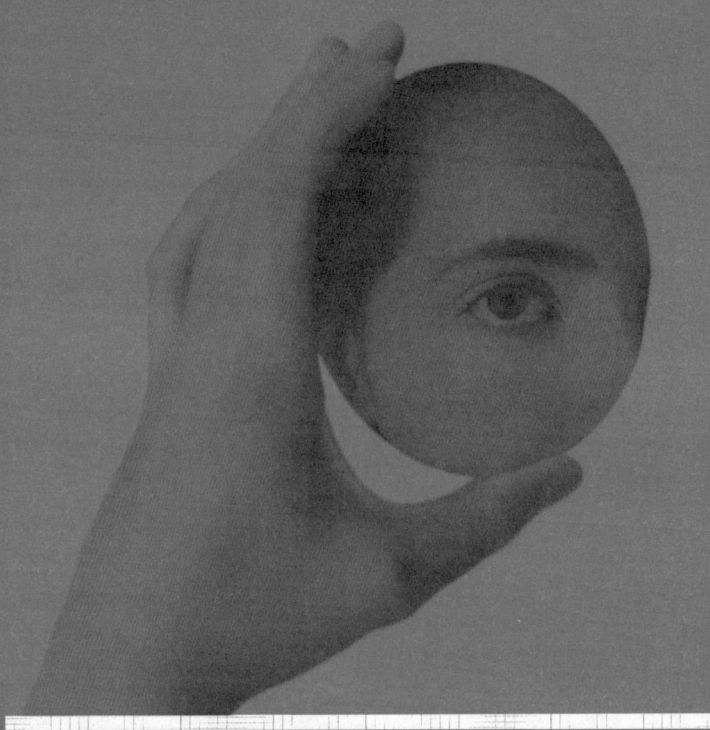

Mind Up

여자의 자존감 심리 공식
= 스트레스 조절력 + 욕구 조절력 + 성공 사고 + 자기실현 + 자기수용

1. 스트레스 조절력 자존감은 심리적 스트레스와 연관이 깊다. 스트레스는 우울증, 불안, 공황, 알코올 의존, 니코틴 의존, 게임 중독 등 정신적 문제를 가져온다. 특히 우울증은 여성에게 많이 나타난다. 이런 정신건강의 문제를 힐링하는 것은 자존감 향상에 매우 중요하다.

2. 욕구 조절력 다양한 욕구를 조절하지 못하면 자존감은 유지되기 어렵다. 욕구가 기대만큼 충족되지 않으면 감정적인 문제가 생기고 자존감이 낮아진다. 부정적 욕구를 멀리하고 긍정적 욕구를 가진다면 자존감은 높아진다.

3. 성공 사고 부정적 사고인 실패 사고는 지속적으로 자존감을 낮게 만들고 사람을 무기력하게 만든다. 반면 긍정적 사고를 통한 성공 사고는 행동에 자신감을 주는 동시에 자존감을 높인다. 자기 자신을 믿고 성공에 대해 확신을 가지는 태도가 중요하다.

4. 자기실현 자기 능력을 최대한 발휘함으로써 자기 개성화가 이루어진다. 이를 자기실현이라고 할 수 있다. 자기실현은 자신이 가진 잠재력과 강점을 최대한 발휘할 때 이뤄지는데, 이러한 자기실현은 자존감을 높인다.

5. 자기수용 자신을 있는 그대로 받아들이고 사랑하는 마음을 뜻한다. 있는 그대로의 자신을 받아들이고 사랑하는 사람은 자존감이 높다. 자꾸 다른 사람과 비교하고 자신을 부정하려 한다면 열등감이 있는 상태로 살아갈 수밖에 없다. 자신을 받아들이는 태도가 중요하다.

1
스트레스
조절력

스트레스에 강한 여자가 자존감도 높다

내면의 상처가 스트레스로 나타난다

● 내 안에 상처받은 아이가 있어요

스물아홉 살의 직장이 없는 여성이 찾아왔다. 직장을 6개월 이상 다니지 못하고, 사귀던 남자친구들과 매번 헤어지는 등 주변 사람들과 오랜 관계를 유지하지 못하는 문제로 괴롭다고 했다. 원래부터 그랬던 것은 아니었다. 학교 다닐 때는 공부도 곧잘 하며 잘 적응했는데, 직장을 다니면서부터 문제가 시작되었다. 직장에만 가면 상사의 간섭이 싫고, 상사의 잔소리에 위축돼 실수가 잦아졌다. 그러다 보니 직장생활에 적응하지 못해 직장을 그만둘 수밖에 없었다. 이러한 상황이 반복되면서 그녀는 직장생활에 대한 두려움이 커지고, 위축되고, 자존감은 더욱 낮아지고, 그러다 우울해지는 악순환에 빠지게 되었다. 현재 그녀는 자존감이 아주 낮은 상태로 우울증까지 있었다.

상담을 통해 이야기를 들어보니, 집에서도 어머니와는 잘 지내는 반면, 아버지와는 불편해하고 피하고 싫어했다. 아버지는 엄격한 성격으로 사람은 강하게 자라야 한다면서 작은 잘못도 용납하지 않았다. 또한 여자는 순종적이어야 한다며 작은 일도 간섭하고, 잔소리와 야단을 많이 쳤으며, 가끔은 매로 때리기도 했다. 이러한 완고한 아버지 때문에 스트레스를 받으며 항상 주눅 든 상태로 지내온 것을 알 수 있었다.

그녀가 직장 상사의 간섭을 싫어하고 잔소리에 위축된 것은 그러한 직장 상사의 모습에서 권위적인 아버지가 떠올랐기 때문이다. 상사의 간섭과 잔소리가 마치 아버지의 간섭과 잔소리처럼 여겨져서 스트레스가 심해진 것이다.

우선은 아버지의 권위적인 태도에 상처를 받은 자신을 달래주고, 어릴 때의 상처로부터 벗어나도록 유도했다. 아버지도 한 집안의 가장으로서 책임감 때문에 그런 것일 수도 있으니 이해하고, 지금의 심리 상태에 대해 아버지와 솔직한 이야기를 나눠볼 것을 권했다.

다음으로 직장에서 상사는 어느 정도 권위적인 태도가 있을 수밖에 없음을 이해시켰다. 조직에는 조직의 룰이 있고, 그 안에서 움직여야 한다. 상사는 조직원을 이끌고, 더 많은 이익을 내야 할 책임이 있는 사람이니만큼 아랫사람의 업무를 파악하고 바로 잡아줄 필요가 있다. 따라서 이는 사적인 간섭과 잔소리가 아닌 공적인 업무 지시다. 사적인 공간과 공적인 공간을 구분하고, 상사의 지시를 업무적인 것으로만 받아들이도록 훈련시켰다.

그 외에 꽃꽂이와 음악듣기, 등산 등 스트레스를 해소할 만한 취미를 찾아 계속적으로 하게 했다. 특히 꽃꽂이는 가르쳐주는 선생님과의 관계를 통해 대인관계를 자연스럽게 맺을 수 있도록 했다.

이제 그녀는 다시 직장에 다니기 시작했으며 잘 다니고 있다. 직장 상사의 말을 간섭이라고 생각하지 않고 업무상 필요한 지시로 여기고 주눅 들지 않는다.

● 왜 어릴 때의 상처가 지금도 스트레스를 주는가

출생 직후의 뇌는 미세 구조나 기능이 고정되어 있지 않고 유연성이 있어서 환경의 영향에 따라 변화한다. 그리고 점차 감정, 감각, 운동, 언어, 음악, 수학 등의 기본적인 뇌 회로가 형성되어 간다. 이러한 시기는 만 다섯 살까지 유지되는데, 뇌의 유연성이 높은 만큼 이때 심리적·신체적 손상을 받으면 그 영향이 지속될 수가 있다. 그래서 이 시기를 뇌의 결정적 시기라고 일컫는다. 이 결정적 시기에 만성적으로 스트레스를 받으면 뇌의 미세 구조에 이상이 생길 수도 있고 지속적으로 정서적인 문제나 행동적인 문제가 나타날 수 있다. 만약 태어날 때 유전적으로 뇌가 취약한 부분이 있다면 스트레스 강도가 아주 높지 않더라도 뇌의 미세 구조에 이상이 올 수가 있어 발달상 문제가 일어날 수 있다.

● 내면의 상처받은 아이는 치유될 수 있다

이렇게 어린 시절의 심리적 상처가 어른이 되어서도 영향을 주긴 하지만 앞선 사례에서 본 것처럼 회복하는 것도 가능하다. 약물치료, 상담 등으로 시냅스의 강도에 변화를 주면 단기적으로는 시냅스 기능이 강화되고 장기적으로는 새로운 시냅스 연결망이 생긴다. 이를 통해 상처를 받은 신경이 회복되고, 신경학적으로 스트레스에 대한 적응 능력이 높아지는 것이다. 이와 같이 건강한 시냅스 연결망이 형성됨으로써 어릴 때의 상처가 치유되면 현재 겪고 있는 문제도 해결이 된다. 더불어 스트레스를 조절하는 능력도 생긴다. 이렇게 점차 심신을 회복해가는 것이다. 내면의 상처가 있다면 지금 바로 그 내면의 상처가 어떤 것인지 이해하고 그 상처가 아물 수 있도록 잘 어루만져야 한다.

스트레스에 강한 여자, 스트레스에 약한 여자

●

스트레스란 무엇인가

우리는 스트레스란 말을 참 자주 쓴다. 하지만 스트레스가 무엇이냐고 물으면 바로 답변하기가 쉽지 않다. 그렇다면 스트레스란 무엇인지 잠깐 살펴보도록 하자.

스트레스는 고난과 고통을 의미하는 중세 영어 'stresse'에서 파생된 것으로 물리학/공학 분야에서 처음 학문적으로 사용되었다. 이런 물리학적 개념의 스트레스란 용어를 생물학적으로 적용시킨 사람은 캐나다의 내분비 학자 셀리에Selye로, 어떠한 종류의 스트레스 요인이라도 그에 따른 신체 반응은 매우 유사하다는 점과 이런 스트레스 요인이 오랫동안 지속되면 질병으로 발전할 수 있다는 점을 보고했다. 미국의 생리학자 캐논Canon은 감정 변화는 생체 변화를 일으킨다는 것을 최초로 증명해내었다. 정리하자면 스트레스란 인체에 가해지는 긴장이나 여러 자극에 대해 생체 반응이 일어나는 것을 뜻한다.

물론 스트레스가 모두 나쁜 것만은 아니다. 적당한 스트레스는 심신에 활력을 주는 것으로 알려져 있다. 다만 감당할 수 있는 능력을 넘어서거나 반복적으로 스트레스에 노출되는 기간이 길어지면 만성화되어 자율신경계의 지속적인 긴장을 초래할 수 있다. 그러면 병적인 증상이 악화되고 고질적인 질병이 유발될 수 있다.

●
스트레스에 취약한 사람은 있다

스트레스 반응에 민감한 사람들이 있다. 바꿔 말하면 스트레스에 취약한 사람들이다. 스트레스에 취약한 사람은 스트레스 요인을 받으면 신체, 정신 모두에서 반응을 나타낸다. 정신건강의학에서는 이를 '스트레스 취약성 모델'이라고 일컫는다. 생물학적 취약성을 타고났거나 뇌 발달 초기에 생물학적 취약성을 획득한 사람이 스트레스 요인을 받았을 때 일어나는 스트레스 반응을 의미한다.

정신적으로 스트레스에 영향을 미치는 주된 곳은 뇌다. 뇌는 전두피질, 시상하부, 뇌간 등 다양한 해부학적 부위들로 이루어져 있는데, 이러한 해부학적 체계는 서로 연관되어 특정 기능을 가지고 작용한다. 정상적으로 뇌가 발달하는 경우라면 스트레스 취약성이 거의 없이 스트레스 요인에 적절한 스트레스 반응을 해 심리적·사회적·직업적·학습적 기능에 별 문제를 겪지 않는다. 오히려 이러한 스트레스를 변화하고 발전하는 계기로 삼는다. 반대로 뇌가 태생적으로 취약하거나 발달 과정 중에 문제가 생기면 스트레스에 취약해질 수 있다. 뇌의 유연성이 좋을 때 스트레스 요인이 생기면 사고, 정서, 행동 등에 영향을 미친다. 만 3세 무렵 뇌의 50퍼센트가 발달하고, 만 5세까지 뇌의 80퍼센트가 발달하는데, 이 시기가 뇌의 구조와 기능에 장기간 영향을 미친다.

결국 스트레스 취약성은 만 5세까지의 뇌 취약성, 즉 생물학적 취약성을 뜻한다. 조울증, 우울증, 폭식장애, 신경성 식욕 부진 등 다양한 정신건강의학적 장애들이 정도의 차이는 있지만 생물학적 취약성을 가지고 있다. 그렇다고 반드시 유전이 되거나 성장하는

데 있어 무조건 문제가 되는 것은 아니다. 이러한 생물학적 취약성은 스트레스 요인의 강도에 따라 함께 작용하여 나타나며, 질환에 관여하는 정도도 질병에 따라 다르다.

분명한 것은 생물학적 취약성이 있다고 해서 그것이 전부 일상생활의 장애나 문제로 나타나지는 않는다는 것이다. 이러한 취약성에는 다양한 스트레스 요인이 관여하게 되는데, 이러한 요인에 대한 스트레스 조절을 얼마나 잘하느냐에 따라 그러한 장애나 문제가 나타나지 않을 수도 있다. 생물학적으로 스트레스에 취약하지만 스트레스에 잘 견디고 잘 극복하는 사람들이 있다. 이러한 사람들은 운동을 꾸준히 하고 있고, 스트레스를 받았을 때 주변의 격려 및 위로와 사회적인 지지가 있었으며, 스트레스 조절력이 있고, 도전적 사고를 하며, 삶에 대해 수용적 태도를 보이고, 자신의 일을 열심히 하는 공통적인 특성이 있었다.

스트레스 조절력을 높여 스트레스에 강해진 사람은 병에 걸리는 확률이 적었고, 일도 더 활기차게 했으며, 성실하게 일하고 자존감도 높게 유지되었다고 한다. 이와 같이 스트레스 취약성이 있다고 하더라도 스트레스 조절력을 키워 그것을 극복하면 스트레스에 대처하는 것이 유연해진다. 그러면 자존감도 높아지고 행복한 삶을 살 수 있게 된다.

스트레스는 어디서 오는가

그렇다면 스트레스는 왜 생기는 것일까? 스트레스를 유발하는 요인들에 대해서 알아보자.

스트레스 요인은 외적 요인과 내적 요인으로 나눌 수 있다.

물리적 환경, 사회적 환경, 발달상 및 생활상 문제, 외상적 사건 등은 외적 요인이다. 물리적 환경 요인으로는 생존에 필요한 기후, 물, 공기, 의식주 환경, 소음, 인구 과밀 등을 들 수 있다. 최근 사회 문제가 되고 있는 층간 소음이 그 대표적이다. 사회적 환경 요인으로는 이혼 가정, 가정불화, 실직, 대인관계 문제, 직무 스트레스, 독신자 생활 등을 들 수 있다. 회사에서 직무로 인한 압박감을 받거나 상사와 사이가 좋지 않아 출근이 두려운 경우가 여기에 속한다. 발달상 및 생활상 문제는 성장하고 발달하면서 겪는 걷기, 말하기, 타인과 사회적 관계 맺기, 학교 및 직장 적응, 이사 등과 같은 자라면서 겪는 문제나 일상생활에서 벌어지는 사건 등을 들 수 있다. 아이가 새로 전학을 가거나 이사를 한 후 학우나 동네 친구들과 잘 어울리지 못하는 경우가 여기에 속한다. 외상적 사건은 자신이나 타인에게 위협이 되는 사건들을 겪거나 목격한 것 등을 들 수 있다. 우리가 흔히 '트라우마'라고 말하는 '외상후 스트레스 장애'가이 같은 외상적 사건으로 나타나는 현상이다.

  음주, 흡연, 비합리적 믿음, 행동상 문제, 성격적 요인, 비현실적인 동기, 정서 불안 등은 내적 요인이다. 주로 자신의 잘못된 생활 습관이나 왜곡된 인지 사고로 인해 발생한다. 수면부족으로 인한 신경질적 반응, 커피의 다량 섭취로 인한 지나친 각성 효과, 일을 완벽하게 해내야 한다는 강박관념, 나만 싫어한다는 피해의식이 여기에 속한다. 가정주부라면 티끌 하나 없이 청소해야 한다는 결벽증을, 직장여성이라면 회사 일과 집안일을 모두 완벽하게 해내야 한다는 완벽주의를 예로 들 수 있겠다.

●

스트레스를 받으면 나타나는 증상들

셀리에는 '일반 적응 증후군'이라고 하여 스트레스를 받으면 그 반응이 일어나는 단계를 3단계로 나누었다. 1단계는 경고반응기로 스트레스에 초기 저항을 하는 시기다. 이러한 초기 저항 시기는 스트레스 취약성에 따라 짧을 수도 길 수도 있다. 이때는 혈압, 체온, 혈당이 일시적 쇼크로 감소하다가 저항하면서 다시 증가한다. 2단계는 저항반응기로 스트레스에 지속적으로 노출이 되면서 강하게 저항을 하게 되어 혈압, 체온, 혈당이 더욱 증가한다. 3단계는 소진 반응기로 스트레스 요인이 중단되지 않아 더 이상 저항하지 못해 여러 스트레스 반응이 나타난다.

　스트레스를 받았을 때 일어나는 증상은 크게 신체적, 정신적, 정서적, 행동적 네 가지로 구분해볼 수 있다. 신체적 증상으로는 피로, 두통, 불면증, 근육통, 근육 경직, 흉부 통증, 복부 통증, 구토, 위염, 식은땀, 안면홍조 등을 들 수 있다. 정신적 증상으로는 집중력 감소, 기억력 감소, 우유부단, 판단 실책 등을 들 수 있다. 정서적 증상으로는 공허함, 불안, 신경과민, 강박증, 공황장애, 우울증, 분노, 불안증, 인내심 부족 등을 들 수 있다. 행동적 증상으로는 안절부절못하기, 손톱 깨물기, 다리 떨기, 폭음, 폭식, 흡연, 욕설, 공격적 행동 등을 들 수 있다.

●

스트레스와 자존감의 관계

자존감은 정신건강의 핵심 요소로 스트레스와 연관이 있다. 금연, 금주, 체중 조절, 운동량 등은 높은 자존감과 관련이 있고 우울증과 무기력증은 낮은 자존감과 관련이 있다. 실제 738명의 여성을 대상으로 산후 우울증과 자존감의 관련성을 조사한 결과, 자존감이 낮은 여성의 경우 산후 우울증에 걸릴 확률이 39배나 높았다고 한다.

 스트레스 조절력이 높을수록 자존감도 높아지고, 자존감이 높을수록 스트레스 조절력도 높아지게 된다. 살이 쪄서 거울을 보는 것이 두렵고 옷을 입는 것이 스트레스인 여자의 경우를 예로 들어 보자.

 자존감이란 자기 내적 평가이다. 살찐 상황에 스트레스를 받는다면 살찐 것에 스스로 부정적 평가를 내린 것이기에 자존감이 낮은 상황이라고 볼 수 있다. 이런 상황에서 벗어나기 위해서는 살을 빼야 한다. 살을 빼기 위해서는 식이조절을 하거나 운동을 해야 한다. 계속 자괴감에 빠져 폭식을 하다 보면 살은 더욱 찌고 자신의 모습은 더욱 보기 싫어질 것이기 때문이다. 열심히 운동을 해서 살을 빼고 거울 보는 일이 즐거워지기 시작했다면 이제 옷 입는 일에 자신이 생길 것이다. 더 나아가 자신에게 어울리는 예쁜 옷을 입고 거리를 걸어 다니고 싶을 것이다. 그러면 외출이 즐겁고 지나가는 사람의 시선도 칭찬으로 여겨질 것이며 다른 일에도 도전하고 싶을 것이다. 이렇게 자존감이 회복되면 이전보다 스트레스에 대처하는 능력이 좋아진다.

 결국 스트레스 조절력을 높이면 자존감이 높아지고, 자존감이 높아지면 스트레스 조절력이 높아지는 선순환이 일어나는 것이다. 자존감이 낮기 때문에 스트레스를 받고, 스트레스 때문에 다시 자존감이 낮아지는 악순환에서 벗어나려면 스트레스 반응을 약화시킬 수 있도록 스트레스 조절력을 높여야 한다.

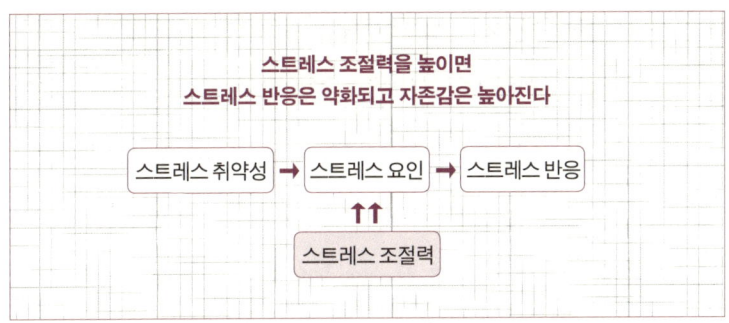

스트레스 조절력을 높이는 힐링 파워

● **스트레스 요인을 감소 및 제거하라**

사람마다 스트레스 요인은 다르지만 누구에게나 적용 가능한 일반적인 스트레스 대처 방법들이 있다. 이러한 방법들을 잘 이해하고 적용한다면 스트레스 조절력을 높이는 데 상당한 도움을 얻을 수 있을 것이다.

먼저 감당하기 과도한 스트레스가 있는 경우에는 스트레스 요인을 감소시키거나 제거하는 것이 필요하다. 직장에서 과다하게 업무를 하고 있는 실정이라면 일의 양을 적정 정도로 줄여야 한다. 혼자서 아이를 양육하는 데 어려움을 겪고 있다면 주변에 도움을 요청해야 한다. 맞벌이 부부인데 직장생활과 살림을 모두 도맡아 하려니 심신이 지친다면 남편과 가사 분담을 시도해야 한다. 이러한 스트레스 요인을 줄이거나 없애지 않고 그대로 방치한다면 만성적 스트레스가 되어 더욱 큰 정신건강상 문제를 불러온다. 따라서 되도록 빠른 판단을 하여 조치하는 것이 좋다.

● 자신만의 스트레스 해소 방법을 개발하라

자신만의 스트레스 해소법을 가지는 것도 필요하다. 남의 눈치를 보지 말고 자신이 좋아하는 것이나 하고 싶은 것을 선택하면 된다. 춤이어도 좋고, 노래여도 좋고, 만화책 읽기여도 좋고, 영화 관람이어도 좋고, 등산이어도 좋고, 마라톤이어도 좋고, 여행이어도 좋고, 종교활동이어도 좋다. 그 어떤 일이라도 상관없다. 자신이 좋아하고 남에게 피해를 주지 않는다면 일단 해보는 것이 중요하다.

스트레스가 쌓이면 심리적으로 독이 된다. 이러한 심리적 독은 해독해주지 않으면 고스란히 몸에 남아 심리적·신체적 스트레스 반응을 일으킨다. 산행을 하다가 뱀에 물렸다고 생각해보자. 그 독을 제거할 것인가, 그대로 둘 것인가? 마찬가지다. 심리적 독도 결국은 제거해야 한다.

스트레스 저항력을 높이라

스트레스 저항력을 높이기 위해서는 우선 규칙적인 생활을 할 필요성이 있다. 하루, 일주일, 한 달, 일 년을 자신의 리듬에 맞게 생활하는 것이 중요하다. 그래야 몸과 마음에 무리가 가지 않는다. 특히 수면 리듬이 중요하다. 충분한 수면을 취하고 일정한 시간에 일어나야 한다. 사람마다 필요한 수면 시간이 다르므로 자신에게 필요한 시간만큼은 자야 한다. 균형 잡힌 식사를 하고, 주 3회 30분 이상 규칙적으로 운동하여 스트레스 감소에 도움이 되는 세로토닌 분비로 스트레스 저항력을 높인다. 운동은 무산소와 유산소를 골고루 하는 것이 심신의 균형을 잡고 조화롭게 만든다.

다음으로 현재의 자신과 상황을 잘 이해하고 현실에 어울리는 만족감을 갖는 것이 중요하다. 필요 이상으로 욕심을 부리면 그 또한 스트레스로 다가온다. 삶이 불만족스러울수록 받는 스트레스도 커진다.

이 외에 과도한 음주 및 흡연, 카페인 과다 섭취 등 몸과 마음에 해로운 습관을 개선해야 한다. 이러한 습관은 신체의 기능을 떨어뜨리는 것은 물론 스트레스 저항력도 떨어뜨리기 때문이다. '건강한 신체, 건강한 마음'이라는 말은 단순히 운동에만 해당되지 않는다.

스트레스 해소를 위해 수다를 떠는 것도 도움이 된다. 특히 여성은 자기의 이야기를 들어주는 것만으로도 감정적 해소를 느끼는 경우가 많다. 대화를 나눌 네트워크를 형성하여 정기적 혹은 부정기적으로 모임을 갖는 것이 좋다. 취미를 공유하는 모임, 이웃 간 대화, 가족 간 대화, 동창 모임, 직장 내 소모임 등을 통해 감성의 교류를 높이는 것도 스트레스 저항력을 높여준다.

자신의 강점을 개발하고 약점을 보완하면서 개성적인 자신을 만들고 지속적인 자기실현을 해나가는 것도 장기적으로는 스트레스 저항력을 높여준다. 성숙한 자아를 만들어주고 자존감을 올려준다(자세한 내용은 2부 4장에서 이야기하겠다).

주체성을 가지고 자신만의 스트레스 저항력을 높이는 방식을 지속적으로 실천해나가는 것이 무엇보다 중요하다. 이러한 노력에 어려움이 있다면 정신건강 전문가의 도움을 받는 것도 좋다. 감기가 걸렸을 때 내과에 가 진료를 받는 것처럼 스트레스로 힘들 때는 관련 전문의를 찾는 것도 한 방법이다.

힐링 파워를 강화하는 이완 요법과 이미지 요법

● 스트레스 조절력을 높이는 실전 이완 요법

스트레스는 정신적·신체적 긴장을 가져오고 이로 인해 과호흡, 근육 긴장, 고혈압, 혈당 상승, 가슴 답답함, 두통, 만성 통증, 불면증, 위장 장애, 만성피로, 면역력 약화, 피부 탄력 감소 등이 유발될 수 있다. 이럴 때 심신을 이완시켜주면 스트레스 저항력을 높여 스트레스로 인한 증상을 호전시킨다. 무엇보다 장기적 효과를 위해서는 일상생활에서 반복함으로써 습관화시키는 것이 중요하다. 이완 요법에는 여러 가지가 있는데, 여기에서는 평소에 쉽게 할 수 있는 호흡법을 소개하고자 한다.

호흡은 천천히 하는 것이 기본이다. 호흡을 천천히 하게 되면 교감 신경의 활성화가 줄어들고 부교감 신경이 활성화되어 심신의 안정과 이완이 이루어진다. 교감 신경이 활발하면 심장 박동이 빨라지고 혈관이 수축하면서 근육이 긴장되는 반면, 부교감 신경이 활발하면 심장 박동이 진정되고 산소 공급이 원활해지면서 근육이 이완되기 때문이다. 호흡에 집중하게 되면 잡념이나 복잡한 사고가 줄어들고, 스트레스 요인으로 인한 스트레스 반응도 줄어든다. 이와 함께 심리적으로 이완이 될 만한 문장이나 단어를 반복해 떠올리거나 말을 한다면 더욱 도움이 된다.

조용하고 조명이 약한 편안한 공간에서 편하게 앉아 배꼽 위에 손을 얹고 자연스럽게 숨을 들이마시고 내쉰다. 들이마실 때는 수를 세고, 내쉴 때는 "나는 아주 편안하다"라고 하면 된다. 들이마시면서 하나, 내쉬면서 나는 아주 편안하다, 들이마시면서 둘, 내쉬면서 나는 아주 편안하다, 들이마시면서 셋, 내쉬면서 나는 아주 편안하다 하는 것이다. 이렇게 다섯까지 센 후에는 거꾸로 하면 된다. 들이마시면서 다섯, 내쉬면서 나는 아주 편안하다, 들이마시면서 넷, 내쉬면서 나는 아주 편안하다, 들이마시면서 셋, 내쉬면서 나는 아주 편안하다 하는 식이다.

하루에 10분씩 적어도 두 번 이상씩 해서 습관화한다면 자신도 모르는 사이에 강한 스트레스 저항력이 생길 것이다. 지금 잠깐 읽고 있는 책을 내려두고 한번 시도해보라. 처음부터 당장 되지는 않겠지만 하다 보면 점점 익숙해질 것이다.

스트레스 조절력을 높이는 실전 이미지 요법

이번에는 운동선수들이 많이 사용하는 이미지 요법에 대해서 소개해보겠다. 이미지의 힘은 생각보다 클 때가 있다. 이미지가 감정과 생각, 행동에 영향을 주기 때문이다. 이런 이미지 요법을 배워둔다면 쉽게 스트레스 조절을 할 수 있을 것이다.

일단 편안한 자세로 앉아서 눈을 지그시 감고 스트레스 요인이 발생한 상황을 사진처럼 찍는다. 그 다음 스트레스를 잘 극복해서 자신감을 얻었던 장면을 떠올려 그중 가장 자신감 있는 표정의 자신의 모습을 사진처럼 찍는다. 그리고 먼저 찍은 사진에 나중에 찍은 사진을 오버랩한다. 혹은 먼저 찍은 사진이 나중에 찍은 사진처럼 된다는 것을 믿고 나중에 찍은 사진을 집중해서 들여다봐도 된다. 현재의 불안정한 이미지를 좋았던 때의 이미지로 대체하는 것이다.

이렇게 5~10분 정도 하다 보면 이미지가 감정과 생각에 영향을 주면서 스트레스 조절력과 자존감을 높여준다. 만약 자신의 자신감 있는 이미지가 잘 떠오르지 않는다면 롤 모델이 될 만한 사람을 투영시키거나 자신이 가장 좋았던 한때를 떠올려도 된다. 또는 여러 그림이나 사진, 동영상 장면, 실제 풍경 등 마음을 이완시켜줄 만한 장면을 떠올리고 거기에 5~10분간 집중해도 된다.

그 밖의 여성 정신건강 문제들을 치유하라

●
우울증을 이겨내라

우울하면 자존감이 낮아진다

취업을 위해 노력하고 있는 스물다섯 살 여성이 찾아왔다. 대학 졸업 후 1년 동안 취직을 못하고 있는 상태라 상당히 힘겨워하고 우울한 상태가 지속되고 있었다. 상담도 6개월 이상이나 받았지만 우울함은 좀체 사라지지 않았다. 이제 취업을 위해 노력할 의욕도 잃었고, 식욕 조절도 어려워졌으며, 잠 못 드는 밤이 계속되고 있다고 했다. 심지어는 자살도 생각해보았다고 했다.

상담을 해보니 계속 취업을 못할까 봐 몹시 걱정을 하고 있었고, 가족과 친구들의 눈치를 보며 주눅이 든 상태였으며, 취업한 친구들과 자신을 비교하며 열등감에 빠져 있었다. 자존감이 매우 낮은 상태로 주요우울장애로 진단되었다. 그래서 상담 치료를 하면서 약물 치료도 병행하기로 했다. 물론 처음에는 약에 대한 거부감이 있어서 상담만 받은 것이라며 거부하기도 했다. 하지만 우울증은 심리적 문제만 있는 게 아니라 뇌 자체가 우울증에 취약할 수도 있다는 말과 함께 불면증에 도움이 된다고 설명하니 받아들였다.

2주 후, 이 여성은 우울함이 현저히 줄어줄었다. 의욕도 생기고 자존감도 회복되었다. 덕분에 다시 취업 준비를 시작했고, 열심히 노력해 결국 본인이 원하는 직장에 입사했다.

왜 여자가 더 우울할까

우리나라는 우울증으로 인한 문제가 심각한 편이다. 우울증으로 인한 자살이 상당히 높기 때문이다. 실제로 자살은 우울증이 가장 큰 원인이다. 한국의 자살 통계를 보면 20~30대 여성의 자살률이 상당히 높은 편이다. 여성 자살 '위험 수위'가 OECD 국가 중 1위고, 여성 10만 명당 21명이 자살하고 있다.

우울증은 여성의 경우 유병률이 25퍼센트(평균 15%)나 될 정도로 여성에게 있어서는 상당히 흔한 정신건강 문제다. 적극적으로 치료에 임하면 치유도 가능하다. 하지만 무지와 편견으로 인해 우울증으로 치료받는 사람은 전체 환자의 20퍼센트에 불과하다. 나머지는 본인이 우울증인 것을 인정하지 않을뿐더러 심지어 모르기까지 한다. 주변 사람들도 가볍게 여기고 관심을 갖지 않는다.

　우울증이란 우울한 감정 상태를 말하지만 실제로는 비관적 생각, 슬픔, 죄책감, 의욕 상실, 성욕 상실, 주의 집중력 저하, 자기 비난, 의존성 증가 등 다양한 양상으로 나타난다. 우울함, 불안, 공허감, 절망감, 짜증, 초조감 등이 계속 나타나거나 흥미없음, 의욕 상실, 무기력이 지속되면 우울증으로 의심해볼 수 있다. 과식, 체중 증가, 식욕 저하, 체중 감소, 피로, 두통, 소화 불량 등의 신체 증상이 지속될 때도 우울증을 의심해볼 수 있다. 집중력과 기억력이 저하되고 죽음에 대한 생각이 자꾸 나거나, 잠을 제대로 못자고 일찍 깨거나 내내 잠을 자도 늦도록 일어나지 못할 때도 우울증이 의심된다.

　우울증에 걸리는 여성이 남성보다 약 세 배 많은데 이는 호르몬의 차이 때문이다. 출산 경험, 세로토닌이라는 신경전달 물질의 차이, 학습된 무력감, 정신적·사회적 스트레스도 영향을 준다. 때문에 혹자는 여성의 뇌를 슬픔의 뇌로 표현하기도 한다.

우울증이 생기는 이유

우울증의 원인은 크게 여섯 가지로 볼 수 있다.

　첫째, 유전적 요인으로 가족 중 우울증을 겪은 사람이 있다면 발병 비율이 높다. 가족력에 의한 우울증 발생 비율은 5~15퍼센트로 높게 보고되고 있다.

둘째, 생화학적 요인으로 세로토닌, 도파민과 같은 신경전달 물질이나 부신피질 호르몬, 갑상선 호르몬, 성장 호르몬 등에 이상 소견이 있는 경우다.

셋째, 해부학적 요인으로 변연계, 기저신경절, 시상하부, 뇌하수체 등 우울증과 관계된 뇌의 부위에 이상이 생긴 경우다.

넷째, 심리적 요인으로 실연, 이혼, 사별 등 상실과 자존심이 손상된 경우에 발병한다. 우리나라 여성의 경우 고부간 갈등, 부부간 불화, 육아 스트레스, 직장에서의 승진 탈락 등의 문제가 우울증의 많은 원인이 되고 있다.

다섯째, 환경적 스트레스로 주변 환경으로부터 심리적 압박감을 느낄 때 나타난다.

여섯째, 만성질환으로 당뇨, 고혈압, 종양 등 만성적 신체 질환 때문에 발병한다. 이 경우는 본인뿐 아니라 간병하는 가족들에게서도 우울증이 나타날 수 있다.

우울증의 치료 및 예방

우울증이 의심되면 면담, 신체 및 심리 검사를 하게 되고 이를 토대로 진단을 내린다. 그리고 상담과 함께 각 개인에 맞게 약물 치료, 정신 치료, 광선 치료, 전기경련 요법 등을 사용한다. 누군가에게 솔직히 이야기하고 이해받는 것으로도 충분히 도움이 된다.

우울증은 마음의 감기이다. 누구나 쉽게 걸릴 수 있고 또 쉽게 치료가 가능하다. 평소 "나 오늘은 우울해" 하다가도 몇 시간 혹은 하루 이틀 내로 괜찮아지는 것처럼 말이다. 다만 감기를 가볍게 생각하다 더 큰 병을 얻을 수 있는 것처럼 우울증도 너무 방치하다가는 큰 병이 될 수 있음을 염두에 두자.

또한 감기가 예방 가능한 것처럼 우울증도 예방이 가능하다. 다음과 같이 해보자. 자신의 감정을 솔직히 터놓고 이야기해보자. 자신만의 시간을 갖고 마음의 소리에 귀 기울여보자. 분노는 건전하게 표현하자. 자신의 부족한 점을 인정하자. 취미나 운동 등 적절한 여가생활을 하자. 과거에 과도히 집착하지 말자. 남편이나 아이, 기타 주변 사람들을 억지로 변화시키려고 하지 말자. 매사에 긍정적인 측면을 발견하고 감사하자. 유머감각을 잃지 말자. 웃음을 잃지 말고 늘 즐겁게 살자.

● 월경전증후군을 극복하라

월경전증후군 때문에 고생하는 여성이 참 많다. 생리가 시작되기 약 4~5일 전부터 다양한 신체적·정서적 변화가 나타나는 것을 '월경전증후군'이라고 하는데, 유병률이 약 20~30퍼센트 정도로 상당히 높은 편에 속한다. 신체적 증상으로는 유방통, 동통, 손발 부종, 하복부통, 복부 팽만감, 여드름 같은 피부질환 등이 있다. 정서적 증상으로는 우울함, 집중력 저하, 피로감, 불안함 등이 있다. 어느 한 가지 증상만 나타나기도 하지만, 여러 증상들이 함께 나타날 때도 있다. 그래서 평소와는 다른 감정 상태를 겪는다. 이유 없이 불안하거나 우울해지기도 하며, 사소한 일에도 화가 치밀고, 괜히 짜증이 나고, 신경이 날카로워지며, 마냥 혼란스럽기도 하다. 심한 경우 이 시기에는 사회생활이 어렵다는 여성도 있을 정도다.

이렇게 매달 심하게 고생하는 여성들에게는 월경전증후군 또한 스트레스며 치료가 필요하다. 우선 식습관 개선과 유산소 운동으로 증상을 완화시킬 수 있다. 저지방 식품과 채소 섭취를 늘려 규칙적인 식사를 하고, 걷기와 같은 유산소 운동을 정해진 시간에 꾸준히 하자. 체력이 약하다면 산책부터 시작해도 좋다. 카페인과 소금의 섭취는 최대한 자제하고, 술이나 흡연도 삼가야 한다. 그래도 증상이 지속되고 심하다면 약물 치료를 받아야 한다. 부인과적 질환으로 인해서도 비슷한 증상이 나타날 수 있으니 산부인과 진찰을 받아보는 것도 좋겠다.

●
외모 콤플렉스를 날려버리라

그야말로 미인이 대접받는 시대다. 성형을 한 미스코리아가 아무렇지도 않은 시대가 되어버렸다. TV에서는 연일 예쁜 여배우와 여가수들이 넘쳐나며, 이젠 아무렇지도 않게 성형 사실을 밝힌다. 케이블채널에서는 지원을 받아 성형을 해주는 프로그램이 등장했다. 물론 꼭 외과적 시술이 필요한 사람에 한해서긴 하지만 최종적으로 달라진 외모를 보면 딱히 필요한 시술에만 머물지 않았다는 느낌마저 든다. 길거리를 돌아다니다 보면 눈, 코가 비슷한 미인들도 참 많다. 그런데도 예쁘다고 칭송을 받는다.

세상이 이렇다 보니 많은 여성이 외모 콤플렉스에 시달린다. 쌍꺼풀 없는 눈 때문에, 튀어나온 광대뼈 때문에, 두꺼운 다리 때문에, 살찐 팔뚝 때문에 자신감을 잃어간다. 매스미디어에서는 아름다운 외모에 대해 끊임없이 찬양하며 더 예뻐지는 방법에 대해 설파한다. 얼핏 성형 시술을 통해 낮아진 자존감을 회복하려는 것이

타당해 보이기도 한다. 물론 단기적으로는 효과가 있고 일반의 범위를 벗어날 정도의 외모일 때는 도움이 되는 것도 사실이다. 문제는 과도하게 외모에 집착하는 현상이다.

과도하게 외모에 집착하는 나머지 적정 체중인데도 신경성 식욕 부진을 겪고, 다이어트제를 먹고, 이뇨제를 먹는다. 심지어는 먹은 걸 토해내기까지 한다. 하루이틀 굶다가 폭식을 하기도 한다. 이미 예쁜 얼굴인데도 성형을 멈추지 않는다. 정상적인 외모를 가진 사람이 외모가 달라지고 추해졌다고 믿는 '신체이형성증후군' 환자도 늘었다. 15~30세의 미혼 여성에게 현저히 나타나는 신체이형성증후군은 질환의 90퍼센트가 우울증을 동반한다. 감정적 갈등이 신체로 나타난 것인데 외모 불만으로 성형을 하고, 성형을 하고도 불만이 생겨 소송을 걸기도 한다.

과도한 다이어트는 영양 불균형의 문제를 초래하고, 과도한 성형은 나이가 들어서 부작용을 초래한다. 지금 당장 예쁘고 아름다울지는 몰라도 시간이 흐르면 더 큰 문제가 생길 수 있는 것이다. 길고 긴 인생, 당장의 몇 년을 위해 뒤에 남은 생을 저당 잡히는 것은 너무한 일이다.

요즘 세상에 외모는 중요하다. 하지만 외모가 전부는 아니다. 사실 '아름다움'은 희소할 때 더 가치가 있는 법이다. 그런데 너도

나도 아름다운 이 세상에서 아름다움이 얼마나 가치를 발할 수 있겠는가. 외모에 대한 자신감보다는 내면의 자존감을 회복하는 것이 필요하다. 자기의 주관을 확실하게 세울 필요가 있다. 개그우먼 박지선은 할머니가 어릴 때부터 제일 예쁘다고 말해주는 바람에 지금도 그런 줄 알며 살고 있다고 한다. 그런 당당함이 아름답지 않은가? 내 외모가 어떻든 간에 나를 소중히 여겨주는 사람들이 있다. 외모에 대한 불만으로 내가 가진 것과 장점마저 부정할 필요는 없다.

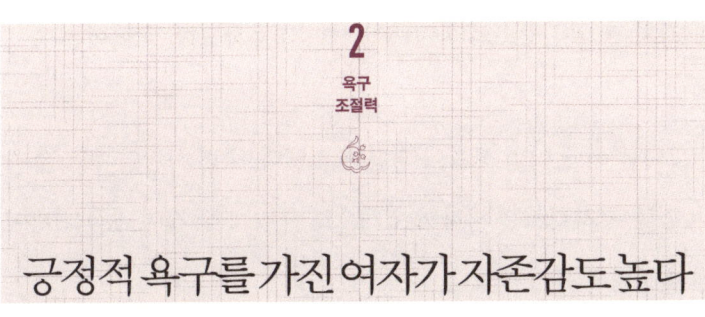

긍정적 욕구를 가진 여자가 자존감도 높다

애착이 필요하지 않은 여자는 없다

유년의 애착관계가 자라서도 영향을 미친다

남자친구가 자주 바뀌는 문제를 겪고 있는 스물여덟 살 직장 여성이 찾아왔다. 안 그래도 사람들과 친해지고 관계를 유지하는 데 어려움을 겪고 있었는데, 남자친구들과의 관계는 더욱 심각했다. 사귀는 남자마다 6개월을 넘기지 못했다. 이별의 원인은 그녀. 어느 정도 관계가 지속되면 그녀가 견디지 못하고 먼저 이별을 통보했다.

그녀는 이제 이런 상황이 괴롭다고 했다. 주변 사람들과도 잘 지내고 싶고, 사랑하는 사람과 오래오래 즐겁게 잘 지내고 싶다며 어떻게 하면 좋을지 물었다.

상담을 통해 이야기를 들어보니, 그녀는 어릴 때 아버지가 빚보증을 잘못 선 바람에 집안이 경제적 어려움에 빠진 경험이 있었다. 어쩔 수 없이 어머니도 일터에 나가게 되면서 어린 그녀는 집안의 보살핌을 제대로 받지 못하게 되었다. 이전까지는 집에서 어머니가 그녀 곁을 맴돌며 돌봐주었다. 하지만 더 이상 그럴 수 없었다. 그녀는 갑자기 버림받은 느낌이 들었다.

그녀는 이런 상황을 두 번 다시 겪고 싶지 않았다. 그래서 남자친구를 사귈 때 상대방이 먼저 헤어지자고 하면 상처받고 견딜 수 없을 것 같아서 관계가 더 진전되기 전에 본인 스스로가 끊어버렸던 것이다. 즉 그녀는 어릴 때의 불안정한 애착관계로 인해 현재 애정관계에 어려움을 겪고 있는 케이스였다.

사람은 애착으로 성장하고 발전한다

'애착'이란 영국의 아동정신 분석학자인 존 볼비John Bowlby가 정의한 용어로 특정 대상과 관계를 맺고 유지하려는 것을 뜻한다. 어머니의 뱃속에 있다가 세상에 나온 아이는 스스로 생존할 수 없기 때문에 누군가에게 의지하려고 한다. 그런 만큼 애착 본능은 아이가 정상적으로 살아남기 위해 보이는 자연스러운 본능이다. 동물행동학자 해리 할로Harry Harlow의 새끼 원숭이 실험을 보면, 철사로 만든 딱딱하고 차가운 어미 원숭이 모형의 젖병보다는 젖병이 없어도 부드러움이 느껴지는 천으로 만든 어미 원숭이 모형을 찾았다고 한다. 이를 미루어본다면 배고픔과 같은 생리적 욕구뿐 아니라 엄마와의 따뜻한 신체적 접촉도 생육과 발육에 중요하다는 것을 알 수 있다.

그런 이유로 아이는 사랑받고 보살핌을 받기 위한 신호를 계속 보내게 되는데, 이를 애착 행동이라고 한다. 엄마와의 눈맞춤, 웃음, 울음, 안아달라는 몸짓, 엄마에게 가까이 기어가는 것 등을 예로 들 수 있다. 아이의 애착 행동에 엄마가 잘 반응해주면 아이는 편안함을 느끼고 잘 성장해나간다. 하지만 그렇지 못할 경우 불안정하고 심리적 문제를 안고 성장하게 된다.

부모와의 관계에서 애착 반응을 충분히 받지 못한 데다가 극복도 되지 않은 채 자란다면, 아이는 불안정한 마음을 갖게 되고 이 때문에 자존감이 낮은 상태로 살아가게 된다. 따라서 성인이 되었을 경우 타인의 마음에 잘 공감해주지 못하고 인간관계를 맺기 힘들어 한다. 특히 여성의 경우는 타인과의 공감을 기반으로 관계를 맺고 유지하는 경우가 많기 때문에 더욱 힘들어하기도 한다.

물론 부모의 애착 반응을 제대로 받지 못하고 자랐더라도 그럴 수밖에 없었던 상황을 이해하고 받아들여서 심리적으로 극복한 획득형 안정형도 존재한다. 따라서 이 경우도 획득형 안정형이 될 수 있도록 유도하면 된다. 그러면 상처도 극복할 수 있고 자존감도 회복된다.

나는 상담을 통해 일단 그녀가 자신이 어릴 때 안정적 애착 욕구를 충족시키지 못해서 자꾸 남자친구와 이별하게 되는 것임을 알고 받아들이게 했다. 문제를 인식하고 받아들이는 것만으로도 마음이 한결 편안해지기 때문이다. 다음으로 친하고 편하게 대할 수 있는 소수의 친구들과 정기적으로 모임을 가지게 했다. 사람들과 깊고 지속적인 관계를 맺게 되면 안정적 애착을 늘이는 데 도움을 받을 수 있기 때문이다(애완동물을 기르거나 취미활동을 같이 할 수 있는 동호회에 가입해서 활동하는 것도 좋은 방법이다).

마지막으로 부모님이 왜 그런 선택을 할 수밖에 없었는지 이해하고 받아들이는 과정을 갖도록 했다. 부모님과 과거에 대해 터놓고 이야기함으로써 부모님의 입장도 들어보도록 했다. 그 과정을 통해 그녀는 부모님의 사정도 이해했다. 경제적 어려움 때문에 어쩔 수 없이 그러한 선택을 내려야 했고, 덕분에 자신이 먹고 입는 것만큼은 피해를 보지 않았다는 사실을 알게 되었다. 다른 의미의 보살핌이었다는 것을 이제 깨닫게 된 것이다. 이후로는 부모님과 정기적으로 대화하는 시간을 갖거나, 여행을 가거나, 영화를 보는 등 함께 할 수 있는 활동을 늘림으로써 어릴 때의 불안정한 애착을 극복해나가도록 했다.

그녀는 불안에서 벗어났고 자존감을 회복했다. 그 후에 사귄 남자친구와는 6개월이 넘도록 관계를 유지하는 데 아무런 문제가 없었으며, 곧 결혼까지 할 예정이다.

화병은 여자의 자존감에 상처를 입힌다

억압된 감정은 화를 낳는다

서른한 살의 워킹맘이 찾아왔다. 그녀는 양육을 매우 힘들어하고 있었다. 두 살배기 남자아이가 있는데 낮에는 친정어머니가 봐주고 있는 터라 저녁에만 아이를 보면 되는데도 상당히 지친 상황이었다. 아이가 걷기 시작하면서 아이의 행동을 조절하는 데에 어려움을 겪게 되었고, 두 살이 되어 아이가 뛰기 시작하자 더욱 통제가 안 되어 화가 나기 시작했다. 그러다 보니 아이에게 화내는 일이 어느덧 일상이 되어버렸다.

상담을 통해 양육의 원칙과 기술을 배우면서 편해지는 듯했지만 여전히 화 조절은 어려운 듯 보였다. 그래서 그녀의 직장생활과 가정생활에 대해 이야기를 나눠보았다. 알고 보니 어릴 때부터 화를 잘 내는 어머니 밑에서 자란 탓에 이러한 행동이 학습된 측면이 보였다. 직장에서는 상사가 간섭을 자주 하는 편인데, 상사다 보니 대꾸도 하지 못하고 스트레스를 받고 있었다. 집에서 남편은 자기도 직장생활이 힘들다며 집안일은 도와줄 생각도 하지 않았다. 그래서 그런 부분에 대해 화도 내어봤지만 남편은 반응이 없었다. 그런 쌓이고 쌓인 감정들을 애꿎은 아이에게만 쏟아 붓고 있었던 것이다.

억압된 자신의 감정을 아이에게 풀고 있는 자신을 발견하고 나서 이 여성은 화 조절하는 법을 적극적으로 배우기 시작했다. 남편에게 자신의 상황과 심정을 솔직히 말하고 최소한 아이를 돌보는 것만큼은 같이 해달라고 도움을 요청했다. 화 조절이 되고 화를 내던 요소도 점차 줄어들기 시작하면서 부부관계도 점차 좋아졌다. 이후로는 아이에게 화를 내지 않고 잘 키우면서 행복한 가정을 이루고 있다.

공격 욕구를 조절하라

화는 다른 말로 '공격욕(공격 욕구)'이라고 한다. 공격욕은 원래 외부의 대상에게 죽지 않고 살아남기 위한 원시적 종족 보존 욕구에서 비롯되었다. 프로이트는 성욕과 공격욕을 인간의 가장 기본 욕구로 보았다. 태어날 때부터 가지고 있는 것으로 인간이 사회화되면서 자기 방어 기제에 의해 억압되거나 다른 방어 형태로 나타나거나 승화된다고 여겼다. 프로이트 이후로도 다양한 학자들이 공격욕을 타고난 욕구라고 보았는데, 이러한 이론들은 인간의 타고난 본성은 악(惡)하다고 여기는 성악설 측면이 있다.

이런 측면에서 보자면 공격욕, 즉 화를 조절하는 것이 정말 중요한 일임을 알 수 있다. 이러한 욕구가 미성숙하게 조절되면 폭언, 폭력이 일어나기 때문이다. 가정 폭력, 학교 폭력, 사회 폭력도 이러한 욕구 조절의 미숙함에서 비롯되는 측면이 있다.

화, 분노, 공격 욕구는 내면에 내재되어 있으므로 잘 조절해야 하는데, 그렇지 않으면 순간적으로 바로 자신의 감정을 표출해 상대방의 기분을 나쁘게 하거나 자존심을 건드릴 수 있다. 문제는 그렇게 화를 내는 본인의 감정도 그리 좋지 않다는 것이다. 화를 내거나 분노를 표하면 기분이 좋아야 하는데 그렇지 않다. 외려 화를 조절하지 못한 것에 대한 후회가 밀려든다. 왜 이런 것도 참지 못해서 이럴까, 나한테 무슨 문제가 있는 것은 아닐까 자책하게 된다.

흔히 화병이라고 하는 울화병의 경우 남자보다는 여자들이 잘 걸리는 것으로 나타나는데, 인내하고 참는 것을 미덕으로 여겨온 한국 특유의 문화적인 배경이 영향을 주는 것으로 알려져 있다. 사회적으로 화를 내거나 분노를 표출하는 것이 용납되지 않았기 때문에 화를 억누를 수밖에 없었고, 그 때문에 신체적인 이상 증상으로 나타나게 된 것이다. 그래서 착한 여자일수록 울화병에 걸리기 쉽다는 이야기도 있다. 이 또한 화를 조절하지 못해 생긴 문제다. 그 내면의 억눌린 화가 누구한테 향하겠는가? 결국 자존감에 영향을 준다.

그렇기에 화를 조절하는 능력이 필요한 것이다. 화 조절 능력을 길러서 화를 잘 다스리게 되면 삶의 다양한 순간에 도움을 받을 수 있기에 마음과 생활이 한결 편안해진다. 화나는 순간에 잘 대처한 자신을 긍정적으로 바라볼 수 있게 된다. 그렇게 되면 자연히 자존감은 향상된다.

●
화를 조절하는 일곱 가지 방법

화는 순식간의 감정이라 조절하는 것이 쉽지는 않다. 하지만 화를 참고 조절하는 법은 분명 있다. 배워두면 화내는 일이 많이 줄고 지금보다 더 행복한 생활을 할 수 있을 것이다. 화를 조절하는 일곱 가지 방법을 소개해보겠다.

첫째, 화를 조절하지 못하게 된 원인부터 파악하고 자신을 이해하라. 문제를 인식하고 힘든 자신을 "그래, 이해해" 하고 다독여줄 필요가 있다.

둘째, 화는 마음의 독화살임을 알라. 마음의 독화살은 나쁜 아니라 상대에게도 상처를 준다. 화를 냈다가 기분 좋았던 적이 있는가? 누군가가 화를 내는 것을 보고 기분 좋았던 적이 있는가? 결국 사람 사이만 나빠지고 내 기분만 더 상한다. 화를 내봤자 심신만 지치고 나빠진다는 것을 깨닫고 누구의 선택도 아닌 본인의 선택으로 화를 내지 않겠다고 결심해보자.

셋째, 화를 내면 내 손해임을 알아. 화는 교감신경계를 활성화시켜 두통, 소화 장애, 불안, 불면, 가슴 답답함 등의 신체 증상을 유발한다. 몸이 아프면 기분이 나쁘고 짜증이 난다. 그러면 또 화가 난다. 악순환이다. 결국 자신만 손해다. 공격적으로 굴기보다는 건설적이고 합리적이고 대안적인 행동을 하기 위해 노력하고 스스로를 격려하자.

넷째, 상대방의 입장에서 생각하라. 상대방이 먼저 화가 나게 했거나 화를 냈더라도 왜 그랬을까를 먼저 생각하고 이해해보자. 어쩌면 그 사람도 필치 못할 사정이 있었을지 모른다. 자기 기분 때문에 화를 내는 거라면 역지사지해보자. 영문도 모르고 화를 받는 사람의 기분이 어떻겠는가?

다섯째, 화나게 하는 상황이나 대상을 이해하라. 극단적인 생각을 하거나 나쁘게 보지 말자. 뭔가 이유가 있고 그럴 만한 사정이 있을 것이다. 이런 인간적인 태도를 가지려고 노력하다 보면 화내는 빈도가 줄게 된다.

여섯째, 화를 반복적으로 내지 않도록 주의하라. 화도 한 번씩 두 번씩 자꾸 내다 보면 화가 화를 부르고 끝내는 습관이 된다. 그러면 더욱 힘들어진다. 따라서 화가 나면 그것을 잊어버릴 수 있는 대안적 행동을 취하는 것이 좋다. 숨을 한번 들이마시고 생각할 시간을 갖는다거나 밖으로 나가 산책을 한다거나 마음을 편하게 하는 음악을 듣는다거나 하는 것이다. 앞서 배운 이완 요법이나 이미지 요법을 사용해도 좋다.

일곱째, 인생의 초점을 행복에 맞추라. 사소한 일에서 행복을 느끼고, 나와 다른 사람을 사랑하는 데서 행복을 느끼라. 화를 잊고 행복을 추구하라. 행복한 삶에 초점이 맞춰지면 화나는 감정은 어느새 수그러들고 행복이 찾아온다. 그러면 자존감도 높아진다.

자기애적 욕구가 건강한 여자는 자신 있다

열등감은 자기애를 손상시킨다

스물아홉 살의 모델 일을 하는 여성이 찾아왔다. 모델로서 커리어도 인정받고, 주변의 관심도 받는 등 남부럽지 않은 이력을 가지고 있었다. 다만 모델이란 직업 특성상 나이가 들면서 자신감이 떨어지고 실제 일도 줄면서 미래에 대한 걱정이 생겼다. 연기도 배우고 있고, 아르바이트도 해보고, 결혼하려고 선도 보고 소개팅도 해보았지만, 예전과 같은 자신감은 더 이상 솟아나지 않았고 하는 일마다 결과가 좋지 않았다. 그녀는 잔뜩 주눅이 든 상태였다.

상담을 통해 이야기를 들어보니, 그녀는 친언니에게 열등감을 느끼고 있었다. 그 열등감 때문에 자기애적 욕구가 충족되지 않아 우울해하고 있는 상황이었다. 언니는 외모는 자기보다 못하지만 공부도 잘하고 성격도 차분해서 어릴 때부터 부모님의 사랑을 듬뿍 받았다고 했다. 그녀는 자신이 언니보다 나은 점이라곤 외모밖에 없으므로 그 장점을 잘 살릴 수 있는 모델 일을 선택했다. 다행히 일이 적성에도 맞고 평가도 좋았으며 주변의 관심이 끊이지 않았다. 자존감은 회복되었고, 20대 초반에는 자기가 제일 예쁘다고까지 생각하게 되었다.

그런 자신감으로 20대 중반을 넘겼는데, 문제는 모델 일의 특성상 20대 후반으로 갈수록 일거리가 떨어진다는 점이었다. 실제로 그녀에게 들어오는 일이 줄어들고 덕분에 사람들의 관심사도 점점 멀어졌다. 그녀는 자신의 존재감을 잃은 것 같아 자신감을 상실했다. 더욱이 언니는 이미 결혼해 행복한 가정을 꾸리고 있었다. 이런 언니와 비교를 하다 보니 점점 자기가 초라해졌다. 자기애적 손상이 심해지고 자존감이 다시 낮아진 것이다.

건강한 자기애적 욕구는 자존감을 높인다

흔히 자기애라고 하면 나쁜 뜻으로 여겨지는 경향이 있다. 자기애가 있는 사람을 이기적이고 문제 있는 사람으로 취급하기도 한다. 하지만 자기애는 인간의 타고난 본능으로 건강한 측면도 존재한다. 건강한 자기애를 가지면 건강한 자존감으로 건강하게 세상을 살아갈 수가 있다.

하인즈 코헛Heinz Kohut의 자기심리학 이론을 살펴보자. 그의 이론에 따르면, 자기애적 욕구를 잘 해결하지 못한 사람은 우울이나 불안, 피상적 대인관계 등으로 어려움을 겪고 자존감이 낮아진다. 특히 코헛은 반응과 공감에 주목했다. 어릴 때에는 약한 자기애를 가지게 되는데, 이런 약한 자기애가 건강한 자기애로 발전되려면 양육 과정에서 부모가 보여주는 반응과 공감이 중요하다는 것이다. 아이가 자기를 드러내고, 자기를 인정해주고, 자기에게 관심을 가져주기 바랄 때 부모가 이에 반응하여야 한다는 것이다. 아이가 무엇이든 다 할 수 있다고 믿고 싶어 하고, 스스로를 전지전능한 사람으로 생각하고 이상화하려는 욕구에 공감해주어야 건강한 자기애가 형성되어 자존감이 높은 사람이 된다는 것이다. 그러면서 이러한 자기애적 욕구는 어린 시절에 그치는 것이 아니라 일생 동안 계속된다고 보았다. 이를 이중축 이론 double axis theory 이라고 한다.

즉 자기애는 정상 발달의 한 과정이다. 따라서 누구나 자기애적 욕구를 건강하게 추구한다면 자존감이 높아지고 행복한 삶을 살 수 있다. 결국 건강한 자기애란 자신을 존중하면서 타인을 존중하고, 건강한 꿈을 가지고 자신을 단련하며, 가치 있는 삶을 추구하면서 행복을 추구하는 것이다.

상담을 통해 앞 사례의 여성은 자신의 상태가 어린 시절의 자기애적 욕구가 충족되지 않은 데서 비롯되었음을 인식하고 받아들였다. 더불어 언니에 대한 질투 때문에 필요 이상으로 자기애적 욕구를 추구하려고 했던 사실도 깨닫게 되었다. 그녀는 그런 마음을 극복하고자 했다.

먼저 사랑받지 못했던 과거의 장면으로 들어가서 자신을 위로하고 사랑해주도록 했다. 이런 과정을 반복함으로써 심리적 상처를 아물게 해 스스로를 더욱 사랑하도록 한 것이다.

다음으로 자신의 장점을 발견하도록 했다. 자신의 좋은 점과 칭찬받을 점을 적어보도록 한 것이다. 스스로 생각하는 장점을 비롯해 다른 사람에게 칭찬받은 경험도 적게 했다. 그런 식으로 자신에 대한 자신감을 되찾도록 한 것이다. 써내려가는 것이 많으면 많을수록 표정이 밝아졌다.

마지막으로 칭찬 일지를 만들게 했다. 일과를 끝낸 이후에 그날 자신이 잘한 일, 혹은 칭찬받은 일을 기록하고 스스로 칭찬하도록 한 것이다. 작은 일이라도 마무리할 때마다 스스로 칭찬을 해주면 자기애를 회복하는 데 도움이 된다. 칭찬 일지의 기록이 점점 늘어나면 자신을 위한 선물도 하도록 했다.

칭찬 일지

년 월 일

오늘의 잘한 일 또는 칭찬 들은 일	잘한 일에 대해서 칭찬하기
오늘은 공부에 집중해 오늘 끝내려던 분량을 마쳤다.	A(본인의 이름)야! 오늘은 한눈 팔지 않고 공부 열심히 했네. 잘했다. 내일도 파이팅!

이제 그녀는 언니와 자신을 비교하지 않고 자신의 삶에 만족하며 살고 있다. 후배 모델들을 지도하는 강사로도 일하고 있고, 미용 자격증을 취득할 준비도 하고 있다. 창업도 고려 중이다.

웰빙을 추구하는 여자는 긍정적이다

●

웰빙이 행복과 자존감을 향상시킨다
우리말로 '참살이'라고 일컫는 웰빙은 육체적·정신적 건강의 조화를 통해 행복하고 아름다운 삶을 추구하는 삶의 유형이나 문화를 통틀어 일컫는 개념이다. 삶의 질을 강조하는 생활양식으로 '저녁이 있는 삶' 같은 구호가 대표적일 것이다. 아파트 광고에서도 '주부의 품격을 높이는', '삶의 품격이 있는'과 같은 문구를 자주 볼 수 있는데, 그만큼 삶의 질 향상에 대한 욕구가 우리 사회에 널리 퍼져 있다는 뜻일 것이다. 실제로 삶의 질이 높을수록 행복지수가 높은 것으로 나타났다. 즉 웰빙 또한 행복의 한 요소로 중요해진 것이다.

긍정심리학에서도 그런 면에서 웰빙에 주목하고 있다. 웰빙이 사람의 긍정적인 면을 강화시키고 행복과 자존감 향상에 영향을 준다고 보기 때문이다. 실제로 웰빙을 추구하는 사람일수록 긍정적인 마인드가 있었고, 자존감이 높았다. 수치적으로 드러나는 생활수준을 비교하며 상대적 박탈감을 느끼기보다는 개인이 원하는 삶의 형태를 중요하게 여기고 그에 만족하기 때문이다. 그런 만큼 웰빙 욕구를 충족시키는 것은 자존감 향상과 밀접한 관련이 있다.

그렇다면 웰빙 욕구를 충족시키기 위한 다섯 가지 요소를 알아보자.

●

긍정적 정서

행복감, 쾌활함, 안락감, 고취감, 환희, 안도감 같은 유쾌성 감정과 친밀감, 사랑스러움, 존경심 같은 타인에 대한 애착 감정 그리고 열광, 즐거움, 재미, 경외감 등 대상이나 활동에 대한 흥미 감정들을 긍정적 정서라고 한다. 이러한 긍정적 정서는 부정적 정서를 줄여주고 긍정적 사고를 높여주며, 창의력을 키워주고, 인관관계의 질을 향상시키며, 일의 만족도와 자존감을 높여준다. 따라서 긍정적 정서를 많이 경험하고 높이는 것이 필요하다.

그렇다면 어떻게 해야 긍정적 정서를 높일 수 있을까? 매일 긍정적 정서를 느꼈던 일을 세 개 이상 떠올리면서 일기를 쓰는 것이다. 그 감정과 기억을 잊어버리지 않기 위해 긍정적 정서가 일어난 때에 바로 써도 좋다.

일기가 부담스럽다면 메모로 짧게 기록해도 되고, 자기 전에 떠올려보는 것도 좋다.

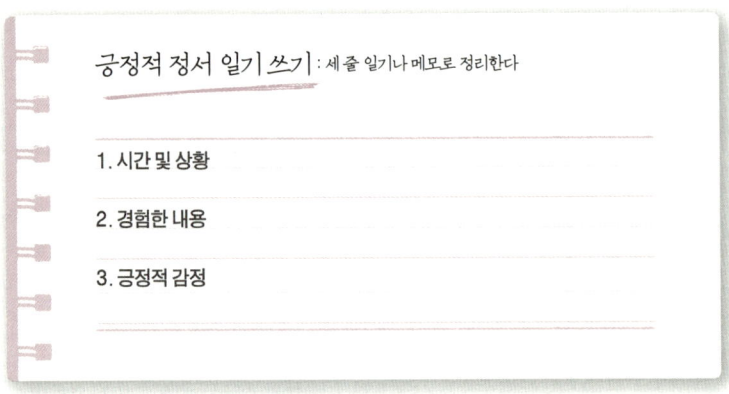

긍정적 관계

긍정적 관계는 그 자체로 인간에게 만족감을 주며 자존감과 정신 건강에 큰 영향을 준다. 인간관계에 있어서 우울함, 외로움, 자기

파괴 등은 중요한 심리 문제가 된다. 인간에게 관계 욕구가 중요한 까닭은 인간은 태어날 때부터 누군가의 도움을 받아야 하고, 자라면서도 타인 및 사회와 떨어져 지낼 수 없기 때문이다. 특히 부모와의 관계가 중요한데, 부모와 부정적 관계를 맺으면 사회생활에 적응하기가 어렵고 인간관계에서도 문제를 겪을 수 있기 때문이다.

따라서 타인과 긍정적인 관계를 맺는 것은 매우 중요하다. 무엇보다 타인과 공감하는 능력이 발달한 여성의 경우는 어떤 사람과 어떤 관계를 맺느냐에 따라 긍정적 기운도 부정적 기운도 크게 받는다. 그런 만큼 긍정적 관계를 맺고 유지하는 데 신경 써야 한다.

긍정적 관계를 맺기 위해서는 첫째, 자신에 대해 사회적·정서적·경제적으로 다양한 지지자 역할을 해주는 사람과 만나야 한다. 둘째, 자기를 진정으로 인정해주고 격려해주어 자기 평가와 자존감을 높여주는 사람과 만나야 한다. 셋째, 생각·감정·가치관 등에 공감대를 형성해 상호 영향력을 주고받는 사람과 만나야 한다. 이를 위해서는 동호회에 가입할 수도 있고, 나를 인정해주는 사람에게 감사 편지나 선물 등으로 마음을 전하는 것도 좋다. 소속 욕구가 충족되고, 심리적으로 힘들 때 위로를 받을 수도 있다.

이러한 긍정적 관계가 쌓일수록 긍정적 경험이 늘어나고, 자존감이 높아지며, 도덕적 행동도 촉진된다.

긍정적 관계 증진을 위한 실천 방법

1. **과거의 긍정적 관계 돌아보기** 과거에 긍정적 정서를 준 관계를 떠올려보고 현재 긍정적 관계를 맺을 필요성이 있음을 인식한다.
2. **긍정적 관계 만들기** 만날 사람을 선정한다(한 명부터 시작해 서서히 늘려간다). ➜ 어떻게 만날 것인지 실천 계획을 세우고 만날 약속을 잡는다. ➜ 계획을 단계적으로 실천한다(첫 만남 때 그 사람을 위해서 무엇을 준비할 것인지, 이후 지속적인 만남을 위해 무엇을 해야 할 것인지 계획을 세우고 실천한다).
3. **감사한 경험과 감사받은 경험 돌아보기** 과거에 고마움을 느꼈던 경험이나 고맙다고 인사받은 경험을 떠올려 감사의 필요성과 중요성을 인지한다.
4. **감사 실천하기** 감사 편지 보내기, 감사 전화 하기, 감사 메시지 보내기, 감사 선물 하기 등을 실천해본다.
5. **친절한 행동에 대한 경험 떠올리기** 내가 타인에게 친절하게 굴었던 경우와 다른 사람에게 친절한 행동을 받았던 경험을 돌아보고 친절의 중요성을 다시 되새긴다.
6. **친절한 행동하기** 하루 친절 행동 세 번 이상 하기를 실천한다. ➜ 아는 사람을 대상으로 친절을 베풀어본다. ➜ 모르는 사람에게 친절을 베풀어본다.

●

성취

성취도 웰빙의 중요한 요소가 된다. 시니어Senior는 성취, 승리, 성공은 그 자체로 좋기 때문에 그것을 추구한다고 주장했다. 자신이 좋아하는 일이나 흥미가 있는 일에서 성취감을 느끼는 경우가 많은데, 이렇게 '무엇을 이루어냈다'라는 성취감은 자존감에 중요한 요소다. "내가 해냈어!"라는 감정은 자존감을 높이는 요인이기 때문이다. 빌 게이츠, 워런 버핏, 록펠러 등도 처음에는 성취하는 삶으로 웰빙을 추구했다. 이후에는 나눔의 의미를 깨닫고 기부라는 행위를 통해 웰빙을 추구했지만 말이다.

이러한 성취를 증진시키기 위해서는 우선 작은 성취를 중요하게 여겨야 한다. 가능성이 있는 작은 성취를 많이 늘여가는 것이다. 오늘 저녁엔 어떤 반찬을 꼭 해먹고, 오늘 낮엔 찍어둔 영화를 꼭 보고, 오늘은 인기 있는 TV 프로그램을 꼭 시청하고, 오늘은 사둔 책을 30쪽은 읽겠다고 결심하고 실행에 옮겨보는 것이다. 이렇게 일상의 작은 성취가 늘어날수록 성취감이 증진된다. 그러면 자기 자신에 대한 평가도 후해지고 자존감이 솟는다. 자칫 무리한 목표를 세우다 보면 실행이 어렵고, 그러다 보면 성취감은커녕 나는 의지박약이었나 싶은 자괴감에 빠지기 쉽다. 그러면 자존감도 상처를 입는다.

낙관주의도 성취감을 느끼는 데 도움이 된다. 해낼 수 있다는 낙관적 사고는 목표에 도달하게끔 노력하게 한다. 더불어 목표에 대한 동기부여를 해주고 능동적 태도를 갖게 하여 긍정적인 마음으로 활력 있게 목표를 향해 나아가도록 도와준다.

성취감 증진을 위해서는 단계적 실천 목표를 세워보는 것이 좋다. 오늘의 목표 리스트, 일주일의 목표 리스트, 이번 달의 목표 리스트, 올해의 목표 리스트를 작성하고 하나씩 실천해보자.

성취감 증진을 위한 실천 계획 : 단계적 목표를 세워 실행한다

1. 오늘의 목표 리스트를 작성해서 체크한다.
2. 이 주의 목표 리스트를 작성해서 체크한다.
3. 이 달의 목표 리스트를 작성해서 체크한다.
4. 올해의 목표 리스트를 작성해서 체크한다.

몰입

몰입은 미하이 칙센트미하이Mihaly Csikszentmihalyi의 표현을 빌면 '무언가에 흠뻑 빠져 있는 심리적 상태'를 뜻한다. 이런 몰입의 특징은 크게 다섯 가지로 나타난다. 첫째, 현재 하고 있는 것에 대한 강렬한 주의 집중 상태. 둘째, 관찰자와 행위자 간의 경계 없이 그 활동에 융합되어 무아지경인 상태. 셋째, 자신과 환경에 대한 구분이 사라지고 시간의 흐름도 잊어버린 상태. 넷째, 현재 활동에 대해 강력한 통제감을 느끼는 상태. 다섯째, 그 자체로 즐거운 자기 충족적 속성.

아주 재미있는 TV 드라마를 정신없이 보고 엔딩 자막이 나왔을 때에야 "어머! 벌써 끝날 시간이 됐어?" 하고 놀랐던 적이 있을 것이다. 바로 TV 드라마에 몰입했기 때문에 생기는 현상이다. 음악을 듣거나 독서를 하거나 아이와 과자를 만들거나 남편과 함께 영화를 보러가는 등 몰입은 좋아하는 활동을 할 때 주로 나타난다. 따라서 몰입할 수 있는 활동이 많다는 것은, 몰입하는 순간이 많아 즐거운 한때를 보낼 수 있다는 것은 웰빙의 중요한 요소가 된다. 이러한 몰입이 궁극적으로 직업이나 자기실현과 연결되면 삶은 더욱 풍요로워질 수 있을 것이다.

자신의 삶 속에서 몰입이 일어난 경험을 떠올려보고 기록해보자. 지금 할 수 있는 활동 중에서 쉽게 할 수 있으면서도 분명한 목표가 있고 즉각적인 피드백이 주어지는 취미활동이나 직업적 활동을 골라 실천해보자. 이러한 몰입은 그 자체로 즐겁고 보람이 있고, 그 자체로 보상을 주기 때문에 행복을 느끼게 하고 자존감을 높여준다.

몰입을 위한 활동일지 작성하기

1. **과거의 몰입 경험 돌아보기** 몰입함으로써 긍정적 정서를 느꼈던 과거의 경험을 되새겨 적어보고 몰입에 대한 필요성을 인식한다.
2. **활동 목록 적기** 기존에 몰입했던 활동이나 새로이 몰입할 만한 다양한 활동을 적어본다.
3. **실천 계획 세우기** 목록에 적힌 활동들의 실행 순서를 정하고 실천 계획을 세운다.
4. **몰입도 매겨보기** 최고 몰입도를 100%, 몰입이 전혀 안 되었을 때를 0%로 하여 목록에 적힌 활동을 실행했을 때의 몰입도를 매겨본다.

   ex) 1. 아이와 함께 놀이공원 가기 : 50%
   　　2. 친구들과 함께 극장에서 영화 보기 : 70%
   　　3. TV 드라마의 원작 소설 읽기 : 30%

●

의미

의미란 삶 자체의 소중함을 깨닫는 것으로, 목적의식과 방향성을 가지고 살아가면서 삶의 행동과 인간의 마음에 부여된 뜻이 연결된 것을 말한다. 흔히 우리가 의미 있는 관계, 의미 있는 직업, 의미 있는 행동이라고 일컫는 것들을 떠올려보자. 학교 교육의 경우, 배움을 통해 인간으로서 성장해간다는 의미가 있다. 친구의 경우, 그 친구와의 교류를 통해 마음의 위안을 얻고 삶을 더 풍요롭게 하는 만남을 가진다는 의미가 있다.

　인간은 의미를 추구하려는 욕구가 있는데, 인생의 방향성과 목적의식을 가지고 과거와 현재, 미래를 연결해 구상하고 이를 통해 일관된 삶을 살길 바라기 때문이다. 또한 소중한 자신의 삶을 가치 있게 조절할 수 있기를 원하기 때문이다. 현재 '내 삶에 의미가 없다'고 느낀다면 지금 내가 어떻게 살든 의지가 없을 것이다. 아무려면 어떠냐는 심정으로 날마다 술독에 빠져 지낼 수도 있고, 어떠한 즐거운 행동을 할 마음도 들지 않은 채 집 안에 처박혀 지낼 수도 있다.

　따라서 내 삶의 의미를 추구하는 것은 매우 중요하다. 의미가 있어야 일상생활이 더 뜻 깊고, 시간 활용에 더 애를 쓰며, 시련이 닥쳤을 때 이 위기를 이겨내고 더 나은 생활로 가고 싶은 욕구가 생기기 때문이다.

　이렇게 의미 있는 생활을 추구하면 '의미 있는 나'에 대한 자각이 생기고, 그로 인해 자존감 또한 높아진다. 의미 있는 삶을 살기 위해서는 의미 있는 일이나 직업을 찾고, 의미 있는 관계를 만들고 유지하며, 가치 있다고 판단되는 봉사활동 등을 해보는 것이 좋다.

의미 있는 삶을 위한 실천 계획

1. 의미 있는 일이나 직업을 찾아서 목록으로 정리하기
2. 의미 있는 관계를 정하고 어떻게 하면 의미 있는 관계를 만들어갈 수 있을 것인지에 대해 생각해보고 실천하기
3. 가치 있고 도움이 될 만한 봉사활동을 찾아보고 참여하기

3
성공
사고

자기 확신이 있는 여자가 자존감도 높다

생각의 형태에 따라 자존감이 달라진다

●

실패 사고는 불안을 가져온다

재수를 하고 있는 스무 살 여학생이 찾아왔다. 이번에도 대학 입시에 떨어지는 것은 아닌지 불안해서 공부에 집중하기 어렵다고 했다. 모의고사를 보거나 결과를 확인할라치면 가슴이 심하게 두근거린다고도 했다. 이야기를 나눠보니 특별히 공부를 못하는 것도 아니요, 공부 방법에 문제가 있는 것도 아니었다. 대신 재수생활에 대한 스트레스와 열등감, 미래에 대한 불안과 걱정이 커서 자존감이 꽤 낮아진 상태였다. 그녀는 자신이 못나서 재수를 하고 있다며 스스로를 책망했다. 못났으니 대학에 못 가는 것도 당연하다며 자기 비하를 하기도 했다. 자기는 무능해서 이번 시험도 망칠 것이라는 생각이 팽배해 있었다.

결국 그녀의 그런 열등감과 자기 비하적인 생각이 문제였다. 그런 실패 사고가 만연해 있는 한 그녀의 생활은 달라질 것이 없었다. 그래서 정기적 상담을 통해 실패 사고를 성공 사고로 바꾸는 인지적 접근을 시도했다.

1단계로 부정적 감정과 낮은 자존감을 파악하게 했고, 2단계로 거듭되는 자신의 실패 사고가 문제라는 것을 인식하게 했다. 3단계로 실패 사고를 성공 사고로 바꾸도록 노력하게 했다. 자신의 부정적 감정과 실패 사고를 적게 하고, 그것을 긍정적 생각과 성공 사고를 나타내는 말로 바꾸도록 했다.

"못나서 재수를 하고 있는 것이 아니라 그냥 하루 시험을 망쳤기 때문에 재수를 하고 있는 것이며, 지금 열심히 하고 있으니 좋은 결과가 있을 것이다."

마침내 그녀는 자신을 지배하고 있던 실패 사고에서 벗어났다.

이후부터는 미래나 시험에 대한 불안도 현저히 줄어들어 편안한 마음으로 공부에 더 집중할 수 있게 되었다. 그리고 재수에 성공해 지금은 원하는 대학에 들어가서 즐겁게 생활하고 있다.

●
불안은 불안을 낳는다

직장생활을 하고 있는, 30대 초반의 우울증이 꽤 심한 여성 A. 그녀의 우울증에는 이유가 있었다. 목욕을 하다가 유방에 무엇인가 잡혀 걱정이 된 나머지 산부인과 진료를 받게 되었는데, 혹이 발견되어서 조직검사를 했기 때문이다. 조직검사의 결과가 나오기 전까지 A는 걱정으로 잠을 이룰 수 없었다.

"암이면 어떡하지? 난 참 재수도 없지."

실제로 조직검사 결과 암 진단이 내려졌다. 그래도 아직 초기인 데다 예후가 나쁘지는 않았다. 다만 수술이 필요하다고 해서 수술을 받았고, 잘 끝났다. 하지만 그녀는 우울했다. 걸핏하면 화가 났다. 자괴감에 빠졌다.

"남에게 해코지도 한 적 없고 일도 열심히 하며 살아왔는데, 왜 하필 나야? 너무 억울해! 내 인생이 뭐 그렇지. 나는 타고난 실패자인가 봐."

자존감이 낮아진 그녀는 결국 직장도 그만두고 앞날에 대한 걱정으로 매일매일 우울해하면서 힘든 생활을 하고 있다.

비슷한 나이 대의 비슷한 케이스로 유방암 수술을 받은 여성 B. B는 A와는 다른 반응을 보였는데, 검사 결과를 두려워하지도 않고 수술을 두려워하지도 않았다. 오히려 "그래, 내가 일을 하도 열심히 해서 좀 쉬라고 하늘이 준 선물인가 봐. 조기에 발견되었으니 얼마나 다행이야? 앞으로는 몸 관리에 더 신경 쓰고, 스트레스도 덜 받으면서 즐겁게 살아야지"라고 생각하며 전화위복의 기회로 삼았다.

자신을 성찰하고 미래를 차근차근 준비하면서 균형 있는 식사를 하며 운동도 하고 더 잘되리라는 희망을 가졌다. 지금은 암이 생기기 전보다 자존감이 더 올라간 상태로 건강도 더 좋아지고 일적인 성취도 더 얻는 등 성공적인 삶을 살고 있다.

●

어떻게 생각하느냐에 따라 삶이 달라진다

인생에 있어 어떤 일의 성공과 실패는 다양한 요인에 영향을 받는다. 앞의 재수생활을 하게 된 여학생의 경우 대학 입시에 실패한 이유는 여러 가지가 있을 것이다. 성적에 맞지 않는 과를 선택했을 수도 있고, 건강상 문제로 공부를 못했을 수도 있고, 공부 자체에 흥미가 없었을 수도 있고, 친구와의 문제나 혹시 부모가 이혼을 해 그 스트레스로 공부에 집중하지 못했을 수도 있다. 이러한 문제는 본인의 탓일 수도 있고 아닐 수도 있다. 확실한 것은 누구나 인생을 살면서 크고 작든 실패를 경험한다는 사실이다. 그 실패를 어떻게 극복하느냐에 따라 이후의 인생이 달라진다.

인생이라는 마라톤에서는 한 번의 결과가 좋지 않았다고 해서 인생 전체가 뒤틀리지는 않는다. 좋지 않은 결과가 있어도 좌절하지 말아야 한다. 또 실패할 것이라는 실패 사고에 빠져서는 안 된다. 나는 충분히 능력이 있으며 하면 된다고 믿으라. 어떤 사고를 하느냐에 따라 실제로 성공과 실패가 갈린다. 또한 자존감에도 영향을 미친다.

부정적이고 비합리적 사고는 부정적 감정을 낳아 자존감을 떨어뜨리고, 긍정적이고 합리적인 사고는 긍정적 감정을 낳아 자존감을 높이며 성공 인생을 살도록 만든다. 부정적 감정과 낮은 자존감은 비합리적 사고와 실패 사고에서 비롯되고, 긍정적 감정과 높은 자존감은 합리적 사고와 성공 사고에서 비롯된다는 것을 알아야 한다.

성공 사고를 하게 되면 자존감도 높아지고 성공을 위한 행동을 하게 된다. 성공을 위한 행동은 다시 자존감을 높이게 되고, 이렇게 자존감이 높아지면 성공을 위한 행동도 더욱 강화되는 선순환이 일어나게 된다. 그리고 궁극적으로는 성공에 이르게 된다. 이와 같이 성공 사고는 우리 인생에 있어 매우 중요하다.

여자가 실패 사고에 빠지는 이유

●
흑 아니면 백, 이분법적 사고
그렇다면 왜 우리는 실패 사고를 하게 되는 것일까? 인지심리학에서 자주 다루는 왜곡된 사고를 들어 설명해보겠다.

먼저 이분법적 사고다. 이분법적 사고는 선택지가 딱 둘인 사고를 말한다. 우리가 자주 쓰는 '흑백논리'가 바로 그렇다. 이분법적 사고는 어떤 상황을 극단적으로 이분화해서 '예' 또는 '아니오'로만 본다. 그렇기에 문제가 생기는 것이다.

예를 들어보자. 평점 4.0 이상이면 장학금을 받는 상황에서 평점 3.8을 받았다면 장학금을 못 받았으니 실패한 것일까? 직장인 평균 연봉이 3400만 원인데 나의 연봉은 3000만 원이라면 나는 실패자인 것일까? 친구 남편은 전문직인데 나의 남편은 회사원이니 나의 결혼은 실패한 것일까? 아이가 성적표를 받아왔는데 1등을 하지 못했으니 벌써부터 실패자인 것일까?

절대 그렇지 않다는 사실을 잘 알 것이다. 이런 비합리적인 이분법적 사고를 해결하기 위해서는 스펙트럼 사고가 필요하다. 다양한 선택지를 인정하는 것이다. 학점이 3.8이면 충분히 상위권이다. 좀 더 노력한다면 다음에는 장학금을 받을 수 있다. 4.0이 넘으면 4.5점에도 도전해볼 수 있다. 내 연봉은 직장인 평균 연봉에 못 미치지만 현재 내 생활 능력에 비추어보면 충분한 금액일 수도 있다. 그리고 좀 더 노력한다면 직장인 평균 연봉에 도달할 수 있다. 나의 남편이 나를 충분히 사랑해주고, 아이들을 위해 좋은 아빠가 되려고 노력해서 집안이 화목하다면 직업은 그다지 중요하지 않을 것이다. 1등이 있으면 꼴지도 있는 법이고, 아이는 1등이 되는 것보다 1등이 되어가는 과정에서 더 많은 것을 습득하고 성장할 수 있을 것이다. 그러니 모 아니면 도라는 식의 사고에 빠져서 자신을 비하할 필요는 없다.

모든 게 다 그래, 과도한 일반화

일반화란 개별성이나 특수성을 인정하지 않고 한 가지 단순한 경험으로 "모든 것이 다 그래"라고 결론내리는 것이다. 우리 주변을 보면 실제로도 "저번에도 그랬는데 뭘"이라고 하면서 주저하고 지레 포기하는 경우가 많다. 한두 번 면접에 떨어졌다고 해서 다음 번 면접에도 떨어질 것이라는 생각, 소개팅에서 분위기만 좋고 애프터 신청이 오지 않은 경우가 한두 번 있었다고 해서 이번에도 분위기만 좋고 말 것이라는 생각, 내가 먼저 고백한 한두 명의 남자가 모두 다른 여자한테 가버렸으니 고백 자체를 아예 하지 말아야겠다는 생각.

우리 속담에 '자라 보고 놀란 가슴 솥뚜껑 보고 놀란다'고 때로는 단 한 번의 경험이 꽤 큰 인상을 남기는 경우도 있다. 하지만 그 때문에 잘못된 판단을 내리는 경우도 많을 것이다. 너무 부정적인 감정에 사로잡혀 보지 못하는 것뿐이다. 생각해보면 한두 번의 잘된 경험도 분명 있을 것이다. 그만큼 우리가 부정적 사고에 익숙하다는 뜻이 아닐까? 물론 한두 번 잘되었다고 계속 그럴 것이라는 생각에 빠져버려서 큰 위험에 빠지는 경우도 존재한다. 사기도박의 경우가 그렇다.

과도한 일반화에서 벗어나기 위해서는 하나하나의 사건을 구체화하는 것이 필요하다. 흔한 말로 케이스 바이 케이스로 접근하는 것이다. 각 상황의 개별성과 특수성을 파악하고 이해한 후 차후에 개선할 점들을 점검하는 것이다. 그때도 안 됐으니 이번에도 그럴 것이라는 지레짐작에 빠질 필요는 없다.

●
기분이 나빠, 감정적 추론

인터넷에서 떠도는 우스갯소리 중에 다음과 같은 것이 있다.

여자가 차를 운전하고 가는데 차가 고장이 났다. 그래서 남자친구에게 전화를 걸어 "지금 미팅이 있어서 가는 길인데 차가 고장 났어. 시간이 얼마 안 남았는데 난감하네"라고 말했다. 남자친구는 친절하게 이것을 해봐라, 저것을 해봐라 조언을 해주었다. 그런데 여자는 "지금 차가 중요해? 나 약속 시간 늦는다니까!"라고 짜증을 냈다.

감정적 추론이란 사실에 대한 이성적이고 합리적인 검토 없이 감정적으로 느껴지는 것으로 판단하고 결론을 내리는 것을 뜻한다. 업무상 잘못하거나 실수한 것이 있을 때 지적을 당하면 "이 사람이 나를 싫어하나 봐", "부장님이 오늘 아침에 부부싸움을 하고 왔나 봐" 하면서 본인의 잘못을 반성하기보다는 다른 원인으로 돌리는 경우가 이에 속한다. 물론 그런 지적이 본인에 대한 비난이라고 생각해서 발끈하는 경우도 있다. 그런데 과연 그럴까?

이렇게 문제를 감정적으로 생각하고 해결하려고 들면 상황 판단이 왜곡되어 그릇된 판단을 내릴 수 있다. 그런 그릇된 판단이 쌓이다 보면 좋지 않은 결과를 낳는다. 그렇기 때문에 본인도 모르게 실패 사고에 빠지게 되는 것이다.

따라서 비합리적 사고인 감정적 추론은 버리고 이성적 추론을 해야 한다. 감정이 아닌 이성에 근거해서 합리적으로 판단하고 결론을 내리는 것이다. 차가 고장 났으면 차가 고장 난 원인을 파악하는 것이 우선이다. 남자친구에게 물어보거나 수리 정비공을 불러야 한다. 약속 시간에 늦는 것이 걱정된다면 남자친구에게 지금 차가 고장이 나서 택시를 타고 갈 테니 와서 차를 봐달라고 하거나 수리 센터에 연락해 차를 견인해가라고 해야 한다. 나보다 차가 더 중요하냐며 "내가 남자 보는 눈이 없지"라고 한탄할 필요가 전혀 없는 것이다.

●

내가 문제야, 자기 비난

자신이 책임질 일이 아닌데도 자신을 비난하고 책망하는 사람이 꽤 있는데, 그야말로 실패 사고의 전형적인 모습이다. 문제의 원인을 정확히 파악하고 대응하려고 하기보다는 "내가 문제야" 하고 자괴감에 빠져버리고 말기 때문이다. 결국 이러한 "내가 문제야" 때문에 자존감은 낮아질 수밖에 없다.

이러한 자기 비난은 과거에 반복적으로 비난을 받은 경험에서 비롯되는 경우가 많은데, 그로 인해 어떤 문제든 과도하게 자신의 문제로 인식하고 자기를 비난하는 경향을 보인다. 자기 탓을 해버리면 한순간 편할 수는 있다. 하지만 그것이 반복되다 보면 스스로를 잃어버리고 삶의 의욕을 잃어버릴 수 있다.

이럴 때는 자기 비난 분석하기와 자기 비난 대응하기를 해보자. 먼저 왜 자기 비난을 하게 되는지 그 동기부터 밝히고, 자기 비난에 적극적인 반박 논리로 대응해보자. 문제는 내가 아니다. 모든 일에는 원인과 결과가 있게 마련이다. 그 원인에 집중해서 해결할 생각을 해야지, 본인 탓을 할 필요가 없다. 물론 때로는 정말 내 탓인 경우도 있을 것이다. 그렇더라도 "나 때문이야" 할 필요는 없다. 자신이 뭘 잘못했는지 객관적으로 파악하고 앞으로는 반복되지 않도록 교훈으로 삼고 추스르면 된다.

●
난 바보야, 부정적 자기 명명

부정적 자기 명명이란 자신에게 부정적인 이름이나 별칭을 붙여서 사용하는 것을 말한다. "나는 돼지야!", "나는 바보야!", "나는 실패자야!" 하는 식으로 자신을 나타내는 경우다. 스스로를 이런 식으로 부르다 보면 그 말에 영향을 받아 자기 자신을 부정적으로 보게 돼 자존감이 낮아진다. 그로 인해 더욱 부정적 사고를 가지게 되는 악순환에 빠지게 된다.

'대접하는 대로 대접 받는다'라는 말이 있다. 자신에게도 예외가 아니다. 나조차도 나를 제대로 대접해주지 않는데 어느 누가 좋은 대접을 해주겠는가. 나부터가 나를 함부로 대하면 다른 사람들도 그렇게 해도 되는 줄 안다.

부정적인 자기 명명에서 벗어나야 한다. "나는 여왕이야!", "나는 지혜로운 여자야!", "나는 좋은 엄마야!"라는 식으로 긍정적 자기 명명을 해보자. 자신의 좋은 점을 찾아 긍정적으로 볼 필요가 있다. 그러다 보면 자신이 점점 달리 보이고 자신감이 넘쳐나는 모습을 발견할 수 있을 것이다.

그 밖의 왜곡된 사고들

그 밖에 실패 사고를 불러오는 왜곡된 사고들로 긍정적 측면 깎아내리기, 과장하기, 축소하기, 부정적 예언, 터널 시야, 완벽주의, 피해의식 등이 있다. 긍정적 측면 깎아내리기는 말 그대로 부정적인 측면을 부풀리고 강조해 긍정적 측면을 무시하는 사고다. 과장하기는 어떤 중요하지 않은 사실을 부풀려 생각하는 것이고, 축소하기는 어떤 중요한 사실을 축소시켜 생각하는 것이다. 부정적 예언은 앞으로 일어날 일들이 잘 안 되거나 나쁜 쪽으로 진행될 것이라고 지레짐작으로 말하는 것을 뜻한다. 터널 시야는 상황의 전체를 보지 못하고 부분적으로만 보아 부정적인 측면만 부각시키는 사고다. 완벽주의는 모든 것을 완벽하게 하지 않으면 실패자라는 생각을 갖는 것이다. 피해의식은 실제적으로 피해 입은 것이 없는데 피해를 입었다고 생각하는 것이다. 이러한 비합리적 사고로 인한 실패 사고는 의욕을 꺾고 자존감을 낮게 만든다. 합리적 사고인 성공 사고로 바꾸어야 인생을 성공적이면서도 행복하게 살 수 있다.

실패 사고를 성공 사고로 바꾸는 3단계

●
실패 사고에서 벗어나라

입사 면접에 대한 스트레스로 좌절감을 겪고 있는 명문 여대생 C. 첫 번째 면접. 면접관이 지원동기를 물었다. 그녀는 준비한 답변이 따로 있었지만 당황한 나머지 월급이 많아서 선택했다고 답하고 말았다. 그러자 바로 때론 너무 솔직한 것도 마이너스라는 면접관의 지적이 이어졌다. 그리고 면접에서도 떨어졌다.

　두 번째 면접. 이번에는 전혀 예상하지 못한 질문을 받고 당황해서 대답을 얼버무리고 말았다. 면접관은 왜 이리 자신감이 없냐며 또박또박 말하는 것이 중요하다고 지적했다. 그리고 면접에서 떨어지고 말았다.

　세 번째 면접. 집단 면접이다 보니 분위기에 압도되어 내내 긴장이 되었다. 그래도 답변은 잘한 것 같은데 마지막에 면접관이 표정이 왜 이리 어둡냐며 좀 웃어보라고 했다. 너무 긴장한 나머지 표정이 굳어버렸던 것이다. 그리고 이번에도 면접 결과는 탈락이었다.

　이렇게 면접에서 지적받고 탈락하는 일이 잦아지자 C는 의기소

침해졌다.

"저번에도 지적받고 떨어졌잖아. 이번에도 지적받았으니 떨어질 거야."

오늘은 또 어떤 지적을 받고 떨어질지 두려웠다. 계속되는 탈락에 자존심도 상했다. 그녀는 오늘도 면접 생각에 스트레스를 받으며 우울해하고 있다.

●

3단계를 통해 실패 사고를 성공 사고로 바꾸라

또다시 말하지만 실패 사고는 사람을 우울하게 만들고 자존감에 손상을 주며 미래에 대한 준비도 어렵게 한다. 따라서 실패 사고를 버리고 성공 사고를 해야 한다. 성공 사고는 기분이 좋아지게 만들고, 자존감을 유지시키는 동시에 높이며, 미래에 대한 희망을 갖게 한다. 그렇다면 어떻게 해야 성공 사고의 DNA를 주입할 수 있을까? 다음의 세 단계를 차근차근 밟아 올라가보자.

1단계 : 부정적 감정과 낮은 자존감 파악하기

2단계 : 실패 사고 알기

3단계 : 성공 사고로 바꾸기

그러면 각 단계에 대해서 좀 더 상세히 살펴보자.

1단계인 '부정적 감정과 낮은 자존감 파악하기'는 부정적 감정이 일어난 사건에 대해 상황을 기술하고 부정적 감정을 평가해보는 것이다. 앞의 상황으로 되돌아가보자. C는 지금 거듭된 면접관의 지적과 탈락으로 부정적 감정에 빠져 있다. 나는 앞으로도 힘들 것이라는 자괴감에 빠져 있다. 그렇다면 그 상황을 인식해야 한다.

"내가 지금 우울한 것은 면접에서 떨어졌기 때문이야. 게다가 앞으로도 그럴 것이라는 생각에 자신감이 떨어졌어."

2단계인 '실패 사고 알기'는 자신이 하고 있는 부정적 사고를 인식하는 것이다. A는 지금 "면접관에게 지적 받아서 면접에 떨어졌다, 다음에도 마찬가지일 것이다"라며 과도한 일반화에 빠져 있다. 실제로 면접관의 지적과 탈락은 아무 상관이 없을 수도 있다. 어떻게 보면 다음에는 실수하지 않도록 가르침을 준 것일 수도 있다. 그러니 의기소침할 필요가 없다. 지금 자신이 실패 사고에 빠져 있음을 깨닫고 그 사고에서 벗어나려고 해야 한다.

"내가 지금 이렇게 우울하고 무기력한 것은 자꾸 안 된다는 생각에 빠져 있기 때문이야. 생각하는 대로 된다고 하잖아."

3단계인 '성공 사고로 바꾸기'는 실패 사고를 버리고 성공 사고로 전환하는 것이다. 사실 면접을 보는 내내 A는 지적만 당하지 않았다. 실제로는 아이디어가 좋다는 칭찬도 받았다. 하지만 면접 탈락이라는 결과 때문에 지적에만 너무 신경 쓴 나머지 칭찬받은 사실은 잊어버리고 만 것이다. 그러면 지적받은 부분은 고치면 되고 칭찬받은 사실은 격려로 생각하면 된다.

"그래, 분명 실수한 부분은 있지. 하지만 실수는 누구나 해. 다만 같은 실수가 반복되지 않도록 조심하면 돼. 대신 이런 부분은 칭찬받았으니 면접을 완전히 망친 것은 아니야. 내가 떨어진 데에는 다른 이유가 있겠지. 마음을 편히 먹고 계속 열심히 해보자. 혹시라도 또 떨어지더라도 실망하기보다는 다른 식으로 더 노력해보자. 앞으로는 더 잘할 수 있을 거야."

자존감을 높이는 사고를 강화하라

암시의 힘으로 잠재력을 자극하라

자존감을 높이려면 자존감 사고를 강화할 필요가 있다. 자존감을 높이는 사고를 반복적으로 함으로써 이러한 사고가 암시가 되어 삶의 전반에 영향을 미치도록 해야 한다. 암시는 인간의 잠재력을 자극하여 할 수 있다는 의지를 불러일으키는 힘이 있다. 그러한 자극 때문에 실제 생활에서 자존감이 높아지면서 긍정적이고 합리적이고 가치 있는 사고를 하게 되는 것이다. 또한 긍정적이고 합리적이고 가치 있는 행동을 하도록 이끈다. 이러한 사고와 행동은 다시 자존감을 높이는 선순환을 만들어낸다. 이런 식으로 자존감 사고가 강화되는 것이다.

자존감을 높이는 사고 몇 가지를 소개한다. 자주 자극하면 자존감 사고를 강화하는 데 도움을 받을 것이다.

1. 지구에서 가장 발달된 인간으로 태어난 사람이 바로 _____(이)다.

2. 정자와 난자의 결합 후 수정란이 되어 지금까지 생존해 있는 사람이 바로 _____(이)다.

3. 나의 장점은

첫째 _____

둘째 _____

셋째 _____

이런 좋은 점을 가지고 있는 나는 가치 있는 존재다.

4. 나는 살면서 어머니에게 이런 칭찬을 들었다.

첫째 _____

둘째 _____

셋째 _____

이렇게 사랑받고 있는 나는 가치 있는 존재다.

5. 나는 살면서 아버지에게 이런 칭찬을 들었다.

첫째 _____

둘째 _____

셋째 _____

이렇게 칭찬받는 나는 가치 있는 존재다.

6. 나는 살면서 형제자매에게 이런 칭찬을 들었다.

첫째 _____

둘째 _____

셋째 _____

이렇게 좋은 점이 있는 나는 가치 있는 존재다.

7. 나는 살면서 친구나 주의 사람들에게 이런 칭찬을 들었다.

첫째 _____

둘째 _____

셋째 _____

이렇게 인정받고 있는 나는 가치 있는 존재다.

8. 나의 장점들이 아직 모두 발현되지 않았지만, 앞으로 차근차근 발현될 것이다. 그리고 높은 자존감으로 행복하게 살 것이다.

좋은 점이 세 가지 이상인 것이 있다면 더 적어도 된다. 되도록 많이 적어보는 것이 좋다. 자존감을 높이는 사고들을 지속적으로 반복해서 읽고 생각하고 느끼고 생활하면 반드시 자존감이 높아지고 삶의 주인이 되어 행복하게 살 수 있을 것이다. 중요한 것은 이러한 사고를 깊이 자각하고 습관화하는 것이다.

●
열등감 사고에는 강력하게 대응하라

자존감을 높이는 사고는 매우 중요하다. 하지만 열등감을 자극하는 사고를 그냥 방치해두면서 자존감을 높이는 사고만 반복하면 자존감을 높이는 사고가 계속 방해받을 수 있다. 따라서 자존감을 떨어뜨리는 열등감 사고에 강하게 대응하는 습관을 가져야 한다. 열등감 사고에 대응할 수 있는 몇 가지 사고들을 소개한다.

1. 나는 실수투성이다.

…▶ 실수하지 않는 사람이 과연 있는가?

2. 나는 실패자다

…▶ 실패를 경험하지 않은 사람은 없다. 사람은 실패를 통해 배우고 성장한다. 도전하지 않으면 실패도 없다. 실패를 두려워하기보다는 즐기자.

3. 나는 공부에 재능이 없다

…▶ 모든 사람이 다 똑같은 재능을 가진 것은 아니다. 나만의 재능을 찾자. 작은 재능일지라도 감사하고 노력해서 키우자. 재능은 노력을 통해 발휘된다.

4. 나는 예쁘지 않다

…▶ 외모가 삶의 전부는 아니다. 내겐 더 중요한 삶의 가치들이 있다. 신체가 불편함에도 건강한 마음으로 세상에 희망을 주는

사람도 있다. 나는 그에 비해 조건이 훨씬 좋다. 그러니 나도 할 수 있다. 더 잘할 수 있다. 외모보다는 내가 지향하는 가치들이 더 중요하다. 마음 속 깊은 나를 찾으며 행복하게 살아가자.

5. 나는 게으르고 쓸모없는 사람이다.
…▸ 나의 쓰임새를 발견한 사람을 아직 만나지 못한 것뿐이다. 나의 쓸모가 많아져서 부지런해지면 지금처럼 쉴 시간은 오지 않을지도 모른다. 다만 이 게으름이 무력감이 되지 않도록 노력할 필요는 있다. 쓸모 있는 사람이 되도록 준비하자.

위와 같이 열등감을 자극하는 사고는 적극적으로 대응해서 자존감을 높이는 사고로 바꾸어나가라. 그러면 자존감이 높아지고 행복한 삶을 살 수 있을 것이다.

과도한 완벽주의에서 벗어나는 법

●

슈퍼우먼 콤플렉스에서 벗어나라

사람들은 흔히 완벽주의를 과도하게 추구하는 것이 자존감을 키우는 길이라고 생각한다. 하지만 이는 잘못된 생각이다. 과도한 완벽주의는 무엇인가를 절대적으로 이루고 완전해야 한다는 생각으로, 본질적으로 '나는 무능해서 완벽하지 않으면 안 돼'라고 생각하는 열등감에서 오는 강박적 태도다.

슈퍼우먼 콤플렉스가 그 대표적인 예다. 많은 여성이 어머니로서 아내로서 며느리로서 직장인으로서 사회인으로서 모든 것을 완벽하게 잘해야 한다는 강박관념에 사로잡혀 있다. 집안일과 직장 일을 병행하기 힘들어 가족들에게 도움을 요청했다가 "그것도 하나 제대로 못 하냐, 그럴 거면 직장 때려쳐"라는 말을 들을까 봐 더욱 완벽주의에 매달린다. 그래서 감당하기 힘든데도 과도하게 에너지를 쏟아내는 것이다. 그 결과 항상 불안하고, 삶에 쫓기고, 겉으로는 강해 보이지만 속은 무너지기 일보직전이다. 남들은 아무것도 모르고 '잘한다', '멋있다', '굉장하다', '완벽하다'라고 칭찬을 늘어놓는다. 그런 기대를 무너뜨릴 수 없어 더욱 아무렇지 않은 척, 행복한 척한다. 하지만 실제로는 더욱더 잘해야 한다는 강박증에 시달리고, 하나라도 삐끗하면 사람들이 실망하고 비난할지도 모른다는 패배감과 그 때문에 자신의 존재 이유가 사라질지도 모른다는 열등감에 빠져 불행함을 느낀다. 따라서 자존감은 더욱 낮아지고 우울증에 빠지기도 한다.

따라서 이러한 병적 완벽주의에서 벗어나 건강한 삶을 추구할 필요가 있다. 먼저 자신이 왜 모든 것을 잘하려고 하는지 그 이유를 적어보자. 자신을 완벽주의로 내모는 남편의 말, 시어머니의 말, 직장상사의 말부터 스스로의 강박관념까지 모두 적어보자. 막연히 생각할 때보다 명확히 보일 것이다. 그런 다음 그를 해결할 합리적인 방안을 적어보고 실행해보자.

슈퍼우먼 콤플렉스에 빠진 이유	그에 대한 합리적 해결 방안
다른 여자들도 집안일과 회사 일을 잘 병행하는데 나도 못할 이유가 없다.	모두 잘하는 사람이란 없다. 그럴려고 하다가는 몸만 축난다. 나는 잘하는 것에만 집중하겠다.
남편이 집안일을 대충할 거면 회사를 때려치우라고 했다.	수입과 지출 목록을 보여주고 내가 회사를 그만두었을 때 입을 경제적 손해를 일깨워준다. 가사를 분담한다.

또는 이렇게 완벽을 추구하는 삶에 대한 피곤함과 단점을 적어보고 그 대안을 찾아보는 것도 도움이 된다. 몸에 무리가 가서 감기가 자주 걸린다든지, 심리적으로 불안하여 잠을 잘 못 잔다든지 등 문제점을 적고 그에 대한 해결책을 적어보고 실천해보는 것이다.

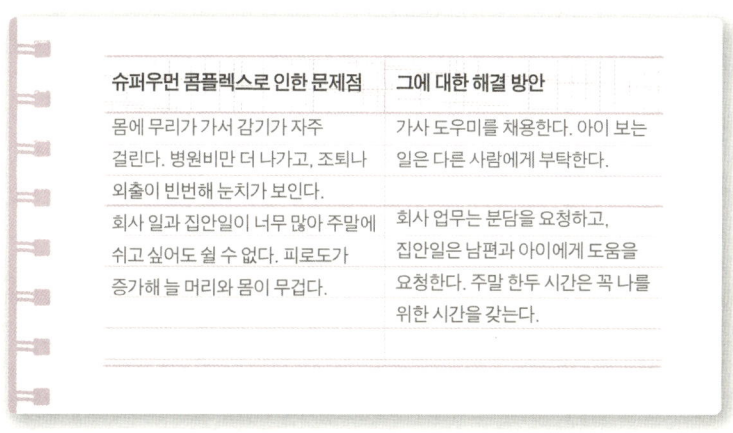

슈퍼우먼 콤플렉스로 인한 문제점	그에 대한 해결 방안
몸에 무리가 가서 감기가 자주 걸린다. 병원비만 더 나가고, 조퇴나 외출이 빈번해 눈치가 보인다.	가사 도우미를 채용한다. 아이 보는 일은 다른 사람에게 부탁한다.
회사 일과 집안일이 너무 많아 주말에 쉬고 싶어도 쉴 수 없다. 피로도가 증가해 늘 머리와 몸이 무겁다.	회사 업무는 분담을 요청하고, 집안일은 남편과 아이에게 도움을 요청한다. 주말 한두 시간은 꼭 나를 위한 시간을 갖는다.

● 완벽해야 한다는 강박적 사고에서 벗어나라

'성형 중독'이나 '외모지상주의'도 과도한 완벽주의에 속한다. 신체적으로 매력 있는 사람이 되기 위해 완벽한 몸매와 균형 있는 얼굴을 가져야 한다는 생각에 과도히 외모에 집착한 나머지 병적인 성형 중독에 빠지는 것이다. 성형 중독까지는 아니더라도 많은 시간과 돈을 외모 가꾸는 데 낭비하는 바람에 정작 삶에 더 중요한 가치에 필요한 시간과 돈을 쓰지 못하는 경우도 생겨난다. 따라서 외모 완벽주의에서도 벗어나야 한다.

자신의 단점보다는 장점에 포커스를 맞추고 외모 콤플렉스를 극복한 사례를 따라해보자. 닉 부이치치 같은 유명 인사를 롤 모델로 삼는 것도 좋은 방법이다. 외모 집착으로 인해 생긴 생활의 문제점을 적어보고 그를 해결하기 위한 합리적 방법도 모색해보자. 살면서 중요한 가치가 무엇인지 적어보고 그에 더 집중하는 삶을 살도록 노력해보자.

'감정 완벽주의'라는 것도 있다. 사람은 누구나 불안, 우울, 분노, 공포 등과 같은 감정이 어느 정도 다 있다. 그런데 이러한 감정 상태를 나타내는 것을 문제로 여기고, 그저 즐겁고 신나는 감정만 내보이며 항상 행복해 보여야 한다는 강박적 사고를 하는 경우가 있다. 바로 감정 완벽주의에 빠진 것이다. 이런 감정 완벽주의로 인해 내면의 감정이 억압된 나머지 자존감은 낮아지고 실제로는 불행을 느끼게 된다.

감정이란 원래 다양하다. 사람인 이상 부정적 감정이 드는 것은 당연하다. 그것이 정상이다. 그러니 너무 억압할 필요 없다. 오히려 표출해내는 것이 정신건강에 더 도움이 된다. 감정 억압으로 생기는 불편한 점과 감정을 솔직히 표현했을 때의 이로운 점을 적어서 비교, 분석해보고 감정 표현의 이로운 점을 알아보자. 감정 표현하는 법을 연습해보고, 편한 사람 앞에서 내보이는 것도 좋은 방법이다.

주변의 인정에 지나치게 집착하는 '인정 완벽주의'도 있다. 인정 완벽주의란 실수라도 할라치면 나를 얕잡아보지 않을까, 무능하다고 생각하지 않을까 싶어서 지나치게 잘하려는 경우다. 착한 여자 콤플렉스를 예로 들 수 있겠다. '헌신적인 아내', '친절한 여자', '인정 많은 사람' 등의 좋은 평가를 받기 위해 실제로는 부탁을 거절하거나 조금은 이기적으로 굴고 싶지만 참고 희생을 감내하는 것이다. 하지만 그럴수록 자신에게는 과부하가 걸리고 사람들이 원하는 대로 해주지 못하는 자신에게 짜증이 날 뿐이다. 사람들은 점점 아무렇지 않게 일을 맡기고 부탁을 한다. 나에 대한 존중은 사라지고 '언제든 부릴 수 있는 사람'으로 인식되는 최악의 사태마저 불러올 수 있다.

사람이란 원래 불완전한 존재다. 그렇지 않다면 세상엔 성인군자들이 넘쳐날 것이고, 상처를 받으며 자존심 상해하는 상황은 빚어지지 않을 것이다. 누구도 완벽할 수 없다. 잘하려다가 더 망치는 경우도 생긴다. 그러니 실수할 수도 있고, 거절할 수도 있고, 약간 이기적으로 굴 수도 있음을 인정하고 받아들이라. 실수해도 대수롭지 않게 넘어가는 경우가 더 많고, 부탁을 받았는데 정당한 이유를 대고 거절하면 상대도 이해한다. 그래도 불안하다면 실수를 한 상황과 그로 인한 상대방의 반응을 적어보자. 적다 보면 나의 생각과는 다르다는 것을 알게 될 것이다. 여유를 가지고 마음을 내려놔보자.

모든 사람과 좋은 관계를 맺으며 잘 지내야 한다는 '사교 완벽주의'도 있다. 그러다 보니 필요 이상으로 배려하고, 모두에게 좋은 사람이 되기 위해 안간힘을 쓰는 경향이 보인다. 상대방과 직접 부딪혀 문제를 다루어야 할 상황인데도 상대방의 감정을 상하게 하는 것이 두려워 참고 만다. "너와 나는 맞지 않아!"라며 상대방이 떠날까 봐 두려워 반대의사를 나타내거나 거절을 해야 함에도 자신이 감싸 안고 만다. 상대방을 만나는 게 불쾌하고 불편한데도 억지로 웃고 만다. 그러면서 힘들고 괴로워한다. 관계 지향적인 면이 강한 여성들에게 이런 경우가 많은데, 그래서 '어장관리를 한다'는 오해도 받는 것이다.

모두에게 좋은 사람은 정작 좋은 사람이 아니라는 말이 있다. 누구의 편도 되어주지 않으니 정작 필요할 때 도움을 받을 수 없기 때문이다. 어장관리의 경우도 관계를 놓치기 싫어서 그랬을 뿐인데, 누군가는 그로 인해 상처를 받는다. 그렇다면 좋은 관계라고 할 수 있을까? 결국 모두와 좋은 관계를 맺으려는 욕심이 나뿐 아니라 상대도 힘들게 한다. 차라리 누군가에게 확실한 편이 되어주는 것이 낫다. 거절하는 것에 익숙해지자. 지금 당장은 상대의 비난에 괴롭고 내 마음이 불편해 괴롭겠지만 시간이 지나면 오히려 편안해진다. 내가 챙겨야 할 사람, 나를 챙기는 사람만이 남기 때문이다. 덕분에 인간관계가 더욱 돈독해질 것이다.

실패를 두려워하지 말라

'성공 완벽주의'는 모든 일에 성공해야 직성이 풀리는 것이다. 남성에 비해 사회 진출이 늦은 여성의 경우는 아무래도 뒤늦게 경쟁에 뛰어들다 보니 성공에 대한 열망이 더 높게 나타나기도 한다. 물론 가시적인 성과를 거두고 그로 인해 평가받아야 함은 마땅하다. 문제는 이러한 성공 완벽주의는 실패를 못 견뎌해 회피 경향이 보인다는 것이다. 실패하지 않을까 하는 두려움으로 반드시 해야 하는 일이나 성장 및 발전하기 위해 필요한 도전을 저어하는 것이다. 또한 한 번의 실패로도 세상이 끝난 것처럼 크게 좌절하고 자신을 비하하는 경향을 보인다. 결국 자존심에 상처를 받고 우울함에 빠지기 쉽다.

따라서 건설적인 성공 사고를 가져야 한다. 건설적인 성공 사고를 하는 사람은 실패를 두려워하지 않는다. 도전을 두려워하지 않으며, 장애물이 나타나더라도 좌절하고 쉽게 포기하기는커녕 차분히 최선을 다해 문제를 해결하려고 한다. 노력 자체를 즐거워하고 과정 하나하나를 소중하게 여긴다. 실수를 두려워하지 않고, 실패에 좌절하기보다는 실패를 교훈 삼아 성공을 위한 발판으로 삼는다. 또한 성공한 경우에도 결코 잘난 척하거나 자만하지 않고, 삶의 한 과정으로 여기고 또 다른 도전과 발전을 위해 노력한다. 자신이 이룬 성과도 혼자 갖기보다는 나누고 사회에 도움이 되려고 한다.

요즘 소통과 공감의 '여성 리더십'이 각광을 받고 있다. 건설적인 성공 사고는 수직 구조와 경쟁을 내세웠던 기존의 남성 리더십보다는 소통과 공감의 여성 리더십에 더 어울린다는 생각이 들지 않는가? 행복과 나눔을 지향하는 성숙한 성공 사고는 자존감을 높이며, 나를 포함해 주변 사람들 모두를 성공으로 이끌고 행복하게 만든다.

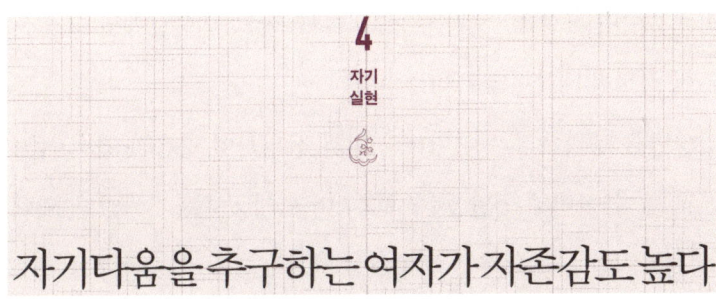

자기다움을 추구하는 여자가 자존감도 높다

잠재력과 강점이 없는 여자는 없다

누구나 할 수 있는 일이 있다

지능이 60정도 되는 스물다섯 살 여성이 어머니와 함께 찾아왔다. 특수학교를 졸업한 후 집에서 할 일 없이 지내다 보니 우울증이 생긴 것이다. 약물치료를 통해 우울증은 어느 정도 호전되었지만, 무기력한 생활은 바뀌지 않았다. 어머니도 무엇을 어떻게 해야 할지 모르겠다며 직장을 구할 수도 없고, 그렇다고 매일 놀게만 할 수도 없어 걱정이 태산이라고 하소연했다.

  방법을 생각하다가 어머니와 딸과 상의하여 다음과 같이 해보기로 했다. 어머니가 딸을 가사도우미로 채용하는 것이었다. 딸에게 실질적인 월급을 주고 집안일을 시켜보도록 한 것이다. 처음에는 거실 청소만 하게 했는데, 거실 청소를 제대로 하는 데에만 한 달이 걸렸다. 그래도 제법 거실 청소를 할 수 있게 되어 큰방 청소도 시켰다. 큰방 청소도 어느 정도 할 수 있게 되자 다른 방 청소도 시켰다. 청소에 익숙해진 후에는 설거지를 시키는 등 차츰 다양한 가사 노동을 하게끔 유도했다.

  1년이 지난 후 딸은 집안일을 상당히 잘하는 수준이 되었다. 이제 어머니는 딸이 대견하게 느껴졌다. 딸 역시 우울증 증상이 거의 사라져 약을 복용하지 않아도 되었다. 어머니가 준 월급으로 맛있는 것도 사먹고, 영화도 보고, 여행도 가고, 어머니에게 선물도 했다. 이렇게 여가시간을 알차게 보내게 되면서 리듬 있는 생활을 즐기게 되었다. 현재는 집에서 필요한 존재가 되어 높은 자존감을 가지고 행복하게 잘 지내고 있다.

내재되어 있는 힘을 끌어내라

만약 부모가 지능이 낮다고 하여 아무것도 하지 말고 그냥 가만히 지내게 했다면 딸은 더욱 퇴행되었을 테고, 우울증은 만성화되었을 것이다. 하지만 집안일을 하도록 하여 일상생활에 적응할 수 있도록 했고, 결과적으로 딸뿐 아니라 가족 모두가 행복해졌다. 이 정도의 지능이라면 훈련만 잘 시키면 초등학교 6학년이 할 수 있는 정도의 일은 할 수 있다. 제빵, 제과, 식당 일, 커피숍 일, 모자 만드는 일 등 다양한 일을 할 수 있다. 분명 할 수 있는 잠재력과 재능이 있기 때문이다.

잠재력이란 가능하지 않은 능력을 발휘하는 것이 아니다. 내재되어 있는 힘을 잘 발휘하도록 하는 것이다. 누구에게나 내재되어 있는 힘이 있고 재능이 있다. 다만 그것을 보려 하지 않고 쓰려 하지 않기에 보이지 않는 것뿐이다. 이렇게 잠재력을 발휘하여 자기실현을 하면 자존감도 올라가고 삶도 한층 윤택해진다. 행복한 자신과 행복한 가정을 만들고, 행복한 사회를 위한 사회 구성원으로 살아갈 수 있는 것이다.

이 시대의 진정한 영웅이라고 칭해지고 있는 올림픽 역도 메달리스트 장미란 선수는 중학교 3학년이라는 뒤늦은 나이에 역도를 시작했다고 한다. 그때 자신은 덩치만 크고 자신감 없는 아이였으며, 역도는 자발적이 아니라 소질을 알아봐준 어른들 덕에 시작했다고 말했다. 그런데 결과는 어떠했는가? 장미란은 은퇴 인터뷰에서 "누구나 잘할 수 있는 일 한 가지씩은 있다. 꿈과 희망을 버리지 않고 열심히 노력했으면 한다"고 말했다.

이렇듯 잠재력과 강점은 누구에게나 있다. 다소 뒤늦게 발견할 수도 있다. 고故 박완서 선생도 마흔이라는 늦은 나이에 등단했다. 중요한 건 자신이 가진 잠재력과 재능을 발견하고 꾸준히 키워나가려고 노력해야 한다는 점이다. 그러니 자신이 무엇을 좋아하는지, 무엇에 관심이 있는지 관심을 두고 꾸준히 파악해야 한다. 장미란 선수의 경우처럼 주변 사람들이 소질을 알아봐주는 경우도 있으니 나의 강점에 대한 주변 사람들의 평가에도 귀 기울여보자. 그렇게 하다 보면 반드시 자기실현을 이룰 수 있을 것이다. 자존감도 높아지며 행복해질 것이다. 이러한 삶은 자신뿐 아니라 주변 사람에게도 자기실현 욕구를 자극해 보다 더 많은 사람이 의미 있고 행복한 삶을 추구하도록 만든다.

강점 지능을 찾아 발휘하라

●
나의 강점은 따로 있다

꽤 괜찮다는 평가를 받는 대학의 영문학과를 다니고 있는 20대 초반 여대생이 찾아왔다. 공부가 힘들고 어렵다며 전과를 할까 고민 중이라고 했다. 상담을 해보니 언어보다는 대인관계 이해력이 높았고 그녀도 상담심리를 하고 싶다고 했다. 하지만 부모님의 반대가 너무 완강한 것이 문제였다. 그런데 상담을 해볼수록 우울증 증세도 보였다. 알고 보니 전과 문제 말고도 한 가지 문제가 더 있었다. 바로 남자친구와의 이별이었다.

이 학생은 영어는 곧잘 했지만 그렇다고 해서 영어에 흥미가 있었던 것은 아니라고 했다. 다만 부모님의 권유 때문에 영문학과에 들어갔다고 했다. 그러던 와중에 남자친구와의 이별은 상처가 되었다. 이후 학업에 급격히 흥미를 잃으면서 전과를 고민하게 된 것이다.

우울증 치료와 동시에 진로 상담도 진행했다. 남자친구와의 이별로 상처받은 마음을 회복시키고, 그녀가 실제로 지닌 능력에 대해서도 인정해주었다. 단 현재 사회에서 영어를 잘하는 것은 장점이고 심리상담 공부를 하게 되더라도 영어를 잘하면 도움을 받을 수 있으니 학부에서는 영문학 공부를 마치고 대학원에 진학에서 심리상담을 해보는 것이 어떻겠냐고 권했다.

현재 그녀는 남자친구와의 이별로 받은 상처를 극복하고 과 공부에 한창 열심이다. 물론 상담심리학과 대학원에 진학할 계획도 세웠다. 남자친구와의 이별은 아이러니하게도 그녀의 숨은 강점을 일깨워주었다. 그녀는 미래의 자신의 모습을 꿈꾸면서 자기실현을 위해 힘차게 나가고 있다.

●

나의 강점 지능은 무엇인가

우리는 주변에서 다양한 성공스토리를 참으로 많이 듣는다. 성공한 사람만의 특별한 강점과 잠재력에, 그것을 잘 발휘한 것에 감탄한다. 골드미스라고 칭송받거나, 평범한 주부였다가 CEO로 성공한 여성들의 이야기를 들으면 부럽기도 하고 나 역시 그렇게 되고 싶은 열망에 사로잡힌다. 그런데 막상 그런 부분들을 자신에게 적용시킬까 생각해보면 어디서 어떻게 시작해야 할지 참으로 막막하다. 무엇을 잘하는지, 무엇을 좋아하는지, 무엇을 하면 좋을지 고민해보다가 이게 맞겠다 싶다가도 또 저게 맞는 것 같기도 하고 갈피를 잡을 수 없다. 그래서 내가 자아실현을 못하는 것인가 싶어 열등감마저 생긴다.

절대 그렇지 않다. 아직 자신의 강점과 잠재력을 알아채지 못했을 뿐이다. 평균 수명 100세 시대, 우리는 자기실현을 할 시간을 좀 더 얻었다. 이제부터라도 '다중 지능'을 통해 자신의 강점과 잠재력을 알아보고 적성에 맞는 일을 찾아보는 것도 좋을 것이다.

1980년대 하버드 대학교 심리학 교수인 하워드 가드너Howard Gardner는 다중 지능이라는 개념을 도입했다. 사람은 IQ 같은 한 가지 지능만이 아니라 언어 지능, 음악 지능, 신체운동 지능, 공간 지능 등 다양한 지능을 가지고 있다는 것이다. 그리고 어떤 지능이 발달하느냐에 따라 각기 다른 재능을 갖게 된다고 보았다. 프로 운동선수, 예술가, 과학자 등 직업이 달라지는 것도 그 때문이라고 할 수 있다.

다중 지능은 총 9가지로 나눠볼 수 있다. 1) 언어 지능, 2) 논리수학 지능, 3) 음악 지능, 4) 신체운동 지능, 5) 공간 지능, 6) 대인 지능, 7) 자기이해(자기성찰) 지능, 8) 자연탐구 지능, 9) 영성(실존) 지능이다. 1번부터 7번까지는 가드너가 초기에 제안했던 지능이고, 이후 두 가지는 새롭게 추가된 지능이다. 자신에게 높은 지능이 자신의 강점이므로 이러한 부분을 잘 발전시키고 잠재력을 발휘하도록 하는 것이 중요하다. 강점은 하나일 수도 있고, 둘 이상일 수도 있다.

언어 지능

언어 지능은 언어 발달과 관련된 지능이다. 듣고, 말하고, 읽고, 쓰는 것이 언어의 발달 순서다. 이러한 언어 발달이 잘 되어 있고, 소리·문법·의미 등 언어에 대한 학습 능력이 높으며, 말하기나 글쓰기를 통해 전달하려는 바를 제대로 전달하고, 의사소통이 뛰어난 사람은 언어 지능이 발달했다고 볼 수 있다. 작가, 시인, 저널리스트, 웅변가, 법률가, 광고 카피라이터 등 언어와 관련된 직업에서 두각을 나타낸다.

논리수학 지능

논리수학 지능은 문제를 논리적으로 분석하고, 많은 정보를 체계적으로 분석하며, 수학적 계산을 잘하고, 과학적 방법으로 문제를 탐구하는 능력을 말한다. 이 지능이 높으면 도형 추리, 수 추리, 계산 능력, 논리적 사고와 관련된 영역에서 두각을 나타낸다. 수학자, 논리학자, 통계전문가, 과학자, 컴퓨터 프로그래머 등 논리수학적 능력을 발휘할 수 있는 분야가 어울린다.

음악 지능

음악 지능은 연주와 음악적 양식에 대한 이해력, 작곡 능력, 가창력, 연주 실력 등 음악에 대한 이해도와 표현력이 높은 능력을 말한다. 요즘 음악 오디션 프로그램을 보면 남녀노소 불문하고 음악적 재능을 보이는 사람이 많은데, 바로 음악 지능이 높기 때문이다. 작곡가, 연주가, 보컬 트레이너, 음악 비평가 등 음악적 능력을 발휘할 수 있는 분야가 어울린다.

신체운동 지능

신체운동 지능은 대상을 잘 다루고 신체적 기술을 잘 조절하는 능력이다. 문제 해결이나 미적·예술적 추구를 위해 몸 전체나 일부를 사용하여 아이디어 및 느낌을 표현하는 능력과 손이나 도구를 사용하여 사물을 만들고 변형시키는 능력이 여기에 속한다. 프로 운동선수와 같이 운동 실력이 높은 경우도 마찬가지다. 신체 능력이 뛰어나면 신체운동 지능이 높다고 할 수 있다. 배우, 운동선수, 무용가, 공예가, 조각가 등 신체운동 능력을 잘 발휘할 수 있는 분야가 어울리는데 외과의사와 기계수리공도 이러한 신체운동 지능이 높으면 유리하다.

공간 지능

공간 지능은 시각화 능력, 그림 그리는 능력, 구조 이해 능력, 이미지의 지각·재창조·변형·수정 능력, 그래픽 정보 생성 및 해석 능력 등과 관련된 지능이다. 상하·좌우·전후의 공간 관계를 시각, 청각, 촉각 등의 감각을 통해 파악하는 능력이 뛰어나다. 운전의 경우 공간 지능에 영향을 받을 수 있는데, 주차를 힘들어하는 경우에는 공간 지능이 다소 떨어진다고 볼 수 있다. 여행가, 건축가, 실내장식가, 그래픽 아티스트 등 공각 지각 능력을 발휘할 수 있는 분야에서 두각을 나타낸다.

대인 지능

대인 지능은 다른 사람의 기분·생각·느낌을 잘 이해하고, 타인과 효과적으로 상호작용하며, 다른 사람들에게 영향력을 행사할 수 있는 능력을 말한다. 대인관계가 좋은 사람, 협동심이 높은 사람 등이 대인 지능이 발달했다고 볼 수 있다. 심리치료사, 교사, 정치가, 종교지도자, 영업사원 등 대인관계 능력 및 기술이 필요한 분야에서 두각을 나타낸다.

자기이해 지능

자기이해 지능 또는 자기성찰 지능은 자신의 욕구나 문제, 잠재력, 강점 및 약점 등을 잘 이해하고, 자신의 인생 계획을 잘 세우고 조절하는 능력이다. 자기 일은 스스로 알아서 하며, 혼자서 하는 일에 집중력과 흥미가 높다. 꾸준히 자신을 성찰하며 내면세계에 관심이 많다. 명상가, 심리 치료사, 철학가, 신학자, 심리학자, 종교인 등 자기이해 능력을 발휘할 수 있는 분야에 어울린다.

자연탐구 지능

자연탐구 지능은 자연에 대한 이해력이 높고, 자연에 잘 적응하며, 자신의 환경에 잘 적응하고 생존할 수 있는 능력을 말한다. 동물 연구가, 식물 연구가, 정원사, 수의사, 해양학자, 농부, 요리사 등 자연에 대한 이해 능력을 발휘할 수 있는 분야에서 탁월함을 나타낸다.

영성 지능

영성 지능은 영성과 실존의 다양한 측면—우주적 실재에 대해 알고 싶은 열망, 존재 자체에 대한 탐구, 존재의 높은 상태에 도달하고 싶은 열망, 우주 및 자신과의 교감, 자신의 존재나 특정 행위를 통해 타인에게 특별한 영향력 행사—을 희구하는 능력을 말한다. 간디, 테레사 수녀, 원효대사 등 다양한 성자들과 삶과 영성을 자극하는 음악가 및 위대한 종교가, 삶의 근원적인 가치를 찾고 제시하는 뛰어난 철학가 등이 영성 지능이 발달한 경우다.

●
강점 지능은 개발하고 약점 지능은 보완하라

시간을 가지고 자신과 지속적인 대화를 통해 자신의 강점 지능을 개발한다면 자아실현에 도움을 받을 수 있을 것이다. 이와 함께 강점 지능을 발휘하는 데 방해가 될 만한 약점 지능이 있다면 파악해서 보완해나가는 것도 필요하다.

앞의 내용을 보고 자신이 생각하는 감정 지능의 순위를 매겨보자. 가장 강점인 것부터 먼저 적으면 된다.

1. ....
2. ....
3. ....

그 다음으로 강점 지능을 발휘해 자기실현을 할 때 방해가 되는 약점 지능이 있다면 무엇인지 차례로 적어보자.

1. ....
2. ....
3. ....

많으면 많은 대로 적으면 적은 대로 적으면 된다. 이를 토대로 강점 지능은 개발하고 약점 지능은 보완해나가도록 한다.

성격적 강점과 덕성을 발견하라

자아실현의 행복을 위한 24가지 성격적 강점과 덕성

인간은 다양한 덕성을 지닌 존재다. 본성적 측면에서는 성선설·성악설 등의 주장이 있어왔고, 심리학에서는 성적 욕구·공격 욕구·의존 욕구·대인관계 욕구 등 무수한 욕구 가설들이 있다. 최근 긍정심리학에서는 인간의 긍정적 부분에 초점을 맞춘 성격적 강점과 덕성에 대한 연구들이 이루어져 왔다. 중요한 강점과 덕성을

24가지로 나누고, 이러한 강점과 덕성 중 개개인이 자신의 대표적인 강점을 발휘하고 사는 것을 진정한 자아실현의 행복으로 보았다. 여기서는 긍정심리학에서 행복과 자아실현을 위해 중요시 여기는 24가지 성격적 강점과 덕성을 이해하고 자신의 대표적 강점과 덕성을 찾아보도록 하자. 긍정심리학의 창시자 중 한 사람인 마틴 셀리그먼Martin Seligman이 분류한 것을 중심으로 살펴볼 텐데, 이러한 강점과 덕성을 잘 발휘해나가면 자기실현의 행복을 얻을 수 있을 것이다.

우선 간략하게 살펴보자면 다음과 같이 여섯 개의 큰 범주 아래 24개의 강점과 덕성으로 분류되어 있다.

❶ 지혜
- 1. 호기심
- 2. 학구열
- 3. 판단력
- 4. 창의성
- 5. 정서 지능(사회성 지능 + 대인관계 지능)
- 6. 예견력

❷ **용기**

— 7. 용맹함과 용감함

— 8. 끈기와 성실함

— 9. 진실함과 정직함

❸ **인간애(휴머니즘)**

— 10. 친절과 아량

— 11. 사랑하고 사랑받을 줄 아는 능력

❹ **정의감**

— 12. 시민 정신, 의무감, 협동 정신, 충성심

— 13. 공정성과 평등 정신

— 14. 지도력

❺ **절제력**

— 15. 자기 통제력

— 16. 조심성, 신중함, 사려 깊음

— 17. 겸손

❻ 영성 및 초월성

― 18. 감상력

― 19. 감사

― 20. 희망

― 21. 영성

― 22. 용서와 연민

― 23. 명랑함과 유머 감각

― 24. 신명, 열정, 열광

그러면 본격적으로 각 성격적 강점과 덕성을 살펴보도록 하겠다.

●

지혜

'호기심'은 새로운 정보, 지식, 경험을 얻고자 하는 욕구로서 탐색적인 행동을 유발하는 심리적 성향이라고 볼 수 있다. 호기심은 새로운 경험에 대한 열린 마음과 자신의 생각에 대한 융통성이 필요한데, 이렇게 호기심이 많은 사람은 명확한 사실을 좋아해서 불분명한 것들에 대해서는 자세히 알아보고 분명히 해결해서 호기심을 충족시킨다. 호기심은 구체적인 한 가지에서 광범위한 것일 수도 있다. 새로운 것에 대한 적극적인 관심이기 때문에 수동적으로 얻는 정보에 그치지 않고 능동적으로 정보를 찾는 적극적 행동을 보인다. 호기심은 학업과 업무 성과에도 영향을 미친다.

이러한 호기심 증진을 위해서는 아는 것과 모르는 것을 구분하는 것이 필요하고, 자율성과 유능함을 느끼는 경험들을 해야 한다. 중요하게 의미 있는 호기심 영역에 대해 도움을 줄 수 있는 멘토로부터 배우는 것도 좋다.

'학구열'은 새로운 것에 대해 배우려는 욕구와 몰두하는 능력을 말하는데, 학구열이 높은 사람은 새로운 지식이나 기술에 대한 배움의 욕구가 있어서 그러한 배움을 통해 긍정적 정서를 경험한다. 학교 공부, 독서, 박물관 견학 등 배울 기회만 있다면 어디든 찾아간다. 물질적 보상 없이도 어떤 분야에 몰두하여 지식과 기술을 쌓아가는데, 한 분야의 전문가인 경우가 많고 그로 인해 주위로부터 인정을 받는다. 이러한 지식 탐구는 직업적 필요에 의한 것이 아니라 순수한 지적 호기심으로 인한 것이다.

'판단력'이란 자신과 다른 사람들에게 도움이 될 만한 정보를 객관적이고 이성적으로 가릴 줄 아는 능력이다. 판단력이 뛰어난 사람은 자신에 대해 다양한 각도에서 생각하고 검토한다. 어떠한 판단을 내릴 때 확실한 이유나 증거 없이 섣불리 하지 않는다. 대신 확실한 증거가 있다면 자신이 전에 내린 판단을 바꾸는 유연성이 있다. 판단력이 뛰어난 사람은 현실을 정확히 인식하기 때문에 왜곡된 사고를 하지 않는다. 이와 반대되는 것이 바로 고정관념이다. 고정관념은 왜곡된 사고를 하게 하여 현실 판단력을 부족하게 만든다. 판단력은 원하는 욕구와 현실적 사실에 대해 구분하는 능력이기도 하다.

'창의성'은 하고 싶은 일이나 필요한 일이 있을 때 그 목적한 바를 위해 목표를 세우고 기존의 방법보다 더 새롭고 현실 가능한 방법으로 해결하는 능력을 말한다. 흔히 창의성하면 '세상에 없던 것을 만들어내는 능력'이라고 생각하는데, 기존의 지식들을 자유롭고 다양하게 응용하는 것도 창의성에 속한다. 창의성은 공상이나 망상과 달리 실천적이고 실질적이어야 한다. '구슬이 서 말이라도 꿰어야 보배'라는 말이 있듯이 생각하는 것만으로는 창의성이라고 하지 않는다.

창의성은 선도적이다. 지금까지 세상은 창의적인 사람들에 의해 변해왔다. 아주 간단하게만 보더라도 수많은 여성의 고민거리를 해결해주려고 만든 스팀 청소기조차 가전제품 시장에 새로운 바람을 몰고 왔다. 앞으로 창의성은 더욱 중요해질 것이다. 자유로운 발상을 멈추지 말되 실제적으로 적용할 수 있는 현실적인 방안

들을 함께 생각해보는 태도가 중요하다.

'사회성 지능'은 자신과 다른 사람을 구분하고 사람들의 차이점을 쉽게 식별하여 각 사람에 맞게 행동하는 능력을 말한다. 타인과 관계를 맺을 때나 사회활동을 할 때 필요하다. '대인관계 지능'은 타인과 적절하게 관계를 유지하고 발전시키는 능력으로, 자신의 감정을 다스리고 스스로의 행동을 이해하고 조절할 줄 아는 능력이다. 다니엘 골먼Daniel Goleman 박사는 이 둘을 합쳐 '정서 지능'이라고 지칭했다. 이러한 능력은 리더십에 꼭 필요하다. 또한 자신의 직업과 적성, 진로 등을 최대한 발휘할 수 있는 일을 찾는 데 도움을 준다. 요즘 같은 때에 여성들이 더 주목할 필요가 있을 것이다.

'예견력'은 탁월한 사람들의 경험을 잘 이해하고 분석하고 평가해서 자신에게 닥친 문제를 해결하고 미래에 일어날 문제에 대해 미리 대비하는 능력을 말한다. 지혜 덕목에서 가장 성숙한 강점으로 지혜와 가장 가까운 의미를 지닌다. 예견력이 있는 사람은 세상에 대한 이치를 정확히 알고, 살면서 중요하거나 복잡한 문제를 잘 헤쳐나간다. 요즘과 같은 불확실성의 시대에 갖춰야 할 강점이 아닐까 싶다.

●

용기

용기 있는 사람은 위협, 도전, 고통, 시련을 당해도 올바른 목적을 위해 물러서지 않는다. 용맹함과 용감함은 엄격히 구분되는데, 두려움의 유무를 용맹함과 용감함을 가름하는 기준으로 삼는다. '용감함'은 신체적으로 위협을 느끼는 상황에서도 물러서지 않고 대범하고 저돌적으로 두려운 상황에 맞서는 것을 말한다. 하지만 공포를 이루고 있는 정서적 요소와 행동적 요소를 구분하지 못하는 경향이 있다. 다시 말해 두려움을 느껴도 행동적으로는 반대의 양상을 보이는 경우가 있다는 것이다.

'용맹함'은 신체적으로 위협을 느끼는 싸움에서 발휘하는 용감함보다 그 뜻이 한층 넓다. 어렵고 위험해서 다른 사람들은 꺼려하는데도 아랑곳하지 않는 지적·정서적 태도다. 즉 신체적인 것뿐 아니라 도덕적 용기와 정신적 용기까지 모두 포함한다. 도덕적 용기는 주위 사람들이 무관심한 것에도 관심을 두며 잘못된 것을 바로 잡을 수 있는 용기를 뜻한다. 이로 인해 불이익을 당할지언정 피하지 않고 물러서지 않는다. 내부 고발 같은 것이 여기에 속한다.

'끈기'는 쉽게 포기하지 않고 끈질기게 견디어내는 기운을 말하고, '성실함'은 정성스럽고 참되다는 뜻으로 어떤 일을 함에 있어 책임과 의무를 다하는 능력을 말한다. 어떤 일을 묵묵히 끝까지 해내는 사람에게 끈기가 있다고 표현하며, 몇 년 동안 지각이나 결근을 하지 않은 사람에게 우리는 성실하다는 평가를 내린다. 그렇기에 끈기와 성실함이라는 강점을 지닌 사람에게는 중도 포기란 없다. 일단 시작한 일은 끝내려고 한다. 어려운 일임에도 기꺼이 책임을 다하려고 노력하며, 나아가 더 좋은 결실을 얻기 위해 애쓴다. 그래서 필요에 따라 더 많은 일을 하게 된다. 끈기 있고 성실한 사람이 인정을 받고 빨리 승진하는 것은 그 때문이다.

그렇다고 이룰 수 없는 목적에 무모하게 집착하는 것은 끈기가 아니다. 진심으로 성실한 사람은 고지식하기보다는 융통성이 있으며 또 현실적이다. 긍정적 야망을 가지고 일을 해내는 것을 성실함이라고 할 수 있다.

'진실'은 다른 사람들에게 사실대로 말하는 것 이상의 의미가 담겨 있다. 말로든 행동으로든 자신의 의도와 목적을 자기 자신은 물론 타인에게까지 진정한 마음을 가지고 진지하게 알리는 것이다. '정직'은 참되게 행동하는 것으로 진솔하고 위선을 부리지 않음을 뜻한다. 이렇게 진실하고 정직한 사람은 누구에게나 사랑을 받는다.

●

인간애(휴머니즘)

'친절'은 대하는 태도가 정겹고 고분고분한 것을 말하고, '아량'은 너그럽고 속 깊은 마음씨를 말한다. 그렇기에 친절과 아량은 함께 있는 경우가 많다. 너그러운 마음을 가져야 다른 사람에게 친절을 베풀 수 있기 때문이다. 친절과 아량을 가진 사람은 자신의 이익만을 좇지 않는다. 다른 사람에게 호의와 선행을 베푸는 것을 기꺼워한다. 자신에게 기울이는 마음 못지않게 타인에게도 관심을 기울인다. 그 사람이 어떤 사람인지는 상관치 않는다. 친절하고 아량 있는 사람은 다른 사람들의 주요 관심사를 기준으로 해서 관계를 맺고, 그로 인해 자신의 욕구가 좌절된다고 하더라도 그 관점에 맞추어준다.

'사랑'하면 우리는 흔히 남녀 간의 사랑, 부모님의 사랑을 떠올린다. 하지만 친구와의 우정도 사랑이고, 이웃을 돕고 배려하는 마음도 사랑이고, 같이 근무하는 동료에 대한 동지애적 마음도 사랑이다. 에로스도 없고 아가페도 없고 우정도 없고 동료애도 없고 인격적 교류도 없다면 이 세상은 얼마나 삭막할까. 그래서 믿음, 소망, 사랑 중에 그중에 제일은 사랑이라 했는지도 모르겠다.

하지만 사랑도 능력이다. 사랑할 수 있어야 사랑도 받을 수 있고, 사랑을 받아야 사랑도 할 수 있다. 자신을 사랑할 줄 아는 사람이 타인을 사랑할 수 있고, 사랑을 아는 사람만이 사랑을 받아들일 수 있다. 그리스 신화의 나르키소스를 떠올려보라. 아무도 사랑하지 않았던 그는 결국 자기애에 빠져 죽고 말았다. 진정한 사랑을 하는 사람만이 타인관의 관계를 소중히 여기고, 자신을 사랑하는 것과 마찬가지로 타인을 사랑할 수 있는 법이다.

모성애라는 측면에서 여자들이 이러한 덕성을 획득하고 계발하는 데 더 유리하다고 볼 수 있을 것이다. 임신이라는 과정을 통해 태아라는 타인과 일정 기간 동고동락하며 사랑을 하고 받는 능력을 키울 수 있기 때문이다. 그리고 우리 모두 그런 과정을 통해 태어났다는 것을 깨닫는 순간, 우리 모두는 사랑받을 수 있는 존재임을 인식하게 될 것이다. 그러면 사랑을 하고 받는 일이 좀 더 수월해질 것이다.

●

정의감

'시민 정신'은 시민 의식이라고도 하며 사회 구성원인 개인이 책임감을 가지고 행동함을 뜻한다. 따라서 자신의 '책임과 의무'를 다하고, 공동체에 '협동 정신'을 가지고 연대하며 충성심을 보인다.

최근에는 세계화의 물결에 따라 세계 시민 정신이 강조되고 있는데, 지구 생태계 위기 등을 비롯해 전 지구가 직면한 문제에 의무감을 가지고 연대할 필요성이 있다는 것이다.

이러한 강점을 지닌 사람은 공동체에서 좋은 구성원의 역할을 한다. 공동체가 잘 유지되고, 공동체의 목표가 성공적으로 이뤄지도록 열심히 노력한다. 개인의 목적보다는 공동체의 목적과 목표를 더 중요하게 생각한다. 그렇다고 공동체에 대한 무조건적인 복종을 뜻하진 않는다. 바람직하지 않은 목표를 지향할 때는 거부할 줄도 안다. 공동체의 올바른 목표나 목적을 위해 행동하기 때문에 사회에서 중요한 역할을 하고, 모두가 바람직하게 생각하는 표본이 되는 경우가 많다.

'공정성'은 공평하고 올바른 성질로 어떤 일에 적용되는 기준이 치우침 없는 것을 뜻한다. '평등'은 권리와 의무, 자격 등이 성별이나 신분 등에 관계없이 고루 적용되는 것을 말한다. 다시 말해 기회를 누구에게나 고르게 주는 것은 평등이고, 그 과정에서 누구에게나 동일하게 적용되는 심사 과정을 거쳐 선별하는 것은 공정한 처사다. 요즘 유행하는 오디션 프로그램을 떠올리면 이해가 쉬울 것이다. 누구나 참여할 자격은 있지만, 심사 기준에 따라 예선 탈락자와 본선 진출자가 결정되고 최종 1등이 가려진다.

공정성 있는 사람은 개인적인 감정에 휘둘리지 않는다. 모든 사람에게 똑같은 기회를 제공하고, 객관적이고 함께 만든 기준에 따라 공정하게 평가하고 판단을 내린다. 모든 사람을 존중하며, 편견 없이 소수자나 불리한 여건에 처한 사람도 공정하고 평등하게 대한다. 이러한 가치는 민주주의와 시민사회를 떠받치는 기본 요건으로 정치인이나 공무원, 다양한 영역의 지도자에게 꼭 필요한 중요한 덕목이다.

'지도력'은 요즘 많이 쓰는 말로 '리더십'이다. 집단이나 사회 체계에 영향을 주는 개인의 능력으로, 지도력이 있는 사람은 단체를 조직하고 관리하는 능력이 뛰어나다. 구성원들이 조직의 목표를 효율적으로 수행하고, 원만한 관계를 유지하여 공동의 목표를 달성하도록 이끈다. 문제가 발생했을 때는 해결에 힘쓰고, 그로 인해 인화가 깨지지 않도록 애쓴다. 구성원들에게는 너그럽지만, 전체를 위해 옳은 결정이라는 판단이 들 때에는 지도력을 발휘해 단호하게 실행해나가는 추진력도 있다. 반대의 경우도 있다. 구성원에게는 엄격하지만, 구성원의 잘못으로 문제가 생겼을 때에는 리더로서 책임을 진다. 잘못된 결정을 내렸을 때도 마찬가지다.

● 절제력

'자기 통제력'은 순간적인 욕구 충족을 억제하여 만족을 지연시킴으로써 보다 장기적이고 상위의 목표를 달성하는 능력이다. 결과적으로 자신의 이익을 최대화하는 방향으로 행동한다고 볼 수 있다. 따라서 자기 통제력이 강한 사람은 본인이 추구하는 목표나 가치를 위해 현재의 불필요한 욕망, 욕구, 충동을 자제할 줄 안다. 그렇다고 기다리기만 하거나 참기만 하는 것은 아니다. 실제로 행동에 옮길 필요가 있을 때는 반드시 행동으로 옮기는 실행력도 갖추고 있다.

'조심성'은 잘못이나 실수가 없도록 언행에 신경 쓰는 태도, '신중함'은 매우 조심하는 태도, '사려'는 깊이 생각하는 태도를 말한다. 따라서 조심성 있고 신중하고 사려 깊은 사람은 후회할 말이나 행동을 하지 않는다. 모든 결정을 조심성 있게 신중하고 사려 깊게 하여 충분히 이해한 후에 결정을 내린다. 어떤 행동을 하는 것이 옳은지 확신이 선 뒤에야 행동으로 옮긴다. 눈앞의 이익보다는 미래의 더 큰 성공을 위해 신중하고 사려 깊게 군다. 이러한 덕성을 지니는 것은 위험에 대처하는 능력이 뛰어나서 안전이 필요한 일일 때 특히 강점으로 작용한다.

'겸손'이란 자신을 낮추는 태도다. 남을 존중하고 자신은 내세우지 않는 태도다. 겸손한 사람은 자신이 맡은 일에 최선을 다하지 남의 시선에 신경 쓰지 않는다. 일처리를 잘했음에도 결코 자랑을 하거나 인정받기 위해 나서지 않는다. 스스로 나서지 않으니 오히려 다른 사람들로부터 칭찬을 받는다. 공로를 자신보다는 타인에게 돌리니 여러 사람으로부터 존경을 받는다. 세상에 겸손한 사람을 싫어하는 사람은 없다. 그렇기에 주변에 사람이 끊이지 않아 친구도 많고 편들어주는 사람도 많다.

영성 및 초월성

'감상력'은 예술 작품 등의 아름다움을 이해하여 즐기고 평가하는 능력으로, 감상력이 있는 사람은 어떤 분야든 간에 아름다움을 발견하고 감상할 줄 안다. 다양한 분야에서 빼어난 멋을 감상할 줄 알고, 자연과 예술, 수학과 과학을 비롯한 세상 모든 것에서 아름다움을 발견한다. 아름다움을 통해 경외감을 느끼기도 하고, 특출한 재능을 보기도 하며, 인간적인 품격을 보고 깊은 감동을 받기도 한다. 그러니 세상살이를 힘겹게 여기기보다는 밝고 희망차게 여긴다.

'감사'는 고맙게 여기는 마음가짐이나 고마움을 나타내는 태도다. 삶에 감사가 넘치는 사람은 자신의 삶에서 일어나는 모든 일을 기뻐하고, 작은 일이라도 당연하게 여기지 않고 감사해한다. 그러한 마음을 안으로만 품지 않고 밖으로 적극적으로 표현한다. 신에게, 자연에게, 사람에게, 살아 있는 생물에게 고마움을 표현하고 예찬한다. 그렇기에 삶에 대해 실망하기보다는 희망을 갖는다. 감사는 경이로움과 고마움을 느끼며 삶 자체를 감상하는 정신 상태다.

'희망'은 앞날에 대한 기대나 잘될 가능성을 뜻한다. 그리스 신화 속 유명한 판도라의 상자에 얽힌 이야기를 들어 설명해보자면, 온갖 재앙이 인류에게 퍼진 후에 인간에게 남은 한 가지가 바로 희망이었다. 그런 만큼 희망은 인간에게 남은 축복의 이미지가 강하다. 희망은 삶에 대한 긍정적인 자세를 드러내주는 강점이다. 두려움보다는 기대를 가지고 미래를 계획하고 실천하며, 즐겁게 목표를 향해 나아갈 수 있게 한다. 그렇기에 희망적인 사람은 어려운 상황에서도 좋은 결과가 있을 것이라고 믿고 포기하지 않는다. 〈바람과 함께 사라지다〉의 스칼렛 오하라도 "내일은 내양의 태양이 떠오를 테니까"라고 말하지 않았던가.

'영성'이라고 하면 흔히 종교적인 의미를 떠올리게 마련이다. 그렇지만 영성은 단순히 신성神性과의 합일을 뜻하지 않는다. 자연이나 우주와 연결되고 합일되는 것, 자신의 존재 이유를 밝히는 내적인 길을 발견하는 것도 영성이다. 간략하게 우주와 삶에 있어 더 큰 목적과 의미가 있다는 것을 믿고 그것을 추구하는 것이다. 물론 종교적인 의미의 영성도 궁극적으로는 자기 자신, 이웃, 그리고 세상에 대한 자기 초월적 사랑으로 형상화된다는 점을 보아 포함시키는 것도 가능할 것이다. 중요한 점은 우주 안에 존재하고 있는 자신에게 삶의 목적이 있고, 그 삶이 의미 있음을 자각하는 것이다. 이렇게 영성이 발휘되는 삶은 자기실현을 한층 더 쉽게 하고 행복을 가져다준다.

'용서'는 누군가가 저지른 잘못이나 지은 죄를 덮어주는 마음을, '연민'은 불쌍하고 가련하게 여기는 마음을 뜻한다. 사실 잘못한 사람을 불쌍히 여겨 잘못을 만회할 기회를 주는 것은 쉬운 일이 아니다. 그것이 나와 관계된 일이라면 더욱 그렇다. 하지만 용서를 하게 되면 정신적으로나 신체적으로나 변화가 일어난다. 화가 줄고 마음이 편안해지며 자기 자신과 타인을 긍정적으로 대하게 된다.

실제로 분노와 적개심은 심장병과 연관이 있다고 한다. 심장전문의 메이어 프리드먼 박사 팀의 연구에 의하면, 범죄자를 용서하지 않는 사람들에게서는 심박동과 혈압 상승 등의 심장병 반응이 보였다고 한다. 반대로 범죄자를 용서한 사람들에게서는 생리적 반응이 낮았고, 더 긍정적인 정서와 더 큰 통제감이 나타났다고 한다. 건강한 삶을 위해서라도 용서라는 강점을 갖추는 것이 필요하다.

'웃는 낯에 침 못 뱉는다'라는 속담처럼 유쾌하고 활발한 사람에게 화를 내거나 얼굴을 찡그리는 사람은 없다. 이러한 유쾌하고 활발한 태도를 우리는 '명랑하다'고 표현한다. 명랑한 사람에게는 남을 웃기는 말이나 행동을 잘하는, 요샛말로 '유머 감각'이 있다. 늘 재미있는 이야기로 주변 사람들을 즐겁게 해주고, 자신 또한 삶을 긍정적으로 보는 경향이 커서 얼굴에 미소가 떠나지 않는다. 주변 사람 또한 그 유쾌함에 전염되어 함께 있으면 기분이 좋아진다. 요새 여성들이 이상형 1순위로 꼽는 유재석을 떠올려보자. 어떤가? 벌써부터 기분이 좋아지지 않는가? 명랑하고 유머 감각 있는 사람은 평판도 좋고 인기도 많다.

'행복해서 웃는 게 아니라 웃어서 행복하다'라는 말이 있다. 명랑하고 유머 감각 있는 사람들은 웃기 때문에 늘 행복하다. 그리고 그것을 전염시켜 같이 행복하게 만든다. 그런 의미에서 행복 전도사라 할 수 있을 것이다. 타인을 행복하게 하는 능력, 참으로 멋지지 않은가?

'신명'은 흥겨운 멋, '열정'은 어떤 일에 열렬한 마음을 가지고 열중하는 마음, '열광'은 매우 기쁘고 흥분한 나머지 미친 듯이 날뛰는 상태를 뜻한다. 열정적인 사람은 신명을 가지고 최선을 다하며 열광적으로 임한다. 삶의 목표가 있고 도전을 멈추지 않으며 미적지근하게 굴지 않는다. 주변 상황이 어려워도 열심히 임하고 온몸을 던져 뛰어들어 끝내는 원하는 것을 쟁취해내고 성공을 거둔다.

신명이 없다면, 열정이 없다면, 열광이 없다면 우리의 삶은 얼마나 단조롭고 심심하겠는가. 신명과 열정과 열광은 우리의 삶을 좀 더 신나고 재미있는 것으로 만들어준다. 원하는 바가 있다면 열정을 가지고 신명 나게 도전해보라. 그 결과에 열광하게 될 것이다.

●

나의 성격적 강점은 무엇인가

이상으로 행복과 자아실현을 위해 필요한 24가지 성격적 강점과 덕성에 대해 살펴보았다. 그렇다면 나의 성격적 강점은 무엇이고 약점은 무엇일까? 목록을 작성하여 실제 삶에서 자기실현을 위한 기본 자료로 활용해보자.

나의 성격적 강점

1. _____
2. _____
3. _____
4. _____
5. _____

나의 성격적 약점

1. _____
2. _____
3. _____
4. _____
5. _____

참고로 자신의 대표 강점과 덕성을 파악할 수 있는 체계적이고 과학적인 평가 도구를 인터넷상에서 무료로 이용해볼 수가 있다. 한글로도 지원이 되니 활용해서 도움을 받아보는 것도 좋겠다. www.viastrengths.org이다.

이렇게 다각도로 자신의 성격적 강점과 약점을 살펴보고 대표 강점과 덕성을 파악하고 강화해보자. 그러면 자기실현의 행복한 삶에 한층 더 가까이 다가갈 수 있을 것이다.

강점 발휘로 행복한 자기실현을 이루라

● 진실로 원하는 것, 정말로 할 수 있는 것

서울에 있는 대학교의 경영학과를 다니고 있는 20대 초반 여대생이 찾아왔다. 현재 2학년인 그녀는 학교도 과도 마음에 안 든다며 학교에 가기 싫다고 했다. 이야기를 찬찬히 들어보니 그녀가 좋아하는 것은 음악이었다. 주변 사람들로부터 노래를 잘한다는 칭찬을 들어온 그녀는 원래 실용음악을 하고 싶었다. 과거 어머니가 피아노 학원을 운영한 적이 있는데, 어릴 때 그러한 어머니를 보면서 무의식적으로 동일시해온 측면도 영향을 미쳤다. 그런데 아버지의 완강한 반대로 그럴 수가 없었다.

진로 상담을 해보니 이 여대생의 경우 음악 지능과 대인 지능이 높은 편이라 음악적 재능을 발휘하는 것이 도움이 될 듯싶었다. 성격적으로는 창의성, 정서 지능, 감상력 등의 강점이 있어서 실용음악을 하는 것은 적절해 보였다. 부모님도 딸의 강점 지능과 성격적 강점을 보고 재능도 없는데 하겠다는 것이 아님을 이해하게 되었다. 본인의 강력한 의지도 있고, 한국 문화의 세계적 진출로 인해 장래성도 있다고 여겨져서 결국 전과를 허락했다.

현재 그녀는 본인이 할 수 있고 좋아하는 일을 하고 있어서 활기찬 삶을 살고 있다. 부모 역시 딸의 모습을 지켜보며 만족해하고 있다.

진로를 선택할 때 중요한 5가지

진로를 선택할 때 고려해야 할 중요한 다섯 가지가 있다. 좋아하는 것, 잘하는 것, 환경적·심리적 이유, 심리적·물질적 보상 정도, 의미와 가치 여부다.

잘하는 것은 자신뿐 아니라 타인으로부터도 잘한다고 인정받는 것으로 흔히 특기라고 한다. 다중 지능이나 성격적 강점에서 대표적으로 나타나는 강점이 특기가 되는 경우가 많다.

좋아하는 것은 스트레스를 풀거나 시간적 여유가 있을 때 즐겨 하는 것으로 흔히 취미라고 한다. 잘하지 못하더라도 관심을 가지고 자주 하는 것이기 때문에 잘하는 것이 될 수 있는 잠재력이 있다.

환경적·심리적 이유는 그 진로를 선택하게 된 주변 환경이나 심리적인 영향을 뜻한다. 앞선 여대생의 경우 어머니가 어릴 때 피아노 학원을 한 것에 환경적으로나 심리적으로나 영향을 받았다. 피아노 학원을 하는 환경적 요인과 어머니처럼 되고 싶다는 심리적 요인이 모두 영향을 끼친 것이다.

심리적·물질적 보상 정도는 그 일을 하게 되었을 때 심리적으로나 물질적으로나 어느 정도의 보상을 받을 수 있는가 하는 점이다. 심리적 보상은 주로 명예, 지위 등과 같이 심리적으로 인정받고 싶은 욕구가 충족되는가 아닌가가 판단 기준이고, 물질적 보상은 금전적 이득이 높은지 아닌지가 판단 기준이다.

의미와 가치 여부는 말 그대로 그 일을 하는 것이 의미 있고 가치 있는 일이 될 것이냐 하는 판단에 따른 것이다. 예를 들어 어떤 의사가 오지에 들어가 의료 활동을 하겠다고 할 때는 의료시설이 없는 곳에서 아픈 사람을 돌보는 것이 의미 있고 가치 있는 일이라는 판단을 내렸기 때문이다. 간혹 보상보다도 이런 의미와 가치를 우선적으로 선택해서 진로를 결정하는 사람도 있다.

잘하면서도 좋아하고, 어릴 때부터 꿈꾸어왔으며, 심리적·물질적인 보상도 적절하면서 의미와 보람을 느낄 수 있는 일을 하게 된다면 정말 좋을 것이다. 하지만 이런 모든 요소를 충족시키는 일을 갖기란 매우 어렵다. 한두 가지 정도만 충족되는 경우가 더 많다. 이럴 때 어떤 선택이 현명할지 갈등이 생기고 고민하게 되는 것이다. 따라서 자신이 무엇을 잘하는지, 정말 좋아하는 것이 무엇인지, 막연한 동경 때문은 아닌지, 자신이 바라는 보상은 어느 정도인지, 내가 진정 보람을 느끼며 할 수 있는 일인지를 잘 파악해야 한다. 더불어 어떤 것을 우선순위로 둘 것인지도 결정해야 한다.

이 책을 통해 배운 강점 지능과 성격적 강점 및 덕성을 참고한다면 자신이 정말 잘할 수 있고 진정으로 좋아하는 것을 파악하는 데 도움을 받을 수 있을 것이다. 이를 바탕으로 조화롭게 풀어나가면 높은 자존감으로 행복한 자기실현을 이루게 될 것이다.

●

진정으로 내가 하고 싶은 일
정리해보겠다. 마음에 드는 진로나 직업을 선택했다면 다행이지만, 그렇지 못했거나 이미 다른 일을 하고 있는데도 적성에 안 맞아 이직이나 전직을 고려하고 있다면, 출산이나 육아로 인해 경력이 끊겨 새로운 일을 찾아야 한다면 스스로에게 다음과 같이 질문해보자.

1. 잘하는 것은 무엇인가?

2. 좋아하는 것은 무엇인가?

3. 환경적으로 혹은 심리적으로 직업을 선택할 만한 이유가 있는가?

4. 원하는 심리적 보상과 물질적 보상은 어느 수준인가?

5. 내가 진정 보람을 느끼며 할 수 있는 의미 있고 가치 있는 일인가?

6. 기타 직업을 선택할 만한 이유는 무엇인가?

이러한 질문에 신중히 답해본 다음 선택을 내린다면 도움이 될 것이다. 자신의 잠재력과 강점을 최대한 발휘해 자기실현의 꿈을 이루는 여성이 많아지길 바란다.

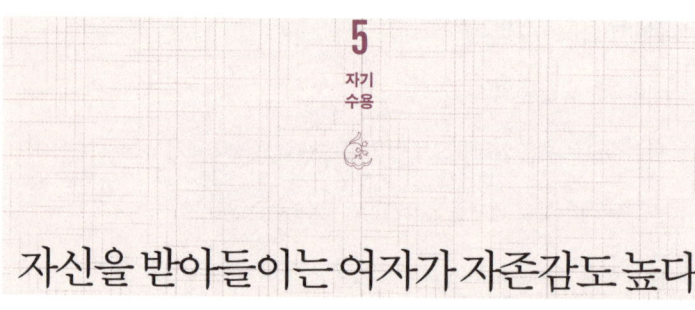

자신을 받아들이는 여자가 자존감도 높다

있는 그대로의 자신을 받아들이는 법

내 안의 나를 파악하라

재수를 하고 있는 스무 살의 한 여성이 찾아왔다. 자영업을 하는 아버지와 전업주부인 어머니, 그리고 남동생이 하나 있는 그녀는 케이팝 열풍이 불자 가수를 하면 좋을 것 같아서 고등학생 때부터 다양한 오디션에 응모했으나 매번 떨어지고 있었다.

귀여운 외모의 그녀는 실제로 목소리가 좋았다. 하지만 주변으로부터는 아나운서나 성우를 하면 좋을 것 같다는 이야기를 많이 들어왔다. 특히 어머니 친구 분들이 아나운서를 많이 권했다. 그렇지만 그녀는 노래를 정말 좋아하기 때문에 지금까지 학원도 다니면서 열심히 노력해온 것이라며 포기하지 못하겠다고 했다.

진로 상담을 해보니 실제 그녀는 음악적 능력보다는 언어적 재능이 뛰어났다. 음악 관련 일을 하는 것보다는 주변에서 권한 대로 언어적 재능을 발휘할 만한 일을 하는 것이 더 나을 듯했다. 그런데 왜 그리 고집을 피우는 것일까? 심리 상담을 통해 원인을 알아보았다.

그녀의 아버지는 부드럽고 따뜻한 편인데 반해 어머니는 깐깐하고 잔소리가 많으며 엄격했다. 그녀는 외향적인 성향이 강한 편인데, 어머니가 늘 여자는 조신해야 한다며 사소한 행동에도 여자애가 너무 부산스럽다고 간섭하고 잔소리를 하곤 해서 집에서는 외향적인 성향이 드러나지 않도록 조심했다. 어머니의 권위적인 태도에 차츰 거부감이 내재된 그녀는 자신도 모르는 사이에 반항적이 되었고, 스트레스를 받을 때마다 노래를 듣고 부르면서 스트레스를 해소했다. 그렇게 노래와 친해지다 보니 노래가 좋아서 음악 관련 일까지 생각하게 된 것이었다.

그녀가 언어적 재능이 있었음에도 아나운서나 성우가 되기를 거부한 것은 바로 이 때문이었다. 아나운서나 성우는 어머니가 강요하는 조신한 여자의 표상처럼 여겨졌다. 그래서 반발심이 생겼던 것이다. 즉 어머니가 여자는 조신해야 한다며 억압한 것이 이런 결과를 불러일으켰던 것이다.

상담을 통해 그녀는 왜 남들이 잘한다고 칭찬한 분야를 저버리고 음악에 집착하게 되었는지 알게 되었다. 자신이 오디션에 계속 떨어진 이유도 납득하게 되었다. 음악은 반발심으로 인한 일종의 도피처였던 셈이다. 결국 그녀는 자신의 재능과 강점을 인정하고 받아들였다. 그 직업이 원래부터 하기 싫거나 매력적이지 않아 거부한 것이 아님도 깨달았다. 아나운서나 성우 또한 남들에게 드러나는 직업이니만큼 외향적 성격이 유리하게 작용할지 모른다고까지 생각하게 되었다.

자신의 특성과 강점을 제대로 파악하고 받아들이게 된 그녀는 현재 아나운서를 꿈꾸며 재수생활을 하고 있다. 아나운서가 되는 데 도움이 되는 학과로 진로를 정하고 공부 중이다.

나를 어떻게 알 것인가

이렇게 자신을 아는 것은 중요하다. 자신의 타고난 생물학적 특성과 발달하면서 형성된 심리적 특성과 가족 및 사회·문화적으로 영향을 받은 사회적 특성을 이해하는 것은 자신을 있는 그대로 이해하는 과정이 된다. 자신의 강점과 약점을 이해하고, 잘하는 것과 좋아하는 것 등 자신에 대한 이해를 깊고 넓게 하는 것 또한 자신을 알아가는 과정이다.

인간을 보는 관점은 다양하다. 정신건강의학에서는 생물학적 관점, 심리적 관점, 사회적 관점을 주 모델로 사용하는데, 학파에 따라 중요시 여기는 부분은 다를 수 있다. 생물학적 관점을 중요시 여기면 뇌신경에 대한 연구와 약물에 관한 연구에 더 집중한다. 심리적 관점을 중요시 여기면 정서적 접근, 인지적 접근, 행동학적 접근 등을 더 중점적으로 보고, 정신분석이나 분석심리, 인지행동적 접근, 대상관계 접근 등 다양한 심리적 임상 연구에 근거한다. 사회적 관점을 중요시 여기면 가족관계, 인간관계, 사회 및 환경 안에서 인간에 대한 접근 등을 더 중점적으로 본다. 각각의 관점을 잘 보고 이러한 관점을 통합하는 것이 인간에 대한 이해도를 더 높이고 개개인을 이해하는 데도 도움이 된다. 즉 내가 누구인지 아는

데 도움을 준다.

생물학적 관점에서는 생물학적으로 태어난 자신의 기질적 특징에 대한 이해가 필요하다. 내향적인지 외향적인지, 여성으로서 남성과는 어떻게 다른지, 가족 중 아버지와 어머니의 기질적 특성과 성격을 닮은 부분은 없는지, 조부모의 기질적 특성과 성격을 닮은 부분은 없는지, 가족끼리 타고난 성격적 공통점은 없는지 등을 잘 돌아보는 것이 필요하다. 어릴 때의 자신을 돌아보면서 가족 간의 대화를 통해 자신의 타고난 성격이나 특성을 이해하는 것이다. 성격의 장단점, 정서적 특성, 대인관계, 일상생활에 적응하는 방식 등에 대해 돌아보자. 자신을 이해하는 데 도움이 될 것이다.

심리적 관점에서는 자신의 강점 지능과 약점 지능, 성격적 강점과 자신의 중요 욕구에 대한 이해, 성장하면서 겪은 심리 변화에 대한 이해, 자신의 정서적 특징과 인지적 특성에 대한 이해가 필요하다. 자신의 정서적 변화와 생각하는 방식에 대해 하루에 한 번씩 자신을 돌아보면서 자신을 끊임없이 알아가는 과정이 필요하다. 하루에 한 번이 어려우면 일주일에 한 번도 괜찮다. 자신을 돌아보는 시간을 통해 자신과의 대화를 하고 자신을 알아가는 것이다.

사회적 관점에서는 먼저 가족관계에서 긍정적 측면과 부정적 측면에 대한 이해가 필요하다. 특히 부모와의 관계를 중점적으로 돌아보면 많은 도움이 된다. 이러한 이해를 바탕으로 관계의 긍정적인 면은 강화해나가고 부정적인 면은 개선해나가는 것이 필요하다. 또한 과거에 또래관계나 중요하게 영향을 미친 대인관계, 연인관계 등을 돌아보는 것도 자신을 이해하는 데 도움이 된다. 이와 함께 사회 구성원으로서 사회에서 폭넓고 깊이 있는 이해를 지속적으로 해나가면서 자신의 사회적 위치는 어떤지, 어떤 역할을 해나가고 있는지에 대해 이해하는 것도 자신을 알아가는 데 도움이 될 것이다.

자신을 생물학적으로, 심리적으로, 사회적으로 이해하는 과정은 한순간에 이루어지지 않는다. 지속적으로 자신을 돌아보면서 이루어지는 과정임을 인식하고, 꾸준히 자신을 돌아보는 시간을 가지면서 자기와의 대화를 해보자. 중요한 것은 나에 대해 알려면 나에 대한 이해가 먼저라는 점이다.

나를 아는 여자가 현재의 삶을 바꾼다

●

과거를 반추하고 변화를 모색하라

있는 그대로의 자신을 보기 위해서는 먼저 과거를 찬찬히 들여다 봐야 한다. 자신의 성향은 어땠는지, 어떻게 자라왔는지, 부모님과의 관계는 어떠했는지, 또래관계는 어떠했는지, 초·중·고 생활은 어떠했는지, 대학생활은 어떠했는지, 잘한 과목은 무엇인지, 힘들어한 과목은 무엇인지, 주변의 환경은 어떠했는지, 가장 심하게 좌절감을 느낀 때는 언제였는지, 남자친구와의 관계는 어떠했는지 한번 돌아보는 것이다. 혹시 심리발달 과정에서 문제는 없었는지 부모님과 이야기를 나눠보는 것도 좋을 것이다.

지나간 과거는 돌이킬 수 없다. 바꿀 수도 없다. 하지만 현재의 삶은 변화시킬 수 있다. 현재의 삶에서 자신을 이해하고, 과거에 좌절한 경험이 있다면 위로하라. 상처를 치유하고 과거의 그늘로부터 벗어나면 현실에 최선을 다하는 나로 바뀔 수 있다.

다양한 방법으로 자신과의 대화를 통해 자신을 바로 알고, 그것을 바탕으로 바꿀 수 있는 부분이 있다면 바꾸라. 앞서 말한 여학생의 경우도 자신을 이해하고 알아가면서 가수가 되는 꿈에서 아나운서가 되는 꿈으로 옮겨갔다. 자신에 대한 이해를 바탕으로 하여 현명하게 과거의 꿈을 버리고 현재 자신의 강점을 잘 살릴 수 있는 새로운 꿈을 가진 것이다. 덕분에 내재되어 있었던 어머니를 향한 원망과 거부감을 떨쳐버릴 수 있었다. 이렇게 바꿀 수 있는 것이라면 바꿔야 한다.

무한경쟁의 사회에서 회사는 회사대로 생존을 위해 변모를 꾀하고, 정당은 정당대로 정권을 잡고 유지하기 위해 변화를 모색한다. 예술가는 예술가대로 더 나은 창작 작품을 위해 자신을 바꾸려고 노력하고, 가정은 가정대로 더 나은 가정을 위해 개선하려고 노력한다. 이렇듯 인간에게 있어 변화는 생존이나 행복, 자아실현을 위해 꼭 필요하다.

● 미루지 말고 지금부터 변화하라

자신에 대한 이해를 바탕으로 생존하기 위해, 행복하기 위해, 더 성장하기 위해, 자아실현을 하기 위해 바꿀 수 있는 것은 바꾸어야 한다. 그렇다면 자신을 어떻게 바꾸어나가는 것이 좋을까?

스트레스 관련 증상들이 있다면 자기 자신의 스트레스 요인을 잘 이해하고, 스트레스 요인을 줄일 것은 줄이고 제거할 것은 제거해야 한다. 특히 우울증 같은 문제가 있는 경우에는 적극적인 치료도 고려해야 한다. 스트레스 요인에 잘못 대처하고 있다면 대처 방법을 바꾸어야 한다.

욕구 조절이 안 된다면 욕구 조절력을 키우는 방향으로 변화해야 한다. 실패 사고로 인해 문제가 되고 있다면 성공 사고로 바꿔야 한다. 자아실현을 하는 데 있어 방해가 되는 약점들은 보완하는 방식으로, 강점들은 강화하는 방식으로 바꿔야 한다.

지금이라도 바꿀 수 있는 것은 바꾸라. 더 이상 과거의 자신에 갇혀서 똑같은 하루하루를 보낼 필요가 없다. 자신의 생존과 행복과 성장과 자아실현을 위해 오늘부터 과감히 변화하라. 이러한 과정에서 자존감이 높아진다. 미루지 말라. 바로 오늘부터, 바로 지금부터 자신을 이해하고 자신을 바꾸어나가라.

지금 나의 모습을 인정하고 사랑하라

●

바꿀 수 없는 것도 존재함을 인정하라
바꿀 수 있는 것은 바꿔야 하겠지만, 바꿀 수 없는 부분이 있다면 어떻게 해야 할까? 다시 앞선 사례로 돌아가보자. 가수의 꿈을 키우던 여고생은 결국 자신을 이해하고 알게 된 후에는 아나운서가 되는 꿈으로 바꾸었다. 그런데 자신을 낳아주고 길러준 어머니를 바꿀 수는 없다. 또한 지나온 과거도 바꿀 수 없다. 특별한 경우가 아니라면 자신의 성별과 나이, 지능, 타고난 유전적 특징과 성격적 특징, 신체적 특징은 바꿀 수가 없다. 바꾼다고 해도 굉장히 어렵다. 그렇다면 어떻게 해야 할까?

그냥 받아들이면 된다. 자신의 있는 모습 그대로를 받아들이고 사랑하면 된다. 원망하고 탓해봤자 해결되지 않는다. 여자라는 사실도 나이를 먹은 것도 키가 작은 것도 과거 자신의 모습도 바꿀 수 없다. 아버지와 어머니도 바꿀 수 없고, 부모로 인해 형성된 가정환경도 바꿀 수도 없다. 바꿀 수 없는 사실에 너무 집착하는 것은 자신을 힘들게 하고, 삶을 어렵게 만들고, 자존감을 낮게 만든다.

좋은 점을 많이 보고, 긍정적으로 생각하자. 현실을 바꿀 수는 없더라도 현실을 더욱 받아들이기 쉽게 만든다. 현실을 더욱 행복하게 만든다. 여자라서 좋은 점을, 나이 먹어서 좋은 점을, 키가 작아서 좋은 점을 생각해보자. 과거의 자신으로 현재 깨달은 점이 있다면 긍정적으로 생각하자. 물론 쉽지 않은 일임은 잘 안다. 단시일 내에 되는 것도 아니다. 시간을 들여 천천히 노력해보자. 그러면 있는 그대로의 나를 수용하게 되고, 그 자체로 행복해질 것이다. 그러면 자존감 또한 높아진다.

자, 이제 마음을 열고 자신을 이해하자. 자신을 사랑하면서 자신을 바로 보자. 자신의 강점이든 약점이든 받아들이자. 현재의 자신의 모습을 받아들이자. 과거를 탓하고, 남을 탓하고, 현재의 상황을 한탄해봤자 무슨 소용이 있겠는가. 차라리 인정하고 받아들이는 것이 마음 편하다.

바꿀 수 없는 것에 필요 이상 애쓰며 시간을 허비할 필요 없다. 차라리 바꿀 수 있는 것에 시간과 노력을 투자하는 것이 현명하다. 현명해지고 또 현명해지자.

나를 사랑하는 여자가 타인도 사랑한다

●

자기수용과 자기 사랑이 곧 자존감이다

앞선 사례의 여학생은 바꿀 수 있는 것은 바꾸고 바꿀 수 없는 것은 받아들이면서 마음도 편해지고 자존감도 높아지면서 자기실현을 위해 한 발짝 더 다가가고 있다. 진정한 자기실현의 꿈을 꾸면서 자기 자신을 더 사랑하게 되었고, 남을 사랑할 수 있는 마음도 생겼다.

자신의 열등한 부분을 받아들이는 것은 쉬운 일이 아니다. 하지만 인정을 해야 발전이 생긴다. 바꿀 수 있는 부분이라면 바꾸고, 바로 바꿀 수 있는 것인지 천천히 바꿔야 하는 것인지 판단해야 한다. 이러한 판단이 시간이 흐른 뒤에 다른 상황을 낳을 수도 있다. 그렇더라도 현재에 최선을 다해 판단하고 결정해야 한다.

바꿀 수 없는 것이라면 생각을 전환하여 받아들여야 한다. 있는 그대로의 자신을 받아들이고, 위로도 하고 격려도 하며 사랑하라. 자신을 진정으로 받아들이고 사랑하는 것이 진정한 자존감이다. 진정한 자존감이란 자기중심적 사고와는 다르다. 자기를 존중하듯이 남을 존중하며, 자신의 소중함을 알기 때문에 다른 사람도 소중히 여길 줄 안다. 이렇게 자존감이 있는 사람은 자기수용과 자기사랑의 향기를 자연스럽게 풍기게 되고, 그로 인해 다른 사람들도 영향을 받는다.

또한 타인을 이해하고 사랑하자. 자신의 능력이 허락한다면 남을 돕는 데도 힘쓰자. 타인을 이해하고 수용하다 보면 자신을 이해하고 수용하기가 훨씬 쉬워진다. 타인을 사랑하다 보면 자신도 사랑하게 된다. 타인을 돕다 보면 결국 자신을 돕게 된다.

자신을 받아들이는 것을 두려워하지 말자. 자신을 사랑하는 것을 두려워하지 말자. 타인을 사랑하는 것을 두려워하지 말자. 진정한 자신을 바라볼 때 자존감은 높아지고 행복한 자아실현도 더욱 잘 이루어진다.

자존감 심리 공식을 기억하라

이렇게 해서 자존감 심리 공식에 대해서 모두 알아보았다.

자존감 심리 공식
= 스트레스 조절력 + 욕구 조절력 + 성공 사고 + 자기실현 + 자기수용

내면의 힘을 높이는 심리학 공식으로 기본 틀을 이해하고 실천한다면 자존감 향상에 도움을 받을 것이다. 중요한 것은 한 번으로 되지 않는다는 점이다. 자주 반복해서 읽고 실생활에 적용하려는 노력을 해본다면 좋은 결과를 얻을 수 있을 것이다.

행복한 삶은 내 안의 힘으로부터 비롯된다. 내면의 힘을 높여 마음에 상처를 주고 자존감을 낮게 하는 요소는 떨쳐버리고, 높은 자존감으로 행복한 자아실현을 하는 성공적인 인생의 나를 만들어 보자. 아주 상투적인 말이지만 '할 수 있다.'

‖ 3부 ‖

여자의 자존감을 완성하는 실전 공식

자존감은 여성의 행복에 매우 중요한 요소다.
'행복은 누군가 주는 것'이 아니라 '내가 찾는 것'이다.
나 스스로가 원하는 모습이 될 때 자기 만족을 할 수 있고, 그것이 곧 행복으로 연결된다.
많은 여성이 내적인 단단함으로 외적인 성장을 이루고, 자존감을 높이는 삶을 살길 바란다.

―조연심 · 김한규

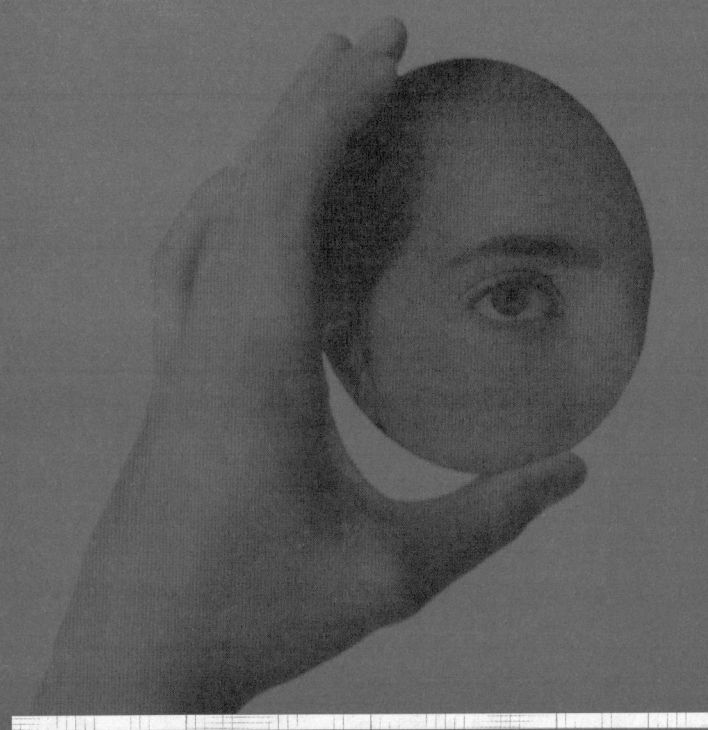

Ready, Action

1. 스스로 결정을 못하고 남한테 미룬다.
2. 다른 여자의 삶이 부럽지만 그렇게 살고 싶지 않다.
3. 아이 교육 때문에 불안하고 짜증이 난다.
4. 늘 죄송하다는 말을 달고 산다.
5. 무슨 일이든 주저하고 실행을 못한다.
6. 남들의 기대대로만 살아와서 피곤하다.
7. 인정받지 못하면 불같이 화가 난다.
8. 항상 부정적인 말만 한다.
9. 결혼이 해결책이라고 생각한다.
10. 남의 실수엔 화가 나지만 나의 실수에는 관대하다.
11. 일은 내가 다 한다고 생각해서 힘들다.
12. 왜 나의 재능을 몰라줄까 답답하다.

여성의 삶에서 자존감이 낮아서 발생하는 사례 12개를 모아 원인을 분석하고 처방을 제시했다. 이를 통해 자신의 문제를 해결하고 자존감 있는 여자로 거듭날 수 있을 것이다. 자신에게 해당되는 사례나 비슷하다고 여겨지는 사례부터 먼저 읽어도 좋다.

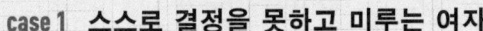

case 1 스스로 결정을 못하고 미루는 여자

금융계 사무직에 종사한 지 7년이 되어가는 기혼 여성 A씨. 승진도 하지 못한 채 생활비를 벌기 위해 마지못해 회사를 다니는데 매사에 불평이 많다. 집안일과 회사 일에 치여 친구들을 만나도 매번 짜증과 후회, 한풀이만 되풀이한다. 반복되는 일상이 지루하다며 어디론가 떠나고 싶다고 노래를 한다. 회사 일은 너무 많고, 남편 뒷바라지하는 것도 지겹고, 아이들한테는 질렸고, 나를 위한 시간이 필요하다며 하소연이다. 그러자 한 친구가 갑작스럽게 여행 제안을 했다.

친구1   우리 이번 주말에 여행 갈까?

친구2   좋아!

친구1   어디로 갈까?

| 친구 2 | 가까운 동해 어때? 그리고 내년엔 해외에 한번 가자.
| A씨 | 잠깐만. 이번 주말이면 나 시댁에도 가야 하고, 아이랑 같이 학교 야외활동도 해야 하는데……. 남편이랑 애들한테 물어볼게. 가도 되는지.
| 친구 1·2 | 뭐야? 그럴 거면 애초에 말을 말든가. 그럼 넌 빠져. 우리끼리 갈게.

A씨의 문제는 무엇일까? 왜 하고 싶은 것을 하지 못하는 것일까? 자신이 먼저 말해놓고 막상 결정할 때가 되면 왜 판단을 미루고 다른 사람에게 의견을 묻는 것일까?

A씨의 경우 의사결정의 주체가 A씨가 아니라 남편과 아이들이다. 남편하고 아이들과 의논하는 것이 아니라 가도 되는지 허락을 구해야 한다. 이를 미루어보면 지금껏 집안의 의사결정에서 아내이자 엄마인 A씨는 뒷전으로 밀려나 있었다고 봐야 한다. 남편과 아이들이 결정권을 가지고 있고 A씨는 따를 뿐이다. 그러니 맞벌이 부부임에도 살림과 양육 모두 A씨의 몫이 된 것이다.

아마 회사에서도 마찬가지였을 것이다. 많은 업무량 때문에 치여서 고생하는데도 A씨는 이러한 부분에 대해 조정을 요청할 생각은 하지 못한 것으로 보인다. 승진에서 자꾸 밀리는 것도 그녀가 적극적으로 의사결정을 하는 스타일이 아니었기 때문으로 파악된다. 승진이란 단순히 지위가 높아짐을 뜻하지 않는다. 경중의 차이는 있지만 중요한 판단을 내리고 그에 대한 책임을 져야 하는 자리로 올라가는 것이 승진이다. 그런데 결정을 자꾸 미루는 사람에게 그런 자리를 내어줄 회사는 없다.

A씨는 현재 미루는 것이 습관화되어 있다. 지금껏 지내온 삶에 익숙한 나머지 다른 선택이 두려워 미루는 습관이 자연스레 자리 잡았을 수 있다. 힘들다고 현재의 상황을 중단시키고 다른 것을 선택했을 때 더 힘든 상황이 오면 어쩌나, 그렇게 되면 어떻게 해야 하나 하는 걱정도 있을 것이다. 그럴 때 자신에게 돌아오는 비난이 무서워서 결정을 다른 사람한테 떠넘기는 것일 수도 있다.

하지만 지금 A씨가 마주한 현실은 '결정을 미룬 관계로 스트레스에 빠져 불평과 불만이 늘어난' 상태다. 뭘 하고 싶다고 말은 하지만, 이미 남이 결정한 대로 따라온 상태라서 결정적일 때 자기 의지는 상실된다. 결국 스트레스만 가중될 뿐이고 내가 그렇지 하는 자괴감에 빠질 뿐이다.

다소 두렵겠지만 자신을 위한 결정을 내릴 필요가 있다. 물론 처음에는 반작용이 만만치 않을 것이다. 그렇다고 겁낼 필요는 없다. 현재 자신이 처한 상황을 솔직하게 말하고 도움을 구하는 형식으로 의사를 전달한다면 생각보다 반작용이 덜할 수도 있다. 중요한 것은 이 상태로 과부하가 걸리면 나중에 더 큰 문제가 야기될 수 있다는 점이다. 그런 만큼 다소 진통이 따르더라도 현재의 상황을 개선해 의사결정의 주체로 거듭나야 한다.

우선 남편과 아이들에게 집안일과 회사 일 모두 병행하느라 지치고 힘든 상황임을 이해시키고, 대화를 통해 1주일에 하루 또는 2주일에 하루 정도 자신만의 시간을 얻어내야 한다. 온전히 나를 위한 시간으로 하고 싶은 것을 하면서 재충전을 하는 것이다. 이렇게 자신이 하고 싶은 일을 하며 재충전을 하다 보면 그동안 잊고 살던 것들이 보이면서 점점 삶의 균형을 찾을 수 있을 것이다. 회사에도 업무량이 너무 많아 과부하가 걸린 상태니 일을 좀 줄여줄 것을 요청하거나 잠시 휴가를 다녀오겠다고 말할 수 있을 것이다. 그러다 보면 회사 일에 더 능동적으로 임할 수 있을 것이다.

물론 어떤 결정을 내려야 할지 어려울 때도 있을 것이다. 그럴 때는 다시 다른 사람에게 미루고 싶어질지도 모른다. 그럴 때는 그 결정으로 인해 야기될 결과의 장단점을 3~5가지 나열해 비교, 분석해 보면 된다. 다음과 같이 표로 작성해서 각각의 장단점을 비교, 분석해보면 합리적인 선택을 하는 데 도움을 받을 수 있다.

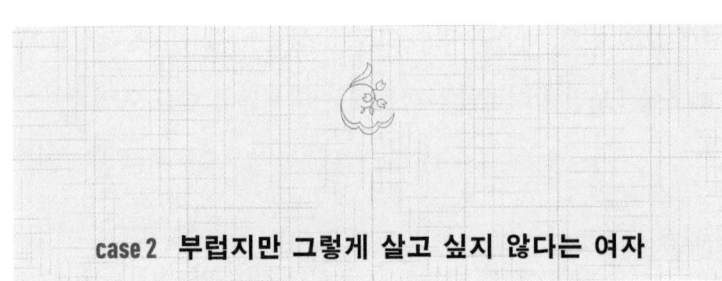

case 2 부럽지만 그렇게 살고 싶지 않다는 여자

대학 졸업 후 서로 친해진 두 친구, K와 J가 있다. K는 평범한 회사원으로 10년 넘게 한 회사에서 같은 일을 하고 있고, J는 다니던 직장을 그만두고 자신이 좋아하는 일에 새로이 도전을 했다.

J는 처음 2~3년 동안은 제대로 된 수입이 없는 상태였지만 하루가 다르게 바빴고, 한 달에 며칠은 지방 출장도 가곤 했다. 자신이 하는 일을 매일 자신의 블로그에 기록으로 남기기도 했다. 그렇게 3년이 넘어서부터는 일에 성과가 나기 시작했다. 책도 출간하고 강의도 하고 컨설팅도 하면서 자신의 영역을 확고하게 구축해나갈 수 있었다.

자신이 좋아하고 잘하는 영역에서 평생 할 수 있는 일을 만들어가다 보니 하루가 너무 짧게 느껴질 정도였다. 수입도 월등히 좋아지게 되었고, 다른 사람에게 영향을 미치는 일도 잦아졌다. 이제 일을 하면서 여행도 갈 수 있을 만큼 여유도 생겼다.

J가 그렇게 새로운 도전에서 성공하는 동안 K는 별달리 변한 것이 없었다. 여전히 평범한 직장인으로 같은 회사에 다니고 있었다. 둘은 주말이면 함께 사우나를 하며 밀린 이야기를 하곤 했는데, 그때마다 K는 이렇게 말하곤 했다.

"언제까지 이 일을 할 수 있을까? 여기 그만두면 뭘 하지? 나는 네가 참 부러워. 그런데 너처럼은 살지 못하겠어. 그러면 너무 어지러울 것 같거든."

부럽지만 그렇게 살기는 싫다고 말하는 K. 도대체 그녀의 본심은 무엇일까?

K는 직장인이고 J는 프리랜서다. K가 부러워하는 것은 J의 성공일 것이다. 만약 J가 실패했다면 과연 부러워했을까?

부럽다고 해서 모두가 다 새로운 일에 도전할 수 있는 것은 아니다. 새로운 일에 도전하는 사람들은 저마다 이유가 있다. 직장에 불만이 생겼을 수도 있고, 일에 흥미를 잃었을 수도 있다. 조직생활에 적응하기 어려워서일 수도 있고, 정말 하고 싶은 일이 생겨서

일 수도 있다. J의 경우는 자신이 좋아하는 일을 찾아서 새롭게 도전했으니 자신의 꿈을 찾아 프리랜서를 택한 것이다.

K는 J의 성공이 아무리 부러워도 J처럼 할 용기는 없다. 막연하게 J의 성공을 동경할 뿐이다. 딱히 뭘 하고 싶은 것도 없고, 그저 언제까지 회사에 다닐 수 있을까가 더 큰 관심사다.

사실 10년이 넘도록 한 회사에 근무하고 있었다는 것은 K가 꽤 성실하며 그 회사와 잘 맞았다는 뜻도 된다. J처럼 사는 게 어지럽다고 말하는 것을 보면 회사원이 적성에도 맞는 듯 보인다. 다만 한 회사에서 너무 오랫동안 한 가지 일만 해왔다는 것이 K의 불안감을 자극한 듯 보인다.

"이 일을 언제까지 계속할 수 있을까, 이 일만 해도 되는 것일까? 다른 일을 할 수는 있을까, 다른 회사로 옮길 수는 있을까?"

즉 오래 일한 직장에서 걱정스러운 부분이 생기자 스트레스를 받게 되어 불안감이 생긴 것이다.

그렇다면 우선 K의 직장생활의 문제는 무엇인지, 스트레스를 주는 요인이 무엇인지부터 파악해서 스트레스를 주는 요인을 줄이거나 제거하려는 노력이 필요하다. 상사와의 관계 때문인지, 동료와의 관계 때문인지, 역할 수행에 대한 불만족 때문인지, 업무에 장래성이 보이지 않기 때문인지, 회사에 비전이 없기 때문인지, 연봉이 오르기 않기 때문인지, 기타 다른 이유 때문인지 원인을 알아내서 해결하려는 노력을 해야 한다.

회사 내에서 해결할 수 있는 문제라면 다시 현재 직장생활에 만족하며 자존감을 가지고 지낼 수가 있다. K는 한 회사에 오래 다녀 내심 새로운 곳에서 적응하는 것을 부담스러워 하고 있다. 그렇다면 그런 방향으로 문제를 해결하는 편이 좋을 것이다. 하지만 회사에 비전이 없거나 업무 순환이 되지 않는 조직 구조 등 내부적으로 해결할 수 없는 문제라면 새로운 직장과 새로운 일을 찾아봐야 할 것이다.

정리하면 다음과 같다.

1. 먼저 현재 직장에서 스트레스 요인이 무엇인지 파악한다.
2. 스트레스 요인을 해결하기 위해 노력한다.
3. 스트레스 요인을 줄이거나 제거했는데도 계속 불만족스럽다면 직업 적성에 대해 고민해본다.
4. 직업 적성은 좋아하는 것과 잘하는 것, 보상 수준, 보람을 느낄 수 있는가 등을 고려해 신중히 검토해본다.
5. 직장을 옮겨야겠다는 마음이 들면 현 직장의 장단점을 정리해보고, 옮겼을 시(혹은 새로운 일)의 장단점을 비교, 분석해보자.

6. 현 직장을 다니는 것이 낫다고 판단되면 현실적으로 받아들이고 새로운 마음가짐으로 계속 다니면 된다.

7. 옮기는 것이 낫다고 판단되면, 섣부르게 현 직장을 그만두지 말고 미리 준비해서 갈 만한 곳을 충분히 검토한 후에 갈 곳을 정한다. 그런 다음 새 마음 새 뜻으로 새 직장에 가면 된다.

case 3 아이 교육 때문에 불안하고 짜증나는 여자

경력 7년차인 피부 마사지사이자 강남 유명 에스테틱에서 실장으로 일하고 있는 C. 그녀에게는 초등학교 1학년 딸이 하나 있다. 엄마가 늦게까지 일을 하기 때문에 딸아이는 학교가 끝나면 바로 학원으로 갔다가 집에 와서 혼자 학습지를 풀고 숙제를 한다. C는 아직 아이가 초등학교 1학년이니 그 정도면 괜찮을 거라고 생각하지만, 어쩌다 한번 학교에 가서 다른 엄마들이 하는 말을 들으면 자꾸 불안해진다.

"그 학원 프로그램이 좋다고 소문났더라."

"다른 건 몰라도 논술, 피아노, 영어는 어릴 때부터 시키는 게 좋대."

아이가 힘들어하면 참았던 화가 치밀어 올라서 때릴 때도 있다.

"다른 애들은 이것보다 더 많이 해. 넌 고작 학원 하나 다니고, 학습지 하나 하면서 뭘 그래? 이거라도 안 하면 넌 나중에 아무것도 못해!"

울면서 겨우 숙제를 마치고 잠이 든 아이를 보면 이게 뭐하는 짓인가 싶어서 한숨이 절로 나온다. 하지만 아이가 알아서 잘할 때까지 엄마가 습관을 잡아주고 컨트롤해줄 필요가 있다고 여겨져 다시 독해지기로 한다. 어차피 퇴근이 늦는 터라 아이가 학원에 갔는지, 학습지는 잘 풀었는지, 숙제는 다 했는지 하루하루 확인하기도 어려운데 이 정도 엄한 구석은 필요할 것 같다. 또한 아이를 잘 가르치려면 자신도 더 많은 공부가 필요하다는 생각에 주말이면 아이를 데리고 나가 서점에 가서 같이 책도 읽고 사이버대학원에도 다닐까 한다.

이렇게 아이 교육 문제로 흔들리고 있는 C에게 어떤 말을 해줄 수 있을까?

일과 양육을 병행하는 일은 쉽지가 않다. 일하는 여성이 점점 늘어나고 있는 지금, 워킹맘의 고민은 바로 이 부분이다. 물론 과거와는 달리 아이와 함께 얼마나 많은 시간을 보내는가 하는 물리적 부분보다는 아이를 어떻게 키울 것인가 하는 양육 철학이 더 중요한 시대이긴 하다. 그렇더라도 일하는 엄마들에게 아이 교육 문제는 외면하기가 힘들다. 아이가 현재 어떤 교육을 받느냐에 따라 아이의 미래가 달라진다는 생각을 떨칠 수 없기 때문이다. C의 경우도 비슷하다.

C는 이제 초등학교 1학년인 딸아이의 입장보다는 주변의 소식통, 소위 '아줌마 통신'에 더 신경을 쓰고 있다. 누구는 좋은 학원에 다니고, 누구는 피아노를 배우고, 누구는 영어를 배운다는 말에 그 정도까지는 안 하는 딸아이가 뒤처지지 않을까 불안해하고 있다. 그렇기에 아이가 고작 학습지 하나 풀기 싫다고 하면 화가 치밀어 올라 때리기까지 하는 것이다. 이건 분명 문제가 있다.

아이가 자신의 꿈을 이루고 행복하게 살 수 있도록 돕는 것이 부모의 역할이다. 그러기 위해서는 부모가 먼저 행복해져야 한다. 부모가 먼저 중심을 잡아야 한다. C는 직업 탓에 퇴근이 늦다. 그래서 아이의 공부를 직접 봐주지 못하는 것이 내심 불안하다. 다른 엄마들에 비해 정보도 늦고, 일일이 챙겨주지 못하니까 아이가 어리광을 부린다고 생각해서 더 엄하게 구는 것이다. 즉 엄마인 C도 스트레스를 받고 있는 상황이다.

따라서 C부터 스트레스에서 벗어나야 한다. 늦은 퇴근이 문제라면 퇴근 시간을 바꾸든지, 1주일에 이틀 정도는 빠른 퇴근을 하든지 해야 한다. 그럴 수 없다면 퇴근이 빠른 직장으로 옮기거나 퇴근이 빠른 직업으로 바꾸는 것도 한 방법이다. 도저히 그럴 수 없는 형편이라면 지금의 이 상황을 받아들이고, '아직 초등학교 1학년이니 그 정도면 괜찮다'라는 교육 철학에 확신을 가져야 한다.

엄마가 컨트롤해주기보다는 아이가 스스로 할 수 있는 능력을 길러줘야 한다. 딸아이가 때론 어리광도 부리지만 그래도 곧잘 해내고 있음을 믿고 칭찬해줘야 한다. 우리 아이에게 가장 좋은 것, 가장 어울리는 것을 찾아주는 사람은 다른 엄마가 아닌 바로 나임을 확신해야 한다. 다른 사람의 의견이 아닌 딸아이의 입장에서 딸에게 가장 잘 맞는 방법을 찾아줘야 한다.

그러기 위해서는 우선 아이의 특성에 대한 이해가 선행되어야 한다. 우리 아이가 무엇을 좋아하는지, 어떤 것에 흥미를 보이는지, 잘하는 것이 무엇인지, 장래의 꿈이 무엇인지 등을 관찰하고 파악해야 한다. 아이의 재능이 더 빛을 발하고 꽃을 피우는 방향으로 이끌고 도와줘야 한다. 필요하다면 전문가를 찾아갈 수도 있다. 혹시라도 아이가 집중을 하지 못한다면 주의력 결핍 과잉행동문제ADHD, 아동 우울증, 심리적 불안 등이 있는 것은 아닌지 확인하고 도움을 주는 것도 필요하다.

아이의 입장에서, 아이의 행복을 중심으로, 아이가 감당할 수 있는 양을 차근차근 꾸준히 학습하도록 유도하자. 학습이 끝난 뒤에는 칭찬을 해주어 동기부여가 되도록 해주자. 칭찬은 고래도 춤추게 한다고 했다. 특히 아이에게는 엄마의 칭찬 한마디처럼 좋은 것이 없다. 그렇게 엄마가 진실한 믿음을 준다면 아이는 반드시 공부에 흥미를 느끼고 잘하게 될 것이다.

무엇보다 흔들리지 않는 원칙을 갖는 것이 중요하다. 엄마가 이런 말, 저런 말에 휩쓸려 그때그때 교육 방침을 바꾼다면 아이는 혼란스러워하고 스트레스를 받는다. 부모가 아닌 아이의 입장에서 생각한다는 원칙을 세우고, 아이의 수준에 맞게, 흥미를 잃지 않게 동기부여를 하면서 스스로 할 수 있는 능력을 키워주는 것이 필요하다.

정리하면 다음과 같다.

1. 엄마에게 스트레스 요인이 있는지 파악한다.
2. 스트레스 요인이 있다면 그것을 줄이거나 없애야 한다. 스트레스 요인을 해결하기 위한 대처 방안을 세우고 실행해보자. 엄마가 먼저 중심을 잡고 행복해져야 한다.

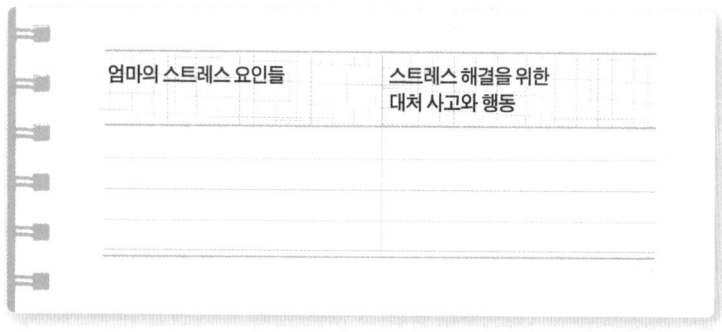

3. 아이에게 문제가 없는지 파악한다. 문제가 있다면 치료 등의 도움을 받는다.

4. 문제가 없다면 아이의 특성과 수준, 발달 속도에 맞춰 학습 계획을 세워야 한다.

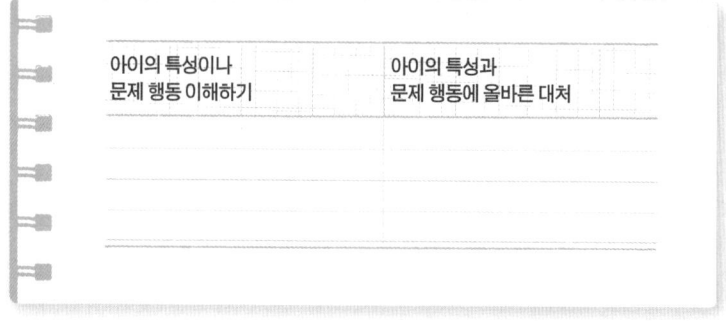

5. 흥미를 유발시키고 동기부여가 될 수 있도록 과제를 잘 수행할 때마다 칭찬을 해준다.

6. 필요에 따라 전문가의 도움을 받는다.

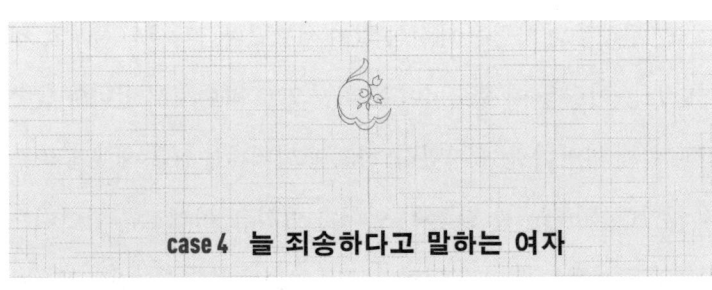

case 4 늘 죄송하다고 말하는 여자

H는 대학을 졸업하자마자 온라인 홍보회사에 입사했다. 컴퓨터 공학과를 졸업한 그녀는 온라인상의 업무에서는 탁월함을 보였지만, 사람을 대하는 것은 어려워하고 서툴렀다. H는 항상 죄송하다는 말을 달고 산다. 별 문제가 아닌데도 자꾸 죄송하다는 말이 먼저 튀어나온다.

H는 점점 자신감을 잃었다. 회사 나오는 것이 싫어지고 하는 일에도 점점 흥미가 떨어졌다. 목소리는 움츠러들고 표정은 어두워졌다. 만나는 사람마다 젊은 사람이 왜 이리 생기가 없느냐, 안 좋은 일 있느냐, 대답 좀 똑바로 하라는 등 부정적인 평가를 내렸다. 아무리 온라인 업무를 잘 처리해도 사람 만나는 일에 어려움을 느끼니 생각한 만큼 성과가 나지 않았다. 함께 일하는 파트너들에게도 눈치가 보였다.

H는 원래부터 사람을 대하는 일이 서툴렀다. 3남매의 둘째로 태어난 H는 어렸을 때 부모님이 돈 버는 일로 바쁘셔서 언니와 남동생과 함께 할머니 손에 자랐다. 하지만 할머니는 H를 예쁘게 봐주지 않았다. 위로는 말 잘 듣는 언니가 있었고, 아래로는 할머니가 끔찍이 좋아하는 손자가 있었다. 그 사이에 끼인 H는 천덕꾸러기였다. 언니나 남동생과 싸움을 해도 야단은 늘 H만 맞았다. 그래서 H는 언니나 남동생과 싸우는 일이 없도록, 밉보여서 할머니에게 이르는 일 없도록 조심하며 살았다. 저절로 남의 눈치 보는 일이 늘어났다. 친구들이나 주변 사람들한테도 "왜 이리 눈치를 보니? 자신감을 좀 가져"라는 말을 가장 많이 들었다.

　지금 H는 사람이 없는 곳에서 일하고 싶다. 혼자 일해도 되는 곳이 있다면 불러줬으면 좋겠다. 일 하나는 자신 있고 즐겁게 하고 있다. 하지만 사람을 대하는 문제 때문에 너무 괴롭다. 그 때문에 회사를 그만두고 싶을 지경이다. 일이 아닌 사람 대하는 것 때문에 그만두고 싶다니, 우울하기까지 하다.

　도대체 H의 문제는 무엇일까? 어떻게 하면 자신감을 갖고 사람들과의 관계가 좋아질 수 있을까?

H는 아동기 시절에 정서적 욕구가 충족되지 않아 성인이 되어서도 문제를 겪고 있는 케이스다. 어릴 때 부모님이 바쁘신 바람에 부모와 안정적인 애착관계를 형성하지 못해 자존감이 낮아진 상황에서 양육을 맡아준 할머니조차 사랑해주지 않고 천덕꾸러기 취급을 하는 바람에 더욱 자존심이 낮아졌다.

말 잘 듣는 언니와 남자라는 이유로 끔찍이 사랑받던 남동생 때문에 H는 무엇을 해도 사랑받지 못한다는 생각을 하게 되었고, 이렇게 나는 사랑받지 못하는 존재라는 열등감이 부정적 사고를 키우면서 자신을 과소평가하게 되었던 것이다. 그로 인해 행동이 위축되고 주눅 들 수밖에 없었다. 이렇게 자존감이 낮은 상태로 사람들 눈치만 보며 살다 보니 부적응적인 삶을 살아오게 된 것이다.

이런 H의 문제를 해결하기 위해서는 먼저 H가 자기 자신을 이해하고 사랑하는 과정을 거쳐야 한다. 물론 한순간에 해결되기란 어렵다. 오랜 세월 지속적으로 부정적 정서를 경험해온 만큼 찬찬히 오랜 기간 동안 자신을 돌아보면서 자신의 과거 모습을 조금씩 극복하고, 이제 더 이상 자신을 과소평가하지 않아도 된다는 사실에 마주해야 한다.

사실 할머니는 옛날 분이다. 어떤 면에선 남아선호사상이 남아 있는 분이다. 그런 만큼 할머니 시대 때의 사상을 이해해야 한다. 게다가 할머니 혼자 아이 셋을 키우기란 쉬운 일이 아니다. 어쩌면 할머니는 말 잘 듣는 언니를 예뻐한 것이 아니라 의지한 것일 수도 있다.

거꾸로 생각해보면 자신은 눈에 덜 띄는 존재여서 언니나 남동생보다 덜 혼난 일도 있었을 것이다. 어쩌면 할머니의 관심을 끌기 위해 H가 말썽을 부린 측면도 있을 것이다. 반대로 H가 할머니를 기쁘게 해드린 적도 분명 있을 것이다. 열 손가락 깨물어 안 아픈 손가락 없다고, 자주 뵐 수는 없었지만 볼 때마다 부모님은 자식 셋을 똑같이 사랑하고 아꼈을 것이다.

H는 충분히 사랑받을 자격이 있는 딸이었다. 이제 '사랑받을 자격이 충분한 딸'을 기억하고 어깨를 펴면 된다.

게다가 지금 그녀는 자기 몫을 잘해내고 있는 훌륭한 사회인이 되었다. 스스로도 자신이 일을 잘하고 있다는 것을 알고 있고, 상사나 선배들도 일 잘한다는 평가를 해주었을 것이다. 일단 직장에서는 다른 어떤 것보다 일을 잘하는 것이 중요하다. 그러니 위축될 필요 없다.

거기에 사람을 대하는 태도만 좀 더 부드러워진다면 문제없다.

어렵게 생각하지 말고, 가볍게 웃으며 "안녕하세요!"란 인사만 활기차게 해도 사람들의 반응이 달라질 것이다. 물론 처음엔 평소와 다른 느낌에 사람들이 놀랄 테지만, 그조차 긍정의 반응이라고 생각하면 된다. 얼마 후 사람들은 이렇게 말할 것이다.

"H씨, 요새 얼굴 참 좋아졌어. 잘 웃고 인사도 잘하고!"

정리하면 다음과 같다.

1. 먼저 어린 시절의 자신이 살아온 과정을 있는 그대로 이해하는 것이 필요하다.
2. 인간은 생각하는 대로 느끼고 행동한다. 과거 자신을 부정적으로 인식하고 과소평가한 측면이 현재의 위축되고 자신감 없는 나로 만들었음을 인정하고 과거의 그늘로부터 벗어나기 위해 노력한다.
3. 과거의 부정적 사고와 과소평가를 긍정적 사고와 제대로 된 자신의 평가로 바꾼다. 이런 과정을 통해 자존감을 회복해나간다.
4. 매일 또는 1주일에 한 번씩 정기적으로 부정적 사고나 과소평가로 인해 주눅 들고 위축되고 자신감 없이 굴었던 태도와 행동을 적는다. 그리고 그에 반박하는 긍정적 대안 사고를 적으면서 사고를 전환시킨다. 이런 과정을 통해 당당하고 자신감 있는 나로 변모시킨다. 반복적으로 하다 보면 서서히 자존감이 회복될 것이다.

자신감 없이 행동한 상황과 감정 적기	부정적·왜곡된 사고	긍정적 대안 사고
10월 15일 3시경 보고서 제출 전 컨펌 과정. 일목요연하게 구성 잘했다고 칭찬받은 후에 몇 군데 오타만 수정해서 다시 올리라는 말을 들음. 오타가 몇 개 있다는 말에 주눅이 들어 제대로 확인하지 못해서 죄송하다고 몇 번이고 사과하고 돌아옴. 우울함.	난 왜 이리 칠칠맞지 못할까. 그런 것도 잡아내지 못하다니. 내 정신머리가 이렇지 뭐.	이 정도 실수는 누구나 하는걸 뭐. 구성 잘했다고 칭찬받았잖아. 대신 다음부터는 오탈자도 꼼꼼히 잘 봐서 완벽하다는 칭찬을 받자.

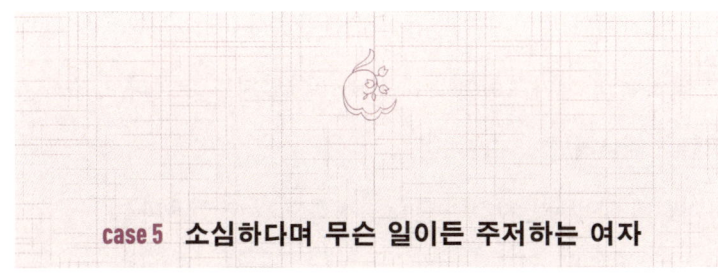

case 5 소심하다며 무슨 일이든 주저하는 여자

대학교 4학년생인 A는 언제나 조용한 편이다. 평소 자기 의견을 내세우기보다는 다른 사람이 하자는 대로 따라한다. 어릴 때부터 자신이 먼저 나서서 뭘 하자고 말해본 적이 거의 없다. 그저 주저하며 친구들이나 다른 사람들의 말대로 했다. 대학도 부모님이 정해준 곳으로 왔다. 그러다 보니 스스로 무언가를 결정하는 일이 망설여진다.

이제 졸업할 때가 되어 취직을 해야 하는데 무엇을 어떻게 해야 할지 도통 알 수가 없다. 주변 사람들에게 물어보아도 이제 그 정도는 알아서 해야 하지 않겠느냐며 답변을 해주지 않는다. 그러는 통에 A는 요즘 부쩍 마음이 답답해진다.

"내가 무슨 일을 할 수나 있는 걸까? 무엇을 해야 하는 거지?"

친구들은 하나 둘 자신의 진로를 결정해 필요한 것을 준비하고 있는데 자기만 뒤처지는거 같아서 불안하다. 다른 사람들이 말하는 것처럼 자신이 A형이라 소심해서 그럴지도 모른다고 가끔은 위안도 해보지만 잠시뿐이다.

어떻게 해야 A는 자신의 길을 결정하고 갈 수 있을까?

A는 언제나 조용하고 어릴 적부터 결정을 잘 못했다는 것으로 보아 의존적 성격의 특성을 지녔다고 볼 수 있다. 이런 경우 의지하는 행동은 보호받기 위한 것으로, 타인의 도움 없이는 적절하게 기능할 수 없다는 자기 짐작에서 나온다. 따라서 타인의 의견 없이는 결정을 내리지 못하고, 매우 중요한 자신의 영역에까지 타인을 필요로 한다.

의지하는 사람에게는 반대 의견을 내기가 어렵고, 지지와 칭찬을 상실하지 않을까 하는 두려움을 가질 수도 있다. 혼자 있으면 무기력감을 느끼고, 스스로 돌보는 것과 독립하는 것에 대해서도 두려움을 갖는다.

현재 A의 가장 중요한 문제는 졸업 후 취직이다. 이는 독립과 직업 정체성에 대한 확립을 뜻하는데 스스로 생각조차 할 수 없다니

심각한 문제라고 할 수 있다. 결국은 그러한 의존적 성향에서 벗어나야 진정한 행복과 독립을 이룰 수 있으니, 이번을 좋은 기회로 삼아서 독립적 성향을 갖춰보는 것도 좋겠다.

일단 A형은 소심하다 등의 혈액형으로 인한 성격 관련 이야기는 사실이 아니다. 성격과 혈액형은 관련이 없다는 것이 관련 연구의 주된 흐름이다. 따라서 그냥 잠깐의 재미로 흘려듣고 말아야 한다.

A가 소심한 것은 절대 혈액형 탓이 아니다. 또한 성격은 타고난다는 유전적 결정론이 있긴 하지만, 주변 환경에 따라 변할 수 있다는 환경 결정론이나 감정·윤리·종교와 같은 정신적 영역에 영향을 받는다는 견해도 있으니 성격도 다듬어지고 변화될 수 있다는 확신을 가지고 노력해보는 것이 좋겠다.

다음으로 어린 시절 부모와의 분리가 잘 안 되었거나 불안정한 애착, 애정 결핍, 과잉 의존의 문제가 있었는지 자신을 잘 돌아보고 보호나 헤어짐에 대한 두려움을 서서히 극복해나가야 한다. 어릴 때 딸의 건강이 나쁘거나 오랜 결혼생활 끝에 정말 귀하게 얻은 딸이라서 부모가 과잉보호를 했을 수도 있고, 갑자기 변해버린 집안 사정 때문에 딸을 돌볼 시간이 없어서 부모와 불안정한 애착 관계가 형성된 것일 수도 있다. 이렇게 자신의 성장 과정을 돌아보고 부모와의 대화를 통해 사정을 이해하면 문제 해결이 한층 쉬워진다.

그리고 작은 일부터 하나하나 결정하는 습관을 들여보자. 당장 오늘 점심 메뉴부터 생각하고 결정해보자. 약속 장소에 가기 위해 버스를 탈 것인지 지하철을 탈 것인지 결정해보자. 이런 식으로 점점 결정하는 일에 익숙해진다면 부모님 및 주변 사람들의 다양한 취업 관련 조언들을 들어보고, 자신에게 어울리는 일이 무엇인지 찾아 결정하면 된다. 필요하다면 취업 전문가의 의견도 구할 수 있다. 요새는 대학마다 취업센터도 운영하고 있으니 도움을 받는 일이 어렵지는 않을 것이다.

중요한 것은 결정을 내리는 사람은 다른 누구도 아닌 자신이라는 사실, 그리고 그에 대한 책임을 지는 것도 본인이라는 사실이다. 이를 명심해야 한다.

정리하면 다음과 같다.

1. 먼저 자신의 어릴 적 삶을 통해 자신이 의존적이 된 이유에 대해서 돌아보는 과정이 필요하다. 부모와 불안정한 정서적 관계였는지, 너무 과잉보호를 받았던 것은 아니었는지 생각해보자.
2. 과거의 상처나 처지에 대해 스스로 공감하면서 극복하려는 의지를 갖는다.

3. 혈액형론같이 잘못된 믿음을 주는 것은 흘려버리라. 의존적 성격은 변할 수 있다는 믿음을 가지라.

4. 독립적인 방향으로 나아가기 위해 작은 일부터 스스로 결정하는 습관을 들인다. 이런 것을 기록으로 남겨 변화하는 모습에 고무되고 동기부여를 할 수 있게 하는 것도 좋다.

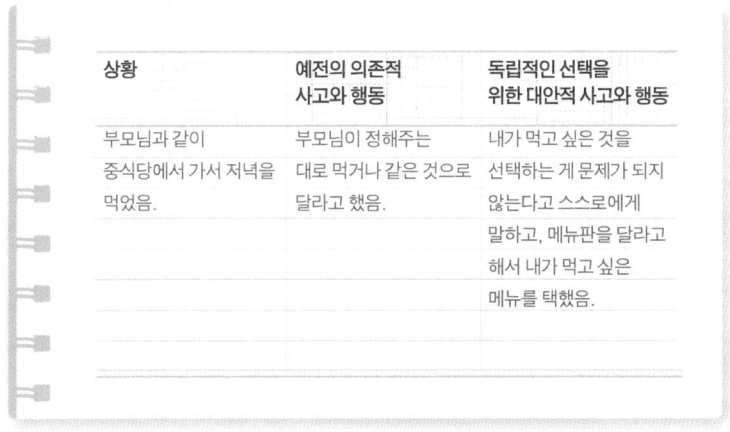

상황	예전의 의존적 사고와 행동	독립적인 선택을 위한 대안적 사고와 행동
부모님과 같이 중식당에서 가서 저녁을 먹었음.	부모님이 정해주는 대로 먹거나 같은 것으로 달라고 했음.	내가 먹고 싶은 것을 선택하는 게 문제가 되지 않는다고 스스로에게 말하고, 메뉴판을 달라고 해서 내가 먹고 싶은 메뉴를 택했음.

5. 대학 졸업 후 어떤 일을 할 것인가에 대해서도 진지하게 고민해보자.

6. 결정하는 일이 익숙해졌다면 내가 잘하는 것이 무엇인지, 좋아하는 것이 무엇인지, 보람 있다고 느끼는 일은 무엇인지, 현실적으로 할 수 있는 일이 무엇인지, 적절한 보상이 될 만한 일이 무엇인지 등을 고려해 진로 선택을 해본다. 필요하다면 다양한 조언을 구해도 좋다.

	1	2	3
잘하는 것			
좋아하는 것			
보람을 느끼는 일			
취직 가능성이 있는 일			
보상이 적절한 직업			

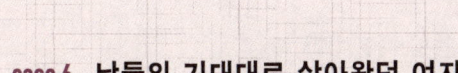

case 6 남들의 기대대로 살아왔던 여자

어릴 때부터 우등생인 데다가 효녀라는 소리를 듣고 자란 S는 자신의 마음이나 의견보다는 주로 부모나 친구들의 기대에 맞춰 행동하고 살아왔다.

초등학생 시절 좋은 성적표를 받아오자 기뻐하는 부모님의 모습을 보고 자신도 행복하다고 생각했다. 학년이 올라갈수록 공부가 힘들고 어려워졌지만 성적이 떨어지면 부모님이 실망할 것 같아 오로지 공부에만 매달렸고, 결국 부모님의 기대대로 서울에 있는 명문대에 입학하게 되었다. 공부뿐 아니라 그동안 S는 부모님의 말씀을 어기거나 기대에 어긋나는 행동은 한 번도 한 적이 없었다.

그리고 이제 곧 취업을 앞두게 되었는데, 부모님은 첫 직장이 중요하니 무조건 대기업 마케팅팀에 가라고 말씀했다. 그런데 S는 기획 쪽 일을 하고 싶었고, 내심 자신에게 그럴 기회가 닿을 만하다고 점 찍어둔 중견기업이 있었다. 하지만 자신 있게 말하지 못했다. 혹시 부모님의 기대에 반하는 말을 해서 실망시키면 어쩌나 하는 생각이 들었기 때문이다.

S는 과연 어떻게 해야 할까? 부모님의 기대대로 대기업 마케팅팀에 들어가야 할까, 자신이 원하는 중견기업 기획팀에 들어가야 할까?

주변의 기대에 맞추는 것을 통해 인정받고 사랑받고 싶은 욕구를 충족하며 살아왔을 가능성이 높은 케이스다. 하지만 직업 선택을 앞두고 내면의 갈등이 생겨버렸다. 부모님의 의사에 처음으로 반하는 마음이 생긴 터라 본인도 내심 당황하고 혼란스러울 것이다.

우선은 부모님께 과도히 사랑받고 인정받으려는 욕구가 있는 자신을 잘 파악하고 인정해야 한다. 좋은 성적표에 행복해하는 부모님의 모습 때문에 공부가 힘들고 어려워도 내색하지 않고 훌륭한 성과를 거둔 것은 분명 좋은 일이지만, 때문에 다른 포기한 것들이 많았을 것이다. 그 부분에 대한 아쉬움과 억눌린 감정들이 분명 있을 것이다. 만약 부모님의 기대대로 대기업에 입사했는데 회사생활이 예상과 달리 흐른다면 그 억눌렸던 감정이 폭발해 상처가 되는 수도 있다.

TV 드라마에 흔히 나오는 갈등 중에 하나가 바로 이런 것이다. 부모의 뜻에 맞춰 잘 살아왔다가 단 한 번 자신이 진정 원하는 것을 획득하지 못했을 때 "내가 그동안 부모님 기대에 맞춰 살아오느라 얼마나 힘들지 아세요!"라고 분노하는 장면을 많이 봤을 것이다. 어쩌면 S도 취업이라는 기제를 통해서 이런 부분이 폭발될 수 있다.

진정한 사랑이란 '그 사람의 모습을 있는 그대로 받아들이는 것'이라는 말이 있다. 부모는 이러한 사랑을 보여주는 표상이다. 물론 가장 가까운 관계고, 가장 사랑하는 사이라서 때론 의도치 않게 상처를 주기도 하지만, 그래도 이 세상에 아무런 조건 없이 나를 사랑해주는 유일한 사람은 바로 부모다. 그런 만큼 S가 우등생이나 효녀가 아니어도 부모님은 사랑을 주었을 테고, S가 성장해서 한 사람의 몫을 하는 모습을 보는 것만으로도 행복감을 느꼈을 것이다.

무엇보다 지금껏 S는 한 번도 부모님을 실망시켜드린 적이 없었다. S가 그런 부분을 환기시키면서 이번에도 실망시켜드리지 않을 테니 이번 한 번만 자신의 선택을 믿고 지지해달라고 정중히 요청한다면 자식 이기는 부모 없다고 부모님도 허락을 해줄 것이다. 물론 지금껏 그랬던 적이 없어 처음에는 내심 놀라거나 당황할 수도 있다. 하지만 실망시킨 적이 없던 딸의 선택이니만큼 믿고 지지해줄 것이다.

　이 세상에 자식의 불행을 바라는 부모는 없다. '행복하게 잘사는 것이 효도다'라는 말도 있다. 훗날 S가 원하는 일을 하면서 능력을 인정받으면 부모님 또한 자랑스러워할 것이다. 그러니 필요 이상으로 애쓰며 너무 무리할 필요는 없다. 이제는 S도 한 사람의 성인이다. 한 사람의 성인으로서 자신의 인생에 책임지며 당당하고 행복하게 사는 것이 진정한 효도임을 깨달을 필요가 있다.

　다만 인생은 예측불허다. 인생 선배인 부모님의 말씀이 맞을 때도 있다. 그런 만큼 무조건 내가 하고 싶은 일이라고 고집을 피우기보다는 현명하게 대응할 필요가 있다. 부모님이 원하는 일과 자신이 원하는 일의 장단점을 비교해보고 종합하여 선택을 내리는 것이다.

　다음과 같이 각각의 장단점과 총평을 표로 작성해보자. 부모님이 원하시는 일의 장점이 더 크다면 부모님의 말씀을 따를 필요가 있고, 그렇지 않다면 그것을 토대로 하여 부모님을 설득시키면 된다. 합리적인 결정에 부모님도 동의해줄 것이다.

	장점	단점	총평
부모님이 원하는 직업			
내가 원하는 직업			

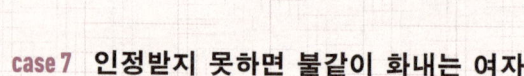

case 7 인정받지 못하면 불같이 화내는 여자

L은 결혼한 지 30년이 넘은 주부이자 한 사단법인의 원장이다. 남편은 대기업의 부사장이고 자식들도 모두 남부럽지 않은 직장에 들어갔다. 겉보기에는 부족할 게 없는 성공한 인생의 주인공이다. 하지만 그 이면을 살펴보면 조금 다르다. 시어머니와 친정어머니를 동시에 모신 적도 있고, 자식들은 독립하고 남편은 지방 근무라서 홀로 넓은 아파트에서 지내고 있다. 자식들이나 남편이나 저마다 바쁜 처지라 자주 보기는 힘들다.

　L은 자기주장이 강한 사람이다. 어느 자리든 어떤 모임이든 자신이 주도적으로 이끈다. 여러 사람의 의견을 듣고 난 후 정리하는 것도 그녀의 몫이다. 상대의 말이 쓸데없이 길어지거나 초점에서 어긋났다고 생각하면 중간에 끼어들어 가로채기도 한다. 자신의 의견에 반대하는 사람은 끝까지 몰아붙여 자신이 잘못했다는 말

을 들어야 속이 풀린다.

평소 밥도 자주 사고, 선물도 자주 하고, 어려운 사람을 보면 그냥 넘어가지 못하는 면도 있어서 평소 사람들은 그녀 앞에서는 다 옳다, 좋다고 해준다. 그럴 때면 L은 자신이 대단한 사람이라는 생각이 들어 자꾸 모임을 주최하려고 한다. 하지만 사람들의 속내는 또 다르다. 그녀와 함께 있는 것이 여간 불편하지 않다.

그러던 어느 날 문제가 생겼다. 분위기 좋은 장소에서 자신이 투자하기로 한 연극의 작가 겸 기획자와 더불어 홍보대행사 팀과 계약을 축하하는 자리였다. L은 개인적인 사정으로 인해 투자를 고민해야 되는 상황이라고 말을 꺼냈다. 그러고는 여기 모인 사람들의 의견을 듣고 싶다며 한 명씩 의견을 말해달라고 했다. 홍보대행사 대표는 "어떤 결정을 내리시든 그대로 따르겠습니다"라고 말했다. 그러자 L은 "왜 말씀을 그렇게밖에 못하세요? 제 상황이 어떤지 이해 좀 해주시면 안 돼요? 하고 싶은지 아닌지 딱 결정을 해서 말씀해주세요!"라고 격앙된 어조로 말했다. 그러자 홍보대행사 대표는 없었던 일로 하자며 자리를 떴다.

사실 L이 듣고 싶었던 말은 어려워도 함께 해달라는 부탁이었다. 그런데 원하는 답이 나오지 않아 기분이 나빠진 것이다.

"미안해요. 제 의도는 그런 게 아니었고, 그저 위로가 좀 필요했어요. 오늘 일은 없던 걸로 하고 다음에 다시 만나 논의하기로 하지요. 대표님께도 그렇게 전해주세요."

L은 아무렇지 않은 척 남은 사람들에게 이렇게 말하고 자리에서 일어났다. 그리고 추후에 다시 관계자들을 몇 차례 만나 투자를 확정지었다. 연극은 성공적으로 무대에 오를 수 있었다.

결국 투자를 하게 되었을 거면서 왜 L은 고민이 된다며 동의를 얻으려고 했을까? 도대체 그녀의 의도는 무엇이었을까?

자신의 의사에 반하면 공격적인 성향을 보이고, 자신의 의견을 일방적으로 밀어붙이는 면을 보아 L은 성격적으로 자기애적 경향이 강한 편이다. 반면에 어려운 사람을 돕는 따뜻한 마음씨도 가지고 있다. 이런 통 크게 베푸는 마음 때문에 사람들이 따르기도 하겠지만 일방적인 측면이 강해서 불편해할 가능성도 있다.

현재 L은 외로운 상태로 보인다. 자식들은 성장해서 독립했고, 남편은 지방 근무로 인해 같이 보내는 시간이 적다. 그렇기에 자주 모임을 주최하려고 하는 것이다. 그런 식으로 자기의 존재감을 확인하고 외로움을 잊어보려는 것이다. 하지만 그녀는 그런 것을 내색하지 않는다. 오히려 더 강한 척할 뿐이다.

사실 L은 투자에 대한 고민을 할 필요가 없었다. 아니, 할 이유가 없었다. 정말 고민이 되었다면 수익적인 측면을 따져보거나, 예술적으로 그 연극이 가치가 있는지 아닌지 따져보고 의미가 있다면 투자하면 됐을 일이다. 좋은 공연을 위해 기부한다는 측면도 있을 수 있다.

그런데 그녀는 그냥 "함께 해달라"는 말이 듣고 싶었다. 자기애적 욕구와 위로받고 싶은 욕구가 그녀로 하여금 연극에 투자하도록 만들었기 때문이다. 그러한 답변을 통해 자신이 누군가에게 필요한 존재이며, 홀로인 사람이 아니라는 확인을 받고 싶었을 따름이다. 그녀가 "그저 위로가 필요했어요"라고 말한 것은 어쩌면 본심이었을지도 모른다. 그것이 거부당하자 상처받았던 것이다.

하지만 여기에서 다시 L의 자기중심적이고 일방적인 성향이 드러나는 것을 볼 수 있다. 홍보대행사 대표가 투자를 없었던 걸로 하자며 자리를 떠버리자, 그 일 자체를 없었던 걸로 하자며 판을 깨버린 것이다. 그리고 끝내는 자신의 의도대로 연극에 투자했다. 결국 연극 투자를 둘러싸고 벌어진 이 해프닝은 L이 자기애적 욕구를 충족시키기를 바랐다가 좌절이 되자 그에 대한 손상 반응으로 벌어진 일이라고 볼 수 있다.

L은 지금 외로우며 자기애적 욕구가 덜 충족된 상태다. 이러한 자신의 상황에 대해 이해할 필요가 있다. 사회적으로는 성공했지만 가족 간 교류가 너무 없는 상태다. 서로 바쁘다는 핑계로 소홀하면 나중에 후회할 날이 온다. 부모 자식 간에 자존심이 어디 있겠는가? 어머니인 L부터 자식들에게 연락을 취하며 챙기는 편이 좋을 것이다. 또한 다른 사람들을 자주 만나기보다는 지방 근무하는 남편을 한 번이라도 더 찾아가보는 편이 나을 것이다. 어쩌면 남편도 지금 외로울지 모른다. '어차피 남는 건 부부'라는 말도 있지 않은가. 인생의 황혼기에 서로 알뜰히 살피는 것도 필요하다.

아울러 너무 심한 자기애적 성향으로 문제가 된 부분들을 반성하고 좀 더 너그러운 마음을 가지는 것이 좋겠다. 사실 자기애적 성향이 나쁜 것은 아니다. 자존감은 자기애로부터 비롯되는 것이니만큼 건강한 자기애는 필수적이다. 하지만 이것이 너무 과하면 문제가 된다. 자기애적 욕구를 너무 앞세워 홍보대행사 대표의 감정을 상하게 만들어 자리를 떠나게 만든 것이 바로 그렇다. 진정한 자기애는 이타심도 발휘한다. L은 자기애적 성향이 강하면서도 마음이 따뜻한 사람이다. 이런 부분을 좀 더 적절히 조화시킨다면 건강한 자기애를 가진 사람으로 거듭날 수 있을 것이다.

정리해보자.

1. 먼저 자신의 현 상황에 대한 이해가 필요하다. 사회적으로는 성공했지만 자식들의 독립과 남편의 지방 근무로 인해 외로움을 느끼는 자신의 감정을 알아차려야 한다.

2. 자신의 성격에 대한 이해도 필요하다. 마음이 따뜻한 사람인데, 자기애적 성향이 과하게 발휘되는 것이 문제다. 그로 인해 다른 사람의 기분을 상하게 만들거나 자존심을 건드린 적은 없는지 돌아보자.

3. 너무 심한 자기애적 성향 때문에 감정적으로 행동해서 이성적 판단을 그르친 일이 없는지 되돌아보자.

4. 자기애적 성향으로 문제가 된 경우와 자기애적 성향으로 좋은 결과를 낳은 경우를 정리해본다. 그것을 토대로 문제가 되는 자기애적 성향과 건강한 자기애적 성향에 대해 이해하고, 문제가 되는 자기애적 성향은 낮추도록 노력한다.

	자기애적 성향으로 문제가 된 경우	자기애적 성향이 건강하게 발휘되어 좋은 결과를 낳은 경우
1		
2		

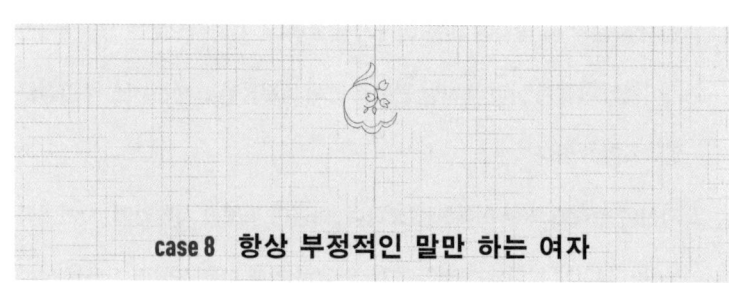

case 8 항상 부정적인 말만 하는 여자

W는 30대 초반의 여성으로 다섯 살 난 아이가 있는 평범한 워킹맘이다. 그녀는 회사에서 어려움에 처하거나 상사에게 혼이 나면 자신의 처지를 비관하기 일쑤다.

"우리 부모가 부자였으면 내가 이렇게 살지 않았을 텐데."
"내가 공부만 좀 더 잘했더라면 이따위 회사에 들어와서 이런 수모를 당하지 않았을 텐데."
"내가 조금만 더 예쁘고 똑똑했으면 나를 일하게 하는 남자와 결혼하지 않았을 텐데."

그녀는 자신이 불행하다고 생각했고, 얼굴에는 점점 불만과 짜증만 늘어나 웃음기 하나 없는 부루퉁한 사람으로 변했다. 동료들과 말을 해도 늘 부정적으로 말하는 통에 같이 밥 먹자는 사람도 점점 줄어들었다.

W는 퇴근하기가 무섭게 집으로 돌아와 아이와 시간을 보낸다. 문제는 아이와도 부정적인 말로 대화를 한다는 것이었다.

"엄마 나 오늘 동화책 혼자서 읽었어요."

"그럼 그림만 있는 책인데 그것도 혼자 못 읽니? 옆집 진수는 영어 스펠링도 척척 읽는다는데 넌 대체 누굴 닮아서 그 모양이니?"

엄마의 구박을 받은 아이는 눈물을 뚝뚝 흘린다. 하지만 W는 매몰차다.

"뭘 잘했다고 울어? 울지 마, 뚝! 너 학습지 다 풀 때까지 밥도 안 줄 거니까 그런 줄 알아!"

문제는 아이가 유치원에 가면 사나워진다는 것이다. 엄마 앞에서는 양처럼 순하고 서럽게 우는 아이가 유치원에 가면 폭력적으로 변해 다른 아이들을 괴롭히고 울렸다. 그 때문에 유치원에서 W를 불러 면담을 요청하기도 했다. 그러면 W는 더욱더 자신의 상황을 비관하며 "내가 왜 이렇게 살아야 돼!" 하면서 남편과 아이를 괴롭힌다.

도대체 W의 문제는 무엇일까?

부정적 상황에 대해 부정적 생각을 할 수는 있다. 그것이 사람의 본심이다. 하지만 부정적 생각에 빠져서 벗어나지 못하면 부정적 감정을 낳고 부정적 행동으로까지 이어진다.

W는 부정적 상황에 맞닥뜨릴 때마다 부정적 생각만 하면서 부정적 행동을 하고 있다. 회사에서건 집에서건 상관없다. 특히 힘없는 아이에게 공격적 행동을 함으로써 아이가 공격적 행동을 내재화하여 다른 아이에게 공격적인 양상을 보이게끔 하고 있다. 그런 아이의 행동이 문제가 되자 결혼생활에 대한 비관으로까지 번지고 있다.

현재 W는 부정적 생각으로 인해 직장생활, 결혼생활, 아이 양육에까지 큰 문제를 겪고 있다. 특히 W의 부정적 생각으로 인한 공격적 성향이 아이에게 되물림되고 있다는 것은 심각한 현상이다. 우선은 자신의 부정적 감정과 행동이 아이에게 부정적 영향을 미친다는 점을 깨닫고 아이에 대한 공격적 성향을 멈출 필요가 있다.

더불어 부정적 생각이 이미 생활 전반에 영향을 끼치고 있음을 깨달아야 한다. 이미 지나간 과거는 되돌릴 수 없다. 평범한 집안, 평범한 성적, 평범한 남편과의 결혼. 이런 부분을 탓해봤자 변하는 것은 하나도 없다. 직장생활이, 결혼생활이 힘든 이유는 부정적 사고의 고리에서 벗어나오지 못하는 W에게 있다. 조금만 상황이 안 좋아도 불같이 부정적 감정에 빠지는 자신을 제어하고 조금은 이성적으로 생각할 필요가 있다.

긍정적인 마음으로 긍정적인 생각, 대안적인 생각을 하도록 노력해야 한다. 할 수 있다는 확신을 가지고 시도해보는 것이 중요하다. 혹시라도 이미 깊은 우울증과 비관에 빠진 것 같다는 생각이 들면 전문가의 도움이 필요할 수도 있다. 생각을 바꾸면 감정이나 행동도 바뀐다. 이 점을 꼭 염두에 두고 부정적 생각을 긍정적 생각으로 대치해보자.

우리 부모가 부자였으면 내가 이렇게 살지 않았을 텐데.

···▶ 부모가 부자라고 해서 다 잘사는 것은 아니야. 자수성가한 사람들도 얼마나 많아! 그런 사람들의 긍정적 태도와 성공의 자세를 배우자. 노력하면 나도 잘될 수 있어.

내가 공부만 좀 더 잘했더라면 이따위 회사에 들어와서 이런 수모를 당하지 않았을 텐데.

···▶ 우리 부장은 공부를 잘하고 못하고 상관없이 누구에게나 혼

을 내는 타입이야. 그러니 자책할 필요는 없어. 지금 이 순간이 지나면 무슨 일이 있었냐는 듯 까먹을걸? 정신 똑바로 차리고 내 일만 열심히 하면 돼.

내가 조금만 더 예쁘고 똑똑했으면 나를 일하게 하는 남자와 결혼하지 않았을 텐데.

⋯▶ 그래도 우리 남편이 집안일을 얼마나 잘 도와주는데. 자기도 일하느라 힘들 텐데 집에 오면 힘든 내색 하나도 안 하고. 게다가 우리 남편 아니면 귀여운 우리 아이를 어떻게 얻었겠어?

이처럼 부정적 생각을 적극적으로 반박하는 긍정적 생각을 하다 보면 긍정적 감정이 더 많이 생기고 긍정적 행동을 하게 된다. 그리고 주변에도 긍정적인 영향을 미치게 된다.

더불어 엄마의 부정적 행동에 영향을 받은 아이의 공격적 성향도 교정해줄 필요가 있다. 그간 아이에게 행했던 부정적인 언사를 버리고 아이를 따뜻하게 보듬어줘야 한다. 아이와 눈을 맞추어 대화하고, 아이를 사랑하고 있음을 몸과 마음으로 표현해주자. 특히 잘한 행동은 칭찬을 통해 꼭 보상을 해주어야 한다. 엄마의 칭찬만큼 아이를 기쁘게 하는 것이 없다.

문제 행동이 계속될 경우에는 반응을 보이지 않도록 한다. 엄마의 칭찬은 정서적 보상이 되어 아이는 더 잘하려는 마음이 생긴다. 그런데 무반응은 정서적 보상이 없어 아이가 그 행동을 하는 데 흥미를 잃게 된다. 무엇보다 억지로 아이를 교정시키려고 혼을 내거나 때리는 경우에는 그런 엄마의 행동을 통해 아이가 소리 지르고 때리는 것에 학습이 되거나 복수심이 생기는 등의 문제가 생길 수 있으니 주의해야 한다.

정리해보자.

1. **부정적 생각은 부정적 감정을 낳고, 부정적 행동을 하게 되며, 부정적 영향을 끼친다는 사실을 깨달아야 한다.**
2. **이러한 부정적 생각을 바꾸기 위해서는 긍정적 생각과 대안적 생각을 해야 한다. 확신을 가지고 부정적 생각에 도전해서 긍정적 생각을 해보는 연습을 꾸준히 해보자.**
3. **깊은 우울증이나 비관에 빠졌을 때에는 혼자 해결하지 말고 전문가의 도움을 받는 것도 좋다.**
4. **생각을 바꾸면 감정이나 행동도 반드시 바뀌게 된다. 부정적 생각이 들 때마다 긍정적이고 대안적인 생각을 적어보고, 그로 인한 기분 변화와 행동 변화도 기록해보자. 그러면 긍정적 생각과 긍정적 행동을 이끌어내는 것이**

보다 쉬워질 것이다.

부정적 생각	긍정적·대안적 생각	기분과 행동의 변화

5. 아이에게는 잘한 행동에 대해서는 칭찬이나 상으로 긍정적 반응을 주고, 문제 행동에 대해서는 반응하지 않는다. 그럼으로써 잘한 행동은 더욱 잘할 수 있게 도와주고, 문제 행동은 줄여나가도록 한다. 칭찬 기록장을 만들어 활용하는 것도 좋다.

	칭찬 기록장	년 월 일
1	저녁에 "엄마, 나 오늘 동화책 혼자 읽었어요"라는 아이의 말에 칭찬해줌.	
2		
3		
4		
5		

case 9 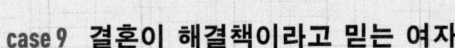결혼이 해결책이라고 믿는 여자

현재 보험회사에서 5년차 FC로 일하고 있는 돌싱녀 B. 이혼한 지 8년이 넘었지만 아이들과는 여전히 끈끈한 관계를 유지하고 있다. B는 지금 하고 있는 일이 만족스럽다. 실적도 잘 나오고 있는 편이다. 하지만 사람들의 시선 때문에 스트레스를 받는다. 정확히 말하면 사람들이 자신이 이혼녀라는 사실을 알았을 때 경계하는 시선을 마주하기가 두렵다.

 B가 이혼녀라는 사실을 아는 사람은 많지 않다. 뭇 남자들의 치근거림도 싫고, 사람들의 수군거림이 싫어 숨기고 있기 때문이다. 그 편이 영업하기에도 편하다. B의 경우 업무상 만나는 사람들이 대부분 남자들이다. 그런데 막상 보험 계약을 하려면 가정방문을 해서 부인들과 결정을 해야 할 때가 있다. 그럴 때면 유부녀인 척하는 것이 훨씬 편하고 실적을 거두는 데도 유리하다.

계약자의 부인들과 만나 행복한 결혼생활을 하는 것처럼 함께 아이들 교육 문제도 얘기하고 남편 흉도 보면서 소소한 가정사들을 공유하면 대화의 흐름도 부드럽고 계약서에 사인하는 손길도 부드럽다. 문제는 그렇게 사인한 계약서를 들고 대문을 나서면 "내가 지금 뭘 하고 있는 거지?" 하는 자괴감에 가슴이 답답해지고 우울해진다는 것이다. 보험 계약을 위해 거짓말을 해야 하는 자신의 상황이 너무 딱하다 못해 부아가 치민다. 언제 거짓말이 들통 날지 몰라 불안하고 심장이 벌렁벌렁 뛴다. 때론 불같은 것이 속에서 치밀어 오르기도 한다.

B는 지금 자기에게 가장 필요한 방패막이는 바로 결혼이라고 생각하고 있다. 집안 어르신이 소개해준 사람과 6개월째 만나고 있는 중인데, 어지간하면 이 남자와 결혼해야겠다는 생각도 하고 있다. 여자가 일하는 것을 인정해주고 사람이 바르기만 하다면 함께 사는 데 별 문제가 없을 것 같다. 그 외에는 어떤 기대도 하지 않는다.

그런데 결혼이 진짜 해결책일까? 결혼만 한다면 B는 정말 괜찮아지는 것일까?

이혼 8년차. 혼자 살면서 힘든 일도 많았을 텐데 아직 자녀들과의 관계도 좋고, 일하는 것도 만족스럽고 실적도 잘 나온다니 참 다행이라고 할 수 있다. 일에 방해가 될까 봐 이혼 이야기를 꺼내지 못한 것은 적극적으로 거짓말을 했다기보다는 필요에 의해서 숨긴 측면이 강하다고 볼 수 있다.

어쩌면 B가 이혼 사실을 숨긴 것보다는 일적인 부분에 사생활까지 끌어들여야 하는 사회 풍토가 더 문제일 수도 있다. B가 이혼녀이든 유부녀이든 미혼이든 동성애자든 일을 하는 데 문제일 것도 없고 문제여서도 안 된다. 하지만 사회 통념상 어려운 부분이 있는 것 또한 사실이기에 그 상황을 피하고 싶은 심정은 이해할 수 있다. 따라서 꼭 밝혀야 하는 상황이 아니라면 그대로 일을 하는 것도 어쩔 수 없다고 본다.

하지만 이로 인해 가슴이 답답하고 우울하고 부아가 치미는 등 스트레스를 받고 있어 결혼을 할까 고민하고 있는 부분은 달리 생각해볼 여지가 있다. 과연 결혼을 해도 될 것인지, 재혼을 해도 문제가 없을 것인지, 정말 결혼이 이 상황을 해결해줄 것인지 명확하게 판단을 해야 한다.

무엇보다 정말 결혼을 하고 싶은 것인지를 확실하게 해야 한다. 막연하게 해도 되겠지, 이 정도 사람이면 괜찮겠지, 하고 나면 어떻게든 되겠지 하는 안일한 생각은 위험하다.

정말 결혼을 하고 싶다면 먼저 왜 이혼을 했는지에 대해 곰곰이 생각해볼 필요가 있다. 이혼의 사유가 무엇인지, 전 남편이 원인 제공을 했는지, 자신은 문제가 없었는지 돌아봐야 한다.

전 남편이 주된 이유라면 다시 결혼하고픈 마음이 드는 것은 자연스러운 감정일 수도 있다. 좋은 사람과 함께 살고 싶다는 마음이 드는 것은 당연한 일이다. 하지만 자신에게 문제가 있었다면 그 문제를 돌아보고 해결하는 것이 선행되어야 한다. 다시 같은 문제가 반복되지 않도록 노력할 자세가 되어 있어야 한다.

그 다음으로 나에게 어울리는 사람에 대해서 깊이 생각해보는 과정이 필요하다. 자신과 잘 맞는 사람인지, 자신을 잘 이해해주는 사람인지, 일하는 것을 지지하고 인정해주는 사람인지, 남은 인생 믿고 따를 만한 사람인지 등을 충분히 살펴야 한다. 이미 실패를 경험한 만큼 더 신중히 고려해야 한다. 이미 한 번 했는데 두 번은 할 수 없지 않겠는가.

그런데 B는 현재 다른 사람들의 시선 때문에, 결혼이 그 해결책이기 때문에 하려는 마음이 강하다. 한마디로 지금의 상황에서 도

피하기 위해 고려하는 측면이 강하다. 이런 도피성 결혼이 과연 행복을 가져다줄 수 있을까?

일적으로 성공을 거두는 것이 목적이고, 그것이 자신의 행복이라면 그에 집중하는 것이 차라리 나을지도 모른다. 굳이 유부녀인 양 행동하지 않아도 되는 방법이 있을 것이다. 이혼을 했어도 여전히 엄마이고 아이들과 자주 만나는 만큼 엄마로서의 동질감을 나누는 방법도 있고, 주부로서 살림 노하우에 대해 공유하는 방법도 가능할 것이다. 같은 여자이기 때문에 통하는 부분, 패션이나 피부 관리법, 탈모 방지법 등에 관한 정보를 나누는 방법도 있을 것이다. 생각해보면 방법은 참 많다. 그리고 그 방법을 찾아내고 적용하는 것이 진정 프로페셔널한 자세일 것이다.

프로페셔널함은 일에서 나오는 것이지 결혼에서 나오는 것이 아니다. 행복한 인생을 위해 결혼을 하고 싶다면, 결혼할 사람과 행복한 가정을 꾸릴 수 있는지 심사숙고해보고 결정을 내려야 한다. 그래야 후회가 없다. 하지만 커리어를 위해서라면 일에 필요한 실력과 노하우를 갖추는 것이 우선이다. 진정한 프로페셔널이 되어야 한다.

정리해보자.

1. 정말로 결혼을 하고 싶은 건지에 대한 결론을 확실히 내린다.

	결혼을 해야 하는 이유	결혼을 하지 않아도 되는 이유
1		
2		
3		
4		

2. 정말로 결혼을 하고 싶다면 과거 이혼 사유에 대해서 곰곰이 생각해본다.

이혼의 문제가 무엇이었는지, 내게는 문제가 없었는지 등을 되돌아보자.

	이혼한 이유 중 자신의 요인	이혼한 이유 중 상대의 요인	이혼한 이유 중 상호 요인
1			
2			
3			
4			

	자신의 성격적 장점 이해하기	자신의 성격적 단점 이해하기
1		
2		
3		
4		

3. 이혼 사유가 내게 있었다면, 그것을 해결하기 위해서는 어떤 변화가 필요한지 생각해보고 해결을 위해 노력한다.

4. 결혼할 사람이 나와 잘 맞는지, 나를 잘 이해해주는지, 일하는 것을 인정해주는지, 남은 인생 믿고 따를 만한 사람인지, 함께 사는 데 문제는 없을지, 과연 행복할 가정을 꾸릴 수 있는지 등에 대해 심사숙고한 후 결정을 내린다.

5. 자신이 추구하는 삶에 결혼이 우선순위가 아니거나 필요 없다면 결혼에 대한 미련을 버리고, 결혼 없는 삶에 대한 행복을 추구하도록 한다.

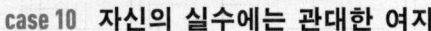

case 10 자신의 실수에는 관대한 여자

M씨는 40대 초반의 미혼 여성으로 헤드헌터로 일하고 있다. 오래전부터 자신의 일에 사명감을 갖고 열심히 해온 탓에 이미 업계에서는 꽤 성공을 거둔 인재로 평가받고 있다. 화려한 외모에 멋진 외제 차, 수많은 거래처와 대기업의 높은 사람들. 스스로에 대한 자부심이 남다르다.

그런데 문제가 생겼다. 한 직원이 외부 업체와 일을 진행하면서 M씨가 내부적으로 보낸 메일을 그대로 외부 업체에 보내버린 것이었다. 그 메일에는 외부 업체의 대표를 무시하면서 일을 그런 식으로 하면 안 된다고 질책하는 내용이 적혀 있었다.

M씨는 직원에게 일을 그렇게 처리하는 사람이 어디 있느냐며 불같이 화를 냈다. 당장 외부 업체 대표에게 사과하고 다시는 이런 실수가 없도록 조심하라고 불호령을 내렸다. 직원은 안절부절못

하며 몇 번이고 죄송하다고 M씨에게 사과하고, 상황을 해결하기 위해 외부 업체 대표에게 메일도 보내고 전화도 하고 직접 찾아가기도 하는 등 백방으로 애를 썼다. 하지만 정작 문제의 주체였던 M씨는 자신이 실수한 부분에 대해서는 모른 척하고 아무렇지 않은 듯 행동했다.

M씨는 다른 사람들이 자신에게 해주어야 한다고 생각하는 일은 하나하나 꼼꼼히 체크하면서 그 결과를 일일이 확인한다. 어쩌면 그런 철두철미함이 지금의 M씨를 있게 했는지 모른다.

하지만 M씨는 정작 자신이 실수한 것에 대해서는 대수롭지 않게 여긴다. 앞서 생긴 문제도 사실 M씨가 경솔하게 내부 메일에 외부 업체 대표를 무시하는 발언을 해서 벌어진 일이었다. 게다가 M씨의 아랫사람이 저지른 일이니만큼 M씨가 나서서 수습하고 사과했어야 한다. 그렇지만 그녀는 직원 탓만 하며 어떠한 행동도 취하지 않았다. 이에 외부 업체는 M씨를 신뢰할 수 없다는 결론을 내리고 거래를 끊기로 했다. 그래도 정작 M씨 본인은 아무렇지 않게 여기고 있다.

자신의 실수는 대수롭지 않게 여기면서 남의 잘못은 반드시 짚고 넘어가야 직성이 풀리는 M씨. 도대체 뭐가 문제일까?

40대 초반의 미혼 여성이 핵심적인 자리를 차지하기 위해서는 참으로 많은 노력이 필요했을 것이다. 자신감을 가지고 열정적으로 달려왔음을 알 수 있다. 아마 그녀는 자신에 대한 자부심으로 똘똘 뭉쳤을 것이다.

하지만 자신의 실수는 관대하게 여기고 남의 잘못을 용서치 않는 그녀의 태도는 분명 문제가 있다. 아마도 자기애적 인격장애가 있는 것으로 판단된다. 자기애적 인격장애란 자신을 지나치게 중요하게 여기는 나머지 모든 일이 자기를 중심으로 돌아간다고 믿는 현상이다. 즉 자기애적 성향이 매우 강해서 자기중심적인 태도를 갖게 되는 것이다.

이런 자기애적 인격장애가 있는 사람들은 남을 잘 위할 줄 모른다. 그러면서 자신은 관심받고 존경받고 사랑받아야 한다고 여긴다. 누군가 자신을 비판할 때는 자기애의 손상을 느껴 예민하고 공격적으로 반응해 상대를 비난하거나 모독한다. 물론 자신의 잘못을 문제 삼지 않으면 인식하지 못하고 그동안 해왔던 대로 살아갈 가능성이 높다. 과거 인정받지 못하거나 사랑받지 못한 일이 있었을 때, 과도한 사랑을 받아서 항상 사랑받아야 한다고 생각할 때 이런 성격이 나타난다.

결국 M씨는 자기애적 손상을 받고 싶지 않아 자신의 문제를 인정하지 않으려는 것이다. 그렇다면 왜 이렇게 자기애적 인격장애가 생겼는지 먼저 이해할 필요가 있다. 과거에 인정받지 못하거나 사랑받지 못한 경험이 있었는지, 혹은 반대로 너무 오냐오냐 자라서 자기애가 필요 이상으로 심해진 것은 아닌지 알아보는 것이다. 인정이나 사랑을 받지 못한 부분이 있다면 그 과거를 극복하고 현재 자신은 충분히 사랑받을 만한 멋진 사람이라고 받아들이는 과정이 필요하다. 과한 사랑이 영향을 미쳤다면 문제가 되는 자기애적 부분은 줄여나가며 성격을 다듬어나가는 노력이 필요하다.

자기애적 태도가 모두 나쁘다고는 할 수 없다. 그런 만큼 건강한 자기애적 부분은 살려나가고, 과도한 자기애적 부분은 줄여나가는 것이 필요하다. 또한 다른 사람들도 자기만큼 소중하고 사랑받는 존재라는 것을 인정하고 존중하는 태도를 길러야 한다.

정리해보자.

1. 먼저 왜 자신의 실수에는 너그럽고 다른 사람의 실수에는 민감한지 그 원인을 파악한다. 자기중심적인 태도가 자기애적 성향이 과한 데서 오는 것이라면 자신의 과거를 잘 돌아보는 과정이 필요하다.

1	어릴 적 어머니와 관련된 요인은?
2	어릴 적 아버지와 관련된 요인은?
3	타고난 기질적 요인은?
4	자라면서 주변 사람과 관련된 요인은?
5	기타 자기중심적이고 자기애적 성향이 과한 요인은?

2. 자신을 돌아보는 과정에서 인정받지 못했거나 사랑받지 못한 부분이 있다면, 그 과거를 극복하고 현재 자신은 충분히 사랑받을 자격이 있는 사람임을 받아들인다.

3. 과한 사랑이 문제였다면, 자기애적 경향을 건강한 측면과 문제가 되는 측면으로 구분해본다. 자기애적 태도가 다 문제인 것은 아니다.

	자기애적 태도의 건강한 측면	자기애적 태도의 문제가 되는 측면
1	자기애를 유지하기 위해 열심히 공부함	친구들이 싫어해서 친구 수가 적음
2		
3		
4		
5		

4. 자기애적 태도의 건강한 측면과 문제가 되는 측면이 구분되면 건강한 면은 계속 살려나가고 문제가 되는 면은 줄여나간다. 이러한 실천은 단기적이 아니라 장기적으로 지속되어야 한다.

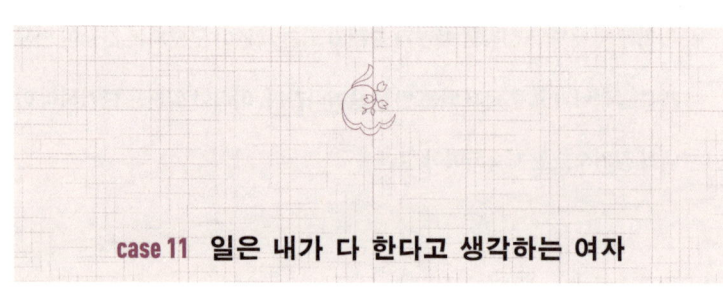

case 11 일은 내가 다 한다고 생각하는 여자

R은 20대 후반의 홍보회사 3년차 대리다. 대학을 졸업하자마자 취직한 그녀는 지금껏 한눈팔지 않고 밤낮을 가리지 않으며 일해 왔다. 덕분에 회사 내에서도 인정을 받는 중이고 외부 업체로부터 스카우트 제의를 받기도 했다.

초기에는 회사가 작다 보니 하는 일은 많고 성과가 나지 않을 때도 많았다. 사장과 같이 일하면서 하나하나 배워가느라 일 자체가 버겁기도 했다. 대신 다양한 분야를 다루게 되다 보니 어느새 일반 기업체 과장 정도의 역량을 발휘하게 되었다. 이제 일적으로 자신감도 붙고 그동안 쉼 없이 달려왔으니 조금씩 자신을 위한 시간도 가져봐야겠다고 생각했다. 마침 인력도 충원되었고 하니 충분히 그럴 수 있을 것 같았다.

그런데 새 직원들이 들어왔는데도 나아지는 것이 거의 없었다.

한 직원은 R보다 나이가 많았다. 후배처럼 대할 수도 없어 곤란한 처지에 놓였는데 지시한 일도 바로 처리해주지 않아 애를 먹었다. 또 다른 직원은 R과 동갑인 디자이너였는데, 아티스트로서의 자부심이 너무 강해서 일을 맡길 때 세세한 것까지 신경 쓰지 않으면 오해가 생기곤 했다.

결국 자신에게 되돌아오는 업무 때문에 일을 줄이려던 R의 계획은 무산되었다. 피로함에 매 순간 짜증이 났다. 왜 나만 이런 고생을 해야 하는 것인지 지치고 힘이 들었다. 그러던 차에 외부 업체 직원과도 문제가 생겼다. 협업을 하는 과정에서 마음을 주고 함께했던 사람들로부터 배신을 당했다고 비난받은 것이다. 그것도 당사자가 직접 말한 것도 아니고 SNS를 통해 공개적으로 터뜨렸다.

이제 일을 하면 할수록 늘 무언가에 쫓기는 느낌이 들었다. 왜 자신이 일을 다 떠맡아서 해야 하는지 회의감이 들었다. 밤낮없이 일만 하는 자신이 답답하고 싫어졌다. 전화도 받기 싫고 어디론가 도망가고 싶은 마음뿐이다. 열심히 노력해온 대가가 이런 것이라니, 좌절감도 생겼다.

너무 힘들고 외롭기만 한 R. 어떻게 해야 할까?

R은 현재 직무 스트레스에 시달리고 있다. 작은 회사에서 열심히 일하며 자기 능력을 발휘한 터에 누구에게나 인정받는 직원이 되었고, 이제 조금 일과 생활의 균형을 맞추어가려는 찰나 사정이 그렇게 되지 못해 스트레스를 받고 있는 상황이다. 덕분에 일에 대한 의욕도 상실되었고, 직장에 대한 회의마저 느끼고 있는 상황이다.

R은 직무 스트레스 중에서도 역할 갈등, 역할 모호, 대인관계 갈등에 대한 부분이 가장 문제시되는 것으로 보인다. 한국에서도 변형해서 적용하고 있는 미국 국립산업안전보건연구원의 직무 스트레스 통합 모형에 따르면 직업 관련 스트레스 요인에는 13가지가 있다.

1. **물리적 환경** 근무 장소의 조명, 온도, 습도, 위험물질 노출도 등과 같은 작업 환경적 요인
2. **역할 갈등** 주어진 업무나 타인이 기대하는 자신의 역할이 서로 갈등을 보이는 현상
3. **역할 모호** 자신에게 주어진 업무나 타인이 기대하는 업무가 분명하지 않은 경우

4. **대인관계 갈등** 조직 구성원 간의 갈등, 부서 간 갈등, 조직과 상호조화와 일체감이 덜하다는 데서 오는 갈등

5. **직업의 비전 모호성** 현재 직업이나 업무가 안정적이고 전망이 있는가에 관한 문제

6. **직무 재량권** 업무 자율성이 있는가(주관적 통제), 본인이 직접 업무 사항을 통제할 수 있는가(직무 통제), 의사결정에 영향을 미칠 수 있는가(의사결정 통제), 작업 환경을 통제할 수 있는가(물리적 환경 통제), 필요한 자원을 쓸 수 있는가(자원 통제) 하는 등의 문제

7. **재취업 기회** 해고를 당하거나 퇴직을 했을 때 이직이나 전직이 쉽게 가능한가 하는 문제

8. **양적 직무 부담** 업무량에 따른 부담

9. **직무 부담 변화** 잦은 업무 변화에 따른 부담과 적응 문제

10. **다른 사람에 대한 책임** 신체적·정신적·물질적 부분에 책임져야 할 상황이 많은가 적은가 하는 부분

11. **기술 활용 저조** 낮은 성과, 능력을 충분히 발휘하지 못하는 데서 오는 부담과 초조함

12. **정신적 요구** 정신적·심리적 부담이 증가하는 경우

13. **교대 근무** 야간근무를 포함, 교대 근무가 많을수록 생기는 부담과 불만

이러한 직무 스트레스 요인을 중재하는 요인으로는 4가지가 있는데, 그에 따라 스트레스에 반응하는 개인차가 나타난다.

1. **개인적 요인** 개인의 성격, 경력, 연령, 성별, 교육 정도, 개인의 다양한 특성에 따른 요인
2. **직업 외 요인** 부부싸움, 자녀 양육과 같은 일상생활 속 개인사적 요인
3. **완충 요인** 사회적 지지, 직장 내 지지, 친구의 지지 등과 같은 심리적 받침대 요인
4. **대응 능력** 스트레스 상황에서 벗어날 수 있는 능력

R에게는 처음부터 직무 스트레스 요인이 존재했다. 양적 직무 부담이 크고 정신적 요구가 증대되었다. 밤낮없이 일했다는 것으로 보아 그녀에게 주어진 업무의 양과 정신적·심리적 부담을 잘 알 수 있다. 하지만 신입사원의 패기와 열정으로 극복해낸 것으로 보인다. 게다가 일을 하는 만큼 능력이 발휘되고(기술 활용 높음), 어느 정도 직무 재량권도 있었으니 일에 대한 재미를 느끼는 부분이 더 컸던 것으로 여겨진다.

문제는 두 명의 직원이 입사한 후다. 새로운 직원들이 입사함과 동시에 R의 직무 스트레스 요인도 증가해버렸다. 안 그래도 양적

직무 부담과 정신적 요구가 큰 상황이었다. 일에 대한 재미와 일이 궤도에 오르면 나아질 것이라는 기대 때문에 참고 견딜 수 있었던 것이다. 그런데 직원이 늘었음에도 일을 덜기는커녕 더 떠안은 상황이 되어버렸다. 잠재되어 있던 스트레스 요인이 탁 터져버린 것이다.

게다가 R이 입사 선배임에도 불구하고 전혀 그런 대우를 받지 못했다. 새 직원들은 지시한 일을 제때 해주기는커녕 까다롭게 굴며 R을 신경 쓰이게 만들었다. 결국 R이 새 직원들의 눈치를 보며 업무까지 챙겨야 하는 상황이 되어버렸고, 이 때문에 새 직원들과의 관계도 어색해지고 불편해졌다. 이런 상황에서 외부 업체 직원의 비난까지 들어야 했다. 역할 모호와 역할 갈등, 대인관계 갈등이 한꺼번에 R을 습격해버린 것이다. 이쯤 되면 R이 괴로운 것도 당연하다.

그렇다면 이러한 괴로운 문제를 해결해야 한다. 일단 R은 사장과의 면담을 요청하고, 그를 통해 회사에서의 자신의 역할을 명확하게 결론지어야 한다. 어느 선까지가 R이 담당해야 할 몫인지 확실하게 정하고, 사장의 지지를 이끌어내야 한다. 이렇게 할 일이 확실하게 정해지면 그에 따른 스트레스는 자연스레 줄어든다. 더불어 일의 양까지 줄어드니 일과 생활의 균형을 꾀하려던 계획도 실행할 수 있다.

다음으로 새로 입사한 직원들과 의논을 통해 각자의 업무를 확실하게 분담하고, 자신이 서포트해줄 수 있는 선은 어디까지라고 명확히 의사를 전달해야 한다. 이런 과정을 통해 서로의 역할에 대해 이해하고, 업무 프로세스를 제대로 세우는 것이다. 그러면 업무 효율성이 높아질 것이며 그에 따라 업무의 양도 자연스레 줄어들 것이다. 다른 사람의 일까지 도맡아 하느라 생긴 대인관계 갈등도 서서히 줄어들 것이다. 아직 마음속에 앙금이 남아 있다면 솔직히 털어놓는 것도 한 방법이다. 그렇다고 너무 솔직한 것은 금물이다. 상대가 기분 나쁘지 않게 적당한 선에서 끝낼 줄 알아야 한다.

외부 업체 직원 문제는 일단 당사자와 만나서 솔직한 이야기를 나눠보고 오해를 풀 부분이 있다면 풀어야 한다. 물론 공개적인 비난에 정식으로 항의를 할 수도 있고, 법률적으로 문제 삼을 수 있다면 그에 대한 전문가의 도움을 받는 것도 생각해볼 수 있다. 강경하게 나가는 것이 옳다고 판단되면 그렇게 해도 좋다. 억울함에 속이 상하다면 적극적으로 주변에 해명을 하는 것도 괜찮고, 취미 활동이나 여행, 친구와의 수다를 통해 스트레스를 해소하는 것도 좋은 방법이다.

정리해보자.

1. 먼저 나의 직무 스트레스 요인은 무엇인지 직무 스트레스 통합 모형으로 파악해보자.

1	물리적 환경	
2	역할 갈등	
3	역할 모호	
4	대인관계 갈등	
5	직업의 비전 모호성	
6	직무 재량권	
7	재취업 기회	
8	양적 직무 부담	
9	직무 부담 변화	
10	다른 사람에 대한 책임	
11	기술 활용 저조	
12	정신적 요구	
13	교대 근무	

2. 중재 요인에 대한 문제는 없는지 파악한다.

1	개인적 요인	
2	직업 외 요인	
3	완충 요인	
4	대응 능력	

3. 직무 스트레스 요인이 파악되었다면 어떻게 해결해나갈 것인지 대책을 세운다.

	파악된 직무 스트레스 요인	직무 스트레스 요인에 대한 해결책 찾기
1		
2		
3		

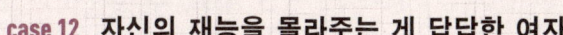

case 12 자신의 재능을 몰라주는 게 답답한 여자

스물다섯 살의 Y는 서울 명문대의 문예창작과를 우수한 성적으로 졸업한 수재다. 아이큐가 140인 그녀는 아이디어도 좋고 기획력과 문장력도 뛰어나다. 그녀는 출판기획사에서 기획과 윤문을 하고 있다. 책을 내려고 하는 사람들의 글을 기획하고 다시 써서 출판사에 연계해주는 일이다.

많은 사람의 책을 기획하고 글을 고쳐 써주고 하다 보니 Y는 어느덧 이런 생각을 하게 되었다.

'이 정도면 나도 책 쓸 수 있겠는데? 이렇게 글을 못 쓰는 사람들도 책 잘만 내는데 말이야.'

시간이 지나면서 Y에게 더 많은 일이 주어졌다. 사장의 믿음도 커졌고, 자신이 기획하고 다듬은 원고가 책으로 출간되어 나오는 종수가 점점 늘어나자 희열도 더 커졌다. 자신의 손을 거치면 안 될 게 없을 것 같았다. 여러 출판사가 Y가 촉이 좋고 손도 빠르다며 칭찬을 아끼지 않았다.

그러던 중 정말 탐나는 원고가 하나 들어왔다. 유명 연예인의 원고로 다른 대필 작가가 초고를 마친 상태였다. 출판사에서는 기획을 수정해 다시 원고 작업을 하고 싶다고 했다. Y 역시 그 상태로는 도저히 책을 낼 수 없겠다고 생각했다. 기획사 사장이 있는 자리에서 출판사 대표와 대필 작가를 만나 기획회의를 하면서 Y는 이렇게 말했다.

"아무리 수정한다고 해도 이대로는 어렵고요, 제가 70퍼센트 정도는 수정해야 되겠어요. 그러면 제가 다른 업무가 너무 많아서 출간일을 미뤄야 할 것 같은데요. 아니면 다른 일을 다른 사람에게 넘기든가요."

이 말을 들은 기획사 사장과 출판사 대표는 어이가 없었다. Y는 자신이 일정을 좌지우지할 만큼 중요한 일을 한다고 생각하는 바람에 넘지 말아야 할 선을 넘어버린 것이다.

"그건 Y씨가 관여할 사항이 아닌데요. 저희 출판사 내부에서 판단할 일이지……."

출판사 대표가 한마디했다.

"제가 기획에 맞게 다시 수정해서 넘기도록 할게요. Y씨한테 부담을 주면서까지 그럴 수는 없죠."

마음이 상한 대필 작가도 한마디 얹었다. 그리고 나중에 출판사 대표를 통해 Y 말고 다른 직원을 붙여달라고 요청했다. 이미 여러 권의 책을 대필해서 시장에 내놓은 작가로서 자신의 글을 거의 다 수정해야 한다는 말은 자존심이 상했기 때문이다.

이야기를 전해 들은 Y는 이해가 되지 않았다. 자신의 재능을 인정해주지 않는 이 상황이 답답하기만 하다. 이제 Y는 어쩌면 좋을까?

Y는 분명 자신의 일에 자부심을 가질 만하다. 실제로 그녀는 재능이 있고 능력 또한 출중하다. 하지만 자신감이 너무 과한 나머지 자신의 영역이 아닌 곳까지 침범해 다른 사람의 자존심에 상처를 주고 말았다. 자기 확신을 넘어 자기 과신에 빠진 나머지 자신의 역할을 넘어서는 행동을 한 것이다.

Y의 의견이 옳아서 실제 많은 수정이 필요할 수는 있다. 그에 대한 의견을 솔직하게 제시할 수도 있다. 다만 솔직함에도 정도가 있다. 타인의 자존심을 상하지 않게 부드럽게 의사표현을 하는 것도

중요하다. 상대방을 존중하는 자세로 논리적으로 차근차근 말하는 것이 필요하다.

무엇보다 비즈니스 미팅이다. 그렇다면 그에 맞는 예의와 태도를 갖춰야 한다. 의견을 모아서 결정하는 것은 결국 책을 출간할 권리가 있는 출판사 대표다. 시장 상황에 맞춰 혹은 출판사 사정에 맞춰 출간일을 당길 수도 있고 미룰 수도 있다. 그것은 Y의 권한 밖이다. 다행히도 담당 직원을 바꾸는 선에서 끝났지만, 출판사 대표가 다시는 Y가 속한 기획사와 일하지 않겠다고 해도 할 말 없는 상황이다. 기획사 사장 역시 Y의 태도를 지적하고 질책할 수 있다.

따라서 Y는 냉정히 자신을 돌아봐야 한다. 자신의 일에 자부심을 갖고, 자신의 능력에 자신감을 갖는 태도는 분명 좋다. 오히려 권장할 만하다. 그런 태도가 지금의 Y를 이끌었기 때문이다. 하지만 그런 자부심과 자신감이 자기 과신으로 이어지지는 않았는지, 그래서 제멋대로 굴고 있는 것은 아닌지 반성해봐야 한다. 아무리 일을 잘하더라도 오만하고 제멋대로 구는 직원을 좋아하는 회사는 없다. 이렇게 출판사와 기획사라는 갑을관계에서라면 더욱 그렇다. 분명 능력이 출중하면서도 태도가 고분고분한 사람이 있게 마련이다. 똑같은 능력을 지녔다면 이왕이면 다홍치마라고 인성이 더 좋다고 여겨지는 사람과 일을 하고 싶지 않을까? 그것이 사람 마음이다.

벼는 익을수록 고개를 숙인다. 사실에 입각한 사고는 분명 필요하고 좋은 일이다. 하지만 자기 과신으로 인해 상대에 대한 존중을 잃지 않았는지, 소통을 하기보다 고집을 부리고 있는 것은 아닌지, 의사를 전달하는 방식이 거칠지 않았는지, 아무렇지 않게 남의 권한까지 침범하지는 않았는지 되돌아볼 일이다. 상대방의 자존심을 상하게 하고 기분을 불쾌하게 하는 것을 넘어서서 자신이 속한 조직이나 공동체에 손해를 끼칠 수도 있기 때문이다.

더 많은 권한을 가지고 더 큰 역할을 하고 싶다는 욕구에서 벗어날 수 없다면 그에 걸맞은 대우를 해주는 곳으로 옮기거나, 직접 자기 회사를 차리는 것도 한 방법이다. 그렇다고 해서 그것이 내 마음대로 할 수 있다는 뜻은 아니다. 그럴수록 더 책임감을 가지고 그 지위에 알맞은 예의와 태도를 갖춰야 한다. 안하무인인 사람과 같이 일하고 싶은 사장, 직원, 거래처는 절대 없으니까 말이다.

자신의 위치를 명확히 인식하고, 겸손의 미덕을 가지고 조화를 이뤄야 한다. 그럴수록 오히려 자신의 가치가 더욱 올라가게 될 것이다. 그것이 진정한 자존감이다.

정리해보자.

1. 먼저 자기 과신에 빠져 있는 것은 아닌지 생각해본다. 그로 인해 역할과 권한을 넘어선 행동을 하고 있는 것은 아닌지 반성해볼 필요가 있다.

	회사에서의 자기 과신	집에서의 자기 과신	기타 상황에서의 자기 과신
1			
2			
3			

2. 현 조직에서 나의 역할은 무엇이고 권한은 어디까지인지 파악해본다.

3. 의사소통을 할 때 사실에 입각한 의견을 말한답시고 상대에 대한 존중을 잃지 않았는지 돌아본다. 자신의 대화 방법에 문제가 있는 것은 아닌지 점검해볼 필요가 있다.

4. 역할과 권한의 확대를 원하는 것이라면 원하는 역할과 권한을 주는 회사로의 이직을 고려해볼 수 있다. 또는 독립하여 자신의 회사를 차리는 것도 방법이다.

에필로그

행복한 여자를 위하여

여성 시대, 감성 시대, 페미니즘 시대, 알파 걸 시대……. 어떤 단어로 표현되든지 여자의 역할과 권위가 과거에 비해 커졌다는 사실만큼은 분명해 보인다. 하지만 그에 걸맞게 여자의 행복이 보장되고 있을까?

"지금 행복하십니까?"

이런 질문에 고민 없이 "네"라고 답할 수 있는 여자가 얼마나 될까? 분명한 것은 '행복은 누군가 주는 것'이 아니라 '내가 찾는 것'이란 사실이다. 나 스스로가 원하는 모습이 될 때 자기 만족을 할 수 있고, 그것이 곧 행복으로 연결되기 때문이다. 그렇기에 외적인 성공 못지않게 내면의 힘도 중요한 것이다.

사회적으로 성공한 것처럼 보이는 사람들조차 자존감이 없어 불안해하거나 불행한 삶을 사는 경우가 많다. 하지만 내면의 힘을 키우면서 외적인 힘을 보완하고 있는 사람은 간혹 불안하거나 위축될 수는 있어도 자존감에 타격을 입지는 않는다. 내가 어떤 사람인지 제대로 알고 받아들였기 때문이다. 나를 알아야, 나를 받아들여야 외부 환경에 따라 이리저리 흔들리는 마음을 꽉 잡을 수 있다. 그런 사람이 행복에 더 가깝다.

  더 많은 여성들이 일할 수 있고 사랑할 수 있으면서 행복해지길 바란다. 한 번뿐인 인생, 하나뿐인 나. 매우 소중하다. 부디 그 누구보다 내가 먼저 나를 사랑하면서 아름다운 삶을 가꿔나갔으면 한다. 행복한 여성이 행복한 가정을 이루고, 행복한 아이를 키우고, 행복한 직장을 이루고, 행복한 사회를 이룰 수 있다.

  이 책은 여성이라서 겪는 심리적·외면적 문제를 극복하고 자존감을 향상시키는 데 도움을 줄 수 있도록 실용적으로 구성했다. 한 번 읽고 던져두지 말고, 삶의 목표가 흔들리거나 무너지려고 할 때, 여자로서 자존감에 상처를 입었을 때, 우울하고 외로울 때, 일상에 변화가 필요할 때 꺼내 읽으면서 도움을 받을 수 있는 친구 같은 책이 되었으면 한다.

  이 책이 나오기까지 격려와 응원을 아끼지 않은 우리의 가족들과 영향을 주신 모든 분들, 많은 수고를 한 중앙북스 관계자 여러분께 진심으로 고마운 마음을 전한다.

여자는 어떻게 행복해지는가?
여자의 자존감

초판 1쇄 2013년 8월 20일
2쇄 2014년 3월 28일

| 지은이 | 조연심 김한규

| 발행인 | 노재현
| 제작총괄 | 손장환
| 편집장 | 박민주
| 디자인 | 권오경 박솔
| 마케팅 | 김동현 신영병 김용호 임정호 이진규 이효정
| 제작 | 김훈일 박자윤

| 펴낸곳 | 중앙북스(주)
| 등록 | 2007년 2월 13일 제2-4561호
| 주소 | (121-904) 서울시 마포구 상암산로 48-6 상암DMCC빌딩 20층
| 구입문의 | 1588-0950
| 내용문의 | (02) 2031-1381
| 팩스 | (02) 2031-1398
| 홈페이지 | www.joongangbooks.co.kr
| 페이스북 | www.facebook.com/hellojbooks

ⓒ 조연심 김한규, 2013

ISBN 978-89-278-0463-5 03320

- 이 책은 저작권법에 따라 보호받는 저작물이므로 무단전재와 무단복제를 금하며
  책 내용의 전부 또는 일부를 이용하려면 반드시 저작권자와 중앙북스(주)의 서면동의를 받아야 합니다.
- 잘못된 책은 구입처에서 바꿔드립니다.
- 책값은 뒤표지에 있습니다.